Heinke Sudhoff
Adams Ahnen

HEINKE SUDHOFF

ADAMS AHNEN

Das Wissen der
alten Kulturen
im Licht moderner
Wissenschaft

UNIVERSITAS

Besuchen Sie uns im Internet unter
www.universitas-verlag.de

© 2013 by Universitas Verlag in der
Amalthea Signum Verlag GmbH, Wien
Alle Rechte vorbehalten
Umschlagmotiv: g@wiescher-design.de
Satz: net[t]werker, München
Druck und Binden: CPI Moravia Books GmbH
Printed in EU
ISBN: 978-3-8004-1517-5

Inhalt

Vorwort 7
Einführung in einen kulturhistorischen
Indizienprozess 7
Geschichtsforschung im veränderten
Bewusstseinszustand 14

Die alten Berichte 25
Neues Wissen über die alten Sumerer 25
Erstlingswerke von höchster Perfektion 30
Gilgamesch – ein Fall für die Genetiker 36
Schöpfung aus den Urwassern 45
Lasst uns einen Menschen machen!. 47
Der Homo sapiens entsteht in Afrika 50
Erschaffung des Menschen aus »Lehm« 54
Genmanipulation, Hybride und Klone 56
Schicksal, Bestimmung und freier Wille 67
Genetische Fehlversuche, Roboter und Transhumane 73
Das Paradies 79

Die alten Zeichen 85
Urgeschichtliche Steinkreise als astronomische Kalender 85
Globalität der ältesten Kulturen 92
Mobilität der Höheren Intelligenzen durch Fluggerät 98

Geheimwissen um den Thronwagen
Merkaba entschlüsselt 110
Vedisches Wissen um Waffen 114
Radioaktivität, Reaktoren und Wüstenglas 121
Tunnelsysteme – Großtat der ersten Architekten 139
Glimmer, Lithium und Gold 147
ME, ein Sprechfunk mit »göttlicher Essenz« 152
Die Sintflut der Geologen,
der Astronomen und des Noah 162
Vorsintflutliche Langlebigkeit,
Genetik, Nanomedizin 173
Mutationssprünge auf dem Weg
zum intelligenten Menschen 178
Evolutionssprung unter dem Baum der Erkenntnis 187
Riesen – weltweit die Helden der kleinen Menschen 199
Kristallschädel – Wunderwerke der Technik 222

Die neuen Erkenntnisse 229
Unterwasserarchäologie –
ein neuer Weg in die Urgeschichte 229
Urzeitliche Nanotechnik – neuzeitliche Nanotechnik 236
Astronomen und Astronauten 244
Piktogramme in Kornfeldern –
Kommunikation mit Exo-Wesen 261
Holografische Projektionen von fliegenden Objekten 268
»Entführungen« des feinstofflichen Körpers 281
Der Torus – kosmische Energie – Zahlenmystik 292

Ausklang 301
Schlussbemerkungen eines Naturwissenschaftlers 305
Anmerkungen 309
Literaturverzeichnis 320

Vorwort

Einführung in einen kulturhistorischen Indizienprozess

Adams Ahnen widme ich dieses Buch. Es ist gleichsam eine *Hommage* an unsere ältesten Vorfahren und ihre faszinierend fortschrittlichen Leistungen.

Das Wissen der Alten Tage elektrisiert mich, denn es ist unerklärlich modern. Es lässt ahnen, wie letztlich alles auf dieser Erde in Zyklen verläuft. Was am Anfang aller Zeiten geschah, wird sich wiederholen bis zum Ende der Tage. Ein endloser Kreis, in dem das Ende im Anfang einbeschrieben ist.

Auf meiner jahrelangen Suche nach Spuren unserer eigenen Urgeschichte erkannte ich immer deutlicher, wie sehr die Wissenschaft uns heute hilft, das Bild unserer Vergangenheit zu vervollständigen. Die Übereinstimmungen zwischen dem Wissen der Alten Tage und dem heutigen Forschungsstand sind unübersehbar – erstaunlich aber sind sie nur für jene, die den zyklischen Ablauf der Zeitalter nicht erkennen.

Das Wissen der Ahnen Adams scheint über die Jahrtausende mehr und mehr in Vergessenheit geraten – fortgespült durch die Große Flut. Heute wird dieses vergessene Wissen neu entdeckt und erweist sich überraschend oft als identisch mit heutigen Forschungsergebnissen. Nichts Neues unter der Sonne.[1]

Die Antwort auf die Frage nach unserer Zukunft verlangt das Wissen um die Vergangenheit. Wollen wir die Zukunft erahnen, dann müssen wir uns den Fragen nach unserer Vergangenheit stellen. Woher kommen wir? Wie kam es zur Schöpfung des *Homo sapiens*? Folgt alles einem Schöpfungsplan? Und was berichten die ersten Kapitel der Geschichte des *Homo sapiens*? Um diese und viele verwandte Fragen geht es in diesem Buch.

Mit *Adams Ahnen* möchte ich einen Scheinwerfer richten auf die ältesten Spuren des modernen Menschen. Diese Spuren scheinen sich im Nebel der Vergangenheit verloren zu haben, doch sie existieren – und ich werde sie ausleuchten. Noch im 19. Jahrhundert wäre das gar nicht möglich gewesen. Heute aber stehen mir die neuen Forschungsergebnisse verschiedenster Wissenschaftszweige zur Verfügung. Dazu zähle ich die Humangenetik, Epigenetik, Neurowissenschaften, Biostatistik, Paläontologie, Paläoanthropologie, Ethnologie, Altorientalistik, Indologie, Archäologie, Mineralogie, Geophysik, Biochemie, Nuklearphysik, Astrophysik, Astronomie, Metaphysik, Quantenphysik und die Noetischen Wissenschaften als ein der Quantenphysik und der Bewusstseinsforschung benachbartes Feld. Auf all diesen Gebieten kamen die Wissenschaftler in den letzten 100 Jahren zu Erkenntnissen, die ich nutzen kann bei meiner Suche nach Antworten auf die vielen offenen Fragen zur Urgeschichte des *Homo sapiens sapiens*, des modernen Menschen und Nachfolgers des *Homo sapiens*. Seine frühesten Spuren kreuzen sich mit denen seiner Lehrmeister, die in diesem Buch als Höhere Intelligenzen erkennbar werden.

Mit meiner Suche nach Spuren Höherer Intelligenzen stehe ich wahrlich nicht allein. Nur konzentrieren die anderen ihre Suche nach nichtirdischen Intelligenzen ausschließlich auf die Weiten des Alls. Die Versuche, Signale der Exo-Wesen mithilfe von Radioteleskopen aufzuspüren, werden jährlich mit Millionenbeträgen zum Teil auch staatlich finanziert. Allein 500 Millionen Dollar kostete das NASA-Weltraumteleskop *Kepler*. Erst 2010 begann es seine Suche nach einem erdähnlichen Planeten im Weltraum, und bereits im April 2013 wurde diese Suche von Erfolg gekrönt: Astrophysiker entdeckten die ersten beiden erdähnlichen Planeten – 62e und – 62f, auf denen Wasser vermutet wird – die Voraussetzung für die Entstehung von Leben. Courtney Dressing, Astrophysiker am Harvard-Smithsonian Zentrum für Astrophysik (CfA), hat diese Entdeckung wohl wenig überrascht, denn er vermutete bereits seit langem, dass es in unserer Milchstraße von Doppelgängern der Erde »nur so wimmelt« und dass es auf einigen von ihnen vielleicht schon länger Leben gibt als auf der Erde!

Ab 1960 suchte der Astrophysiker und Astronom Carl Sagan zusammen mit Frank Drake nach Botschaften aus dem All. 1974 sendeten sie mit einem binären Code die Arecibo Message an mögliche Empfänger jenseits der Erde. In Kalifornien arbeiten insgesamt 42 Radioteleskope an der Suche nach intelligentem Leben im All. Amerika, Europa, Russland und Japan planen 20 verschiedene Projekte, mit denen die der Erde benachbarten Planeten erforscht werden sollen. Das LISA-Experiment (*Laser Interferometer Space Antenna*) sucht das All nach Gravitationswellen ab. Und das alles ist nur ein kleiner Ausschnitt aus der Bandbreite der Bemühungen, Kontakt zu Exo-Wesen herzustellen. Der ungeheure Aufwand zeigt, wie sehr die Wissenschaft die Suche nach intelligentem Leben im Weltraum ernst nimmt und als wie gesichert die Existenz von Exo-Wesen angenommen wird.

Das Warten auf intelligente Botschaften im Radiowellenbereich blieb bisher zwar erfolglos, dennoch sind 30 Prozent der

Deutschen davon überzeugt, dass es auf anderen Planeten intelligentes Leben gibt, die künstliche Signale aussenden könnten. Und 17 Prozent der Deutschen glauben, dass andere Lebewesen aus dem All unsere Erde bereits besucht haben.

Was erwarten unsere Forscher als Ergebnis ihrer kostspieligen Suche im All? Sie erwarten Antworten von einer Spezies, die in jedem Fall höher zivilisiert und technisch weiter entwickelt ist als die Erdenbewohner. Wäre das technische *Know-how* der Exo-Wesen lediglich auf derselben Entwicklungsstufe wie unser eigenes, dann könnte es wohl nicht zu einer interstellaren Kontaktaufnahme kommen.

Der Astrophysiker Stephan Hawking ist denn auch davon überzeugt, dass die nichtirdischen Intelligenzen uns weit überlegen sind und dass wir folglich mit dem Feuer spielen, wenn wir den Kontakt zu ihnen forcieren. Diese fremden Allbewohner seien, so Hawking, genetisch eng mit den Erdenmenschen verwandt, sodass von ihnen nur eine »feindliche Übernahme« erwartet werden könnte.

Auch John Billingham, der im Auftrag der NASA die Suche nach außerirdischem Leben leitete, warnt heute vor den Risiken, die ein Kontakt mit nichtirdischen Intelligenzen mit sich bringen könnte. Schon 2006 widmete das renommierte Wissenschaftsmagazin *Nature* einen langen Artikel all jenen Gefahren, die uns aus einer Begegnung mit fremden Allbewohnern erwachsen können. Diese Ängste teilt Alexander Zaitsev von der Russischen Akademie der Wissenschaften zwar nicht, aber auch er hält einen interstellaren Kontaktschluss für unausweichlich.

Der Nobelpreisträger Francis Crick nutzte 1973 die *Panspermia*-Theorie, um die genetische Verwandtschaft aller Lebewesen im All zu umschreiben. Die Sporen des Lebens seien planvoll von einer außerirdischen Zivilisation im All – und so auch zur Erde – verbreitet worden, so Francis Crick.

Vorwort

Zusammenfassend lässt sich sagen: Wissenschaftler gehen heute davon aus, dass auch auf anderen Planeten intelligentes Leben zu erwarten ist. Ferner gehen sie davon aus, dass die Erdenmenschen mit diesen Intelligenzen genetisch verwandt sind. Und drittens wird als sicher angenommen, dass die nichtirdischen Intelligenzen uns weit überlegen sind.

Diese Erkenntnis zwingt zu dem Schluss, dass Höhere Intelligenzen anderer Planeten – genau wie die genetisch mit ihnen verwandten Erdenmenschen – ein Interesse an der Erkundung des Weltalls entwickeln. Der Unterschied ist nur, dass wir selbst gerade erst damit beginnen, den Kosmos nach intelligentem Leben zu durchsuchen, während jene anderen vielleicht schon seit Jahrtausenden ihre Erfahrung mit der interstellaren Raumfahrt gemacht und fremde Planeten besucht haben. Sie werden dabei auch ihre eigenen Ziele und Interessen verfolgt haben, da sie genetisch mit uns verwandt und folglich von vergleichbaren Denkstrukturen geprägt sind.

Wenn wir der *Panspermia*-Theorie des Nobelpreisträgers Francis Crick folgen, anerkennen wir die hohe Wahrscheinlichkeit, dass es zu den uns genetisch verwandten Höheren Intelligenzen tatsächlich auch physische Kontakte gegeben haben muss. Ich werde in diesem Buch den Hinweisen nachgehen, dass Exo-Wesen auch auf diesem Planeten gewesen sind und hier ihre Spuren hinterlassen haben. Sie sind die Ahnen Adams. Um diese Annahme geht es in diesem Buch.

Mein Wunsch und Ziel ist es, das vergilbte Familienfoto von Adam und seinen Ahnen aufzuarbeiten, indem ich es neu belichte. Dazu werde ich die vielfältigen Facetten der ältesten Kapitel unserer Geschichte einer näheren Betrachtung unterziehen und zu einem stimmigen Bild zusammenfügen. Im Rahmen eines kulturgeschichtlichen Indizienprozesses will ich den Nachweis erbringen, dass Adams Ahnen beeindruckend wissende Wesen waren. Wir haben ihnen alles zu verdanken, was uns zu einem *Homo sapiens sapiens*, zu einem »wissenden« Menschen, machte.

Meine Beweisführung folgt dem Prinzip der *kumulativen Evidenz*. Indem ich einer Vielzahl von Spuren nachgehe, rechne ich darauf, dass sich gerade durch die Fülle der Indizien der angestrebte Beweis erbringen lässt. In die Beweiskette habe ich nur aufgenommen, was auch einzeln als Indiz bestehen könnte.

Das Prinzip der *kumulativen Evidenz* ist gerade in solchen Abhandlungen sinnvoll, in denen es darum geht, zum Nachdenken anzuregen, zum Umdenken einzuladen, die Augen für Neues zu öffnen – und selbst Skeptiker zu überzeugen. Skeptiker haben meine volle Hochachtung. Sie sind misstrauisch oder doch wenigstens vorsichtig gegenüber der Welt der Erscheinungen und natürlich auch gegenüber allem Neuen. Skeptiker lassen sich nicht so leicht täuschen. Gäbe es nur mehr Menschen, die Skepsis walten lassen in ihrer Betrachtung der Welt! Im Sinne der griechischen Philosophen wären sie als Weise zu betrachten.

Der griechische Philosoph Pyrrhon von Elis gründete im vierten vorchristlichen Jahrhundert die *Schule der Skeptiker*.[2] Er lehrte seine Schüler, alle irdischen Erscheinungsformen skeptisch zu betrachten und ihren Geist dadurch zu befreien. Auf diesem Weg sollte der Wahrheitssucher zu einer unerschütterlichen Seelenruhe finden. Spätestens im Mittelalter galten Skepsis und Zweifel dann aber als ein sicherer Weg zur Verzweiflung. Erst die Zeit der Aufklärung brachte erneut eine Wende, denn nun wurde die Skepsis den Philosophen zur Voraussetzung für die Erkenntnis der Wahrheit.

Ich stehe allerdings jenen Skeptikern skeptisch gegenüber, für die Skepsis eine Art Flucht vor der eigenen Stellungnahme ist, wenn sie sich also dem Bekenntnis zu einer eigenen Position verweigern. Der griechische Begriff »Skepsis« umschreibt eine geistige Betrachtung und Auseinandersetzung mit Phänomenen und Tatbeständen. Was ich den selbst ernannten Skeptikern vorwerfe, ist ihre Verweigerungshaltung. Sie setzen sich eben nicht mit den Dingen auseinander, indem sie diese »betrachten«, sondern finden zu einer Meinung, ohne dass sie zuvor den Part des »Wahrheitssuchers« angenommen haben. So aber erfüllen sie nicht die Anforderungen, die an einen wahren Skeptiker gestellt werden.

Warum wurde hier das Hohelied der Skepsis gesungen? Die Antwort ergibt sich aus dem folgenden Text, der den wahren Skeptikern ein weites Feld der Betätigung bietet. Ohne Vorbehalt öffnet sich der Text dem Skeptiker und leitet ihn auf seinem Weg der Wahrheitssuche.

Was ist das Ziel der Beweisführung? Es soll nachgewiesen werden, dass unsere Geschichte hinter dem Nebelschleier des Vergangenen und Vergessens einen faszinierenden Anfang nahm. Mit dem Ende der letzten Eiszeit und dem darauf folgenden gewaltigen Anstieg des Meeresspiegels gingen die Zeugnisse der frühesten Kulturen buchstäblich »unter« und gerieten bei den wenigen Überlebenden in Vergessenheit.

Erst Tausende von Jahren nach der gut datierbaren Sintflut entwickelte sich erneut eine Kultur – auch sie sogleich eine Hochkultur. Wie war das möglich? Wer waren die Schöpfer dieser Kultur? Oder wer waren die Kulturbringer? Um diese Fragen geht es in diesem Buch, nicht aber um die Erstellung einer exakten Chronologie. Alle genannten Daten sind nur Näherungswerte und Anhaltspunkte, wenngleich sie den – ständig wechselnden – Stand der Wissenschaft so weit wie nötig einbeziehen. Wer waren die Ahnen Adams? Wie sich nachweisen lässt, waren Adams Ahnen, die auch unsere Ahnen sind, groß und großartig. Wir werden sie kennenlernen als omnipotent und omnipräsent. Indem wir sie erkennen und verstehen, lernen wir auch uns selbst zu erkennen – und was gibt es Größeres als die Selbsterkenntnis?

Geschichtsforschung im veränderten Bewusstseinszustand

Mein ganz persönlicher Weg in die Urgeschichte des modernen Menschen war ebenso ungewöhnlich wie erfolgreich und vielleicht ergiebiger als so manches Studium der Paläontologie, Archäologie, Anthropologie – oder Theologie.

Es begann wie folgt: 1994 drängte es mich, tiefer in die Geheimnisse der frühen Geschichte des *Homo sapiens sapiens* einzudringen. Damals lebte ich in Paris. Als Schriftstellerin gewährte man mir Zugang zur ehrwürdigen *Bibliothèque Nationale*, in der ich eine Unzahl von Büchern nach Erkenntnissen zur Urgeschichte des intelligenten Menschen durchforschte. Dabei stieß ich auf die Megalithe, jene gewaltigen Steine, die aus den Felsen geschlagen, behauen, transportiert und schließlich zu monumentalen Konstruktionen erdbebensicher zusammengestellt wurden und so die Zeiten überdauerten.

Megalithkonstruktionen offenbaren nicht nur die fast übermenschlichen, physischen Kräfte ihrer Erbauer, sie machen auch deutlich, dass die Erbauer über faszinierend »fortschrittliche« Kenntnisse in Kosmologie, Mathematik und Astronomie verfügt haben müssen. Erkennbar wird das unter anderem an den Megalithformationen, die nach astronomischen Phänomenen wie den Äquinoktien oder der Sommer- und Wintersonnwende ausgerichtet stehen. Derart erstaunliche Erstlingswerke, die perfekte

Planung, ausgereifte Handwerkskunst und höchsten Wissensstand erkennen lassen, werfen Fragen auf.

Ich hoffte damals, aus den Büchern der *Bibliothèque Nationale* zu erfahren, wie der *Homo sapiens sapiens* unmittelbar nach seinem Eintritt in die Geschichte vor zirka 100.000 Jahren über ein so beeindruckendes hochmodernes Wissen verfügen konnte. Aber die Folianten der Bibliothek enttäuschten mich. Antworten auf meine Fragen nach dem Ursprung der kosmologischen Konzepte und der astronomisch-mathematischen Kenntnisse der prähistorischen Menschen, nach ihren mystischen, philosophischen und religiösen Vorstellungen, die den Megalithbauten so offensichtlich zugrunde liegen – Antworten auf all diese Fragen suchte ich in den Büchern vergebens.

Ich wollte und konnte damals nicht akzeptieren, dass ein ganzes Kapitel der Menschheitsgeschichte für immer und alle Zeiten im Nebel der Vergangenheit aufgelöst sein sollte – unwiederbringlich vergessen. Wo war der Weg zu Antworten auf meine Fragen? Wie könnte ich etwas erfahren über die geistige und physische Eigenart meiner Ahnen in der Megalithzeit? Diese Fragen ließen mich nicht mehr los.

Eines Tages erinnerte ich mich dann an ein lange zurückliegendes Gespräch mit einem französischen Freund, der mir von »Rückführungen« in frühere Leben erzählte. Zu jener Zeit hatte dieses Thema für mich noch keine Bedeutung gehabt. Doch nun erschien es mir plötzlich als die mögliche Lösung meines Problems: ein Weg in die Vergangenheit! Ich fasste den Entschluss, auf diesem neuen Weg Licht ins Dunkel der Urgeschichte zu bringen.

So fand ich zu einem Pariser Mediziner, der mich als Regressionstherapeut über einen Zeitraum von zwei Jahren 40-mal in einen veränderten Bewusstseinszustand versetzte. Die jeweils zwei- bis dreistündigen Sitzungen in seiner Praxis wurden alle auf Kassetten aufgenommen. In meinem Buch *Ewiges Bewusstsein* habe ich sie in der Art eines Protokolls niedergeschrieben, kommentiert und bewertet.

Da sich der veränderte Bewusstseinszustand während einer »Rückführung« am ehesten mit einer tiefen Meditation vergleichen lässt, möchte ich zunächst in aller Kürze auf diesen Begriff eingehen: Während der Meditation im Alpharhythmus sinkt die Gehirnwellenfrequenz von normal 30 bis 40 auf 18 Schwingungen pro Sekunde (Hertz). Damit setzt ein »veränderter Bewusstseinszustand« ein, der mithilfe moderner bildgebender Verfahren aufgezeigt werden kann. Da die funktionelle Kernspintomografie eindeutige Effekte zeigte, wurde die Meditation inzwischen zu einem ernsthaft betriebenen Forschungsgegenstand, aus dem sich auch für die Neurologie und Neurophysiologie neue Perspektiven ergaben.

Obgleich die Wissenschaft inzwischen wertvolle neue Erkenntnisse über das Phänomen Bewusstsein gewinnen konnte, zeigte sich doch deutlich, dass es zu diesem Thema weiterhin mehr Fragen als Antworten gibt. Sir Roger Penrose, Professor an der Oxforduniversität, Mathematiker, Physiker und Kosmologe, fand über seine Arbeit als Naturwissenschaftler zur Philosophie. 2012 äußerte er sich in einem Festvortrag an der ETH Zürich – eher als Philosoph denn als Naturwissenschaftler – über die Quantenphysik des Bewusstseins und die Grenzen der Erkenntnis. Dabei stellte er die Frage in den Raum, ob das Bewusstsein überhaupt naturwissenschaftlich zu erklären sei, ob die uns bekannten Gesetze der Biologie und der klassischen Physik ausreichen und ob man diese vielleicht um neue Theorien ergänzen müsse. Seiner Meinung nach stoßen die naturwissenschaftlichen Gesetze an Grenzen, wenn es darum geht, das Bewusstsein zu definieren oder gar zu erklären.[3]

Vorwort

Das Phänomen Bewusstsein kennzeichnet eine Konstante, die ich als Paradoxon bezeichnen möchte. Meditierende und Mystiker, aber auch die Quantenphysiker, kennen die paradoxen Aspekte, von denen ich hier zum besseren Verständnis des späteren Textverlaufs einige Beispiele geben möchte:

- Der eindimensionale Punkt enthält (paradoxerweise) das Ganze, so wie das Ganze in allen seinen Teilen im eindimensionalen Punkt enthalten ist.[4]
- Ausgehend von Einsteins spezieller Relativitätstheorie sind Raum und Zeit zusammenzufassen zur »Raum-Zeit«.
- Der Raum ist nicht absolut, sondern vom Beobachter abhängig.[5]
- Bewusstsein ist die einzige Realität. Oder, wie es Max Planck und der mit dem Alternativen Nobelpreis ausgezeichnete Quantenphysiker und langjährige Leiter des Münchener Max-Planck-Instituts, Professor Hans-Peter Dürr, formulierten: »Es gibt keine Materie. Was wir für Materie halten, ist Bewusstsein.«

Die Physiker sprechen heute vom »Feld der Information«, in dem jede gedankliche oder materielle Form als Möglichkeit angelegt ist. Materie gilt nicht mehr als Substanz; sie erweist sich als hoch verdichtete Energie und folglich als eine Art Prozess, der »wirkt«. Die »Wirklichkeit« unseres Universums ist ein universales Netzwerk von Wechselwirkungen und Prozessen.

»Wir sind mit der Wirklichkeit in den Momenten in Kontakt, in denen unsere Theorien scheitern«, so der Philosoph Sir Karl Popper in einem Gespräch mit dem Gehirnphysiologen John C. Eccles, der zu der Einsicht kommt:

»Die Wissenschaft ist auf ihrem begrenzten Feld sehr erfolgreich; doch das große Rätsel Bewusstsein, das ›mysterium tremendum‹, ist nicht in irgendeiner wissenschaftlichen Weise erklärbar.«[6]

Die Fähigkeit des Menschen, im veränderten Bewusstseinszustand lang Vergangenes zurückzuholen aus dem von Quantenphysikern so genannten »kosmischen Datenspeicher«, findet ihre Erklärung in der modernen Kosmologie und deren grundsätzlich neuem Verständnis von »Zeit«. Vergangenes in die Gegenwart zurückzuholen und damit erneut zu »durchleben«, stellt das traditionelle Weltbild infrage. Die Gleichzeitigkeit von Vergangenem, Gegenwart und Zukunft ist intellektuell kaum fassbar, da sie den Zeitbegriff *ad absurdum* zu führen scheint.

»Die Relativitätstheorie macht der Vorstellung den Garaus, es gebe eine absolute Zeit«, so Stephen Hawking.[7] Die Zeit als vierte Dimension zu sehen, fordert eine radikal neue Weltsicht, denn »Zeit« wurde zu einem Epiphänomen oder gar zu einer Illusion. Es gibt keinen Ablauf von Ereignissen. Nur vor dem geistigen Auge des Bewusstseins »lebt« ein Ausschnitt dieser Welt und zieht an ihm vorüber als räumliches, in zeitlicher Wandlung begriffenes Bild.[8] Der Zeitfluss ist abhängig vom Bewusstsein.[9]

Max Planck erkannte zwar, dass Materie (nur) ein Gewebe von Energien ist, dem durch das Bewusstsein als Träger des intelligenten Geistes eine Form gegeben wird. Aber das Bewusstsein selbst blieb auch für ihn ein nicht erklärbares Phänomen. Inzwischen wurden erfolgreiche Messungen an Meditierenden durchgeführt, die vor allem den sehr seltenen Deltarhythmus klären sollten. »Das Übersinnliche ist messbar am Deltarhythmus der Gehirnwellen«, erkannte der Hirnforscher Günter Haffelder. Auch Ulrich Warnke schreibt über aufschlussreiche Messungen an Meditierenden:

Die SPECT-Methode (*Single Photon Emission Computed Tomography*) erlaubt es abzulesen, dass die Stoffwechselaktivität im Bereich der Scheitellappen, in dem alle Informationen des Körpers zusammenkommen (während der Meditation im langsamen Theta- oder Deltarhythmus der Gehirnwellen), stark zurückgefahren wird. Dadurch wird dieser Teil des Gehirns weniger stark durchblutet, was dazu führt, dass das Körpergefühl schwindet und der Mensch zu einem reinen Bewusstsein wird. Er fühlt sich losgelöst vom Irdischen und entschwebt gleichsam ins Unendliche. Die Selbstzensur des Hippocampus wird ausgeschaltet, und es öffnen sich neue Welten, die ihm als vollkommen real erscheinen. Durch verminderte Aktivität des Cortex kann sich das Bewusstsein auf das Nichtirdische konzentrieren. Wenn das limbische System aktiver ist, wird das Gefühl, von der Welt getrennt zu sein, aufgehoben. Die Vorstellung vom Ich verliert ihre Gültigkeit, und der Mensch fühlt sich als Teil des universellen Ganzen. Diese wissenschaftliche Sicht auf den Deltarhythmus der Gehirnwellen relativiert Warnke, wenn er schreibt: »Das heißt keineswegs, dass diese Erlebnisse vom Gehirn gemacht wurden. Es ist genauso gut möglich, dass das Gehirn nur auf den erweiterten Empfang geistiger Informationsmuster ›getuned‹ wird.«[10] Und damit sind wir zurück beim Phänomen Bewusstsein!

Von einem Bewusstseinszustand der besonderen Art muss bei einem Nahtoderlebnis und auch bei einem Komazustand gesprochen werden. 2012 veröffentlichte Eben Alexander, Neurochirurg an der Harvard Medical School, sein Buch *Blick in die Ewigkeit*, das sogleich Platz eins auf der Bestsellerliste der *New York Times* belegte. In diesem Buch schildert der Arzt seine eigenen Erfahrungen in einem sieben Tage andauernden Koma. Während nachweislich seine Gehirnfunktionen ausgefallen waren, durchlebt er seine außerkörperliche Existenz als beglückend und auch belehrend, da er zu neuen Erkenntnissen über das Sein, die Wirklichkeit und die schöpferische Kraft des menschlichen Bewusstseins kam. Er erlangte Einsichten in die kosmische Ordnung und in universelle Wahrheiten, die für ihn ein neues Licht warfen auf die *conditio humana*, aber auch auf das Bewusstsein als Phänomen, das mit den uns bekannten Gesetzen der Physik nicht zu definieren ist.

Bis heute können Physik, Metaphysik, Medizin und Hirnphysiologie keine übereinstimmende, abschließende oder überzeugende Erklärung für die Möglichkeiten und das Wirken des Bewusstseins geben. Da wird der Leser auch von mir nicht verlangen, dass ich erkläre, warum ich im veränderten Bewusstseinszustand mit meinem »geistigen Auge« Details einer längst vergangenen Wirklichkeit unserer Urgeschichte »gesehen« habe.

Wie geht der Regressionstherapeut vor, um einen veränderten Bewusstseinszustand einzuleiten? Er versetzt den Menschen in einen Ruhestand, der dem Alpharhythmus der Gehirnwellen entspricht.[11] Statt aber von den normal 40 Schwingungen auf 18 Schwingungen pro Sekunde zu fallen, sank meine Gehirnwellenfrequenz regelmäßig und vom Arzt unbeabsichtigt in den Theta- oder sogar in den Deltarhythmus, der bei 3 bis 0,5 Hertz (Schwingungen pro Sekunde) liegt.

Hirnstrommuster lassen sich durch Willenskraft und Konzentration beeinflussen. Obwohl der Arzt nicht beabsichtigte, den sehr seltenen, sehr langsamen Deltarhythmus herbeizuführen, schaffte ich es wohl oft kraft meines Willens, die Frequenz meiner Gehirnwellen auf ein extrem niedriges Niveau absinken zu lassen, weil ich vielleicht ahnte, dass ich nur mithilfe dieser sehr niedrigen Frequenz zu ungewöhnlichen Einsichten gelangen konnte.

Vorwort

Die Frequenz der Gehirnwellen bei nahe null bewirkt, dass sich das Bewusstsein in dieser Phase aus der Bindung an den physischen Körper löst und sich »weitet«, ein Begriff, der im Grunde nicht passt. Denn das Bewusstsein als Urgrund des kosmischen Energiefeldes ist unwandelbar, auch wenn sich der Frequenzbereich der Hirnstromwellen ändert. Das Bewusstsein existiert universell und zeitlos, es existiert unabhängig beziehungsweise jenseits des menschlichen Körpers, wohingegen das Gehirn Teil des physischen Körpers ist und die Funktion einer Schaltstelle innehat, welche die physische Existenz registriert und regelt. Das Bewusstsein dagegen ist »ewig«. Es verbindet sich mit dem Körper des Menschen lediglich für die Zeitspanne seiner irdischen Existenz.

Meine ganz persönliche Erklärung: Das Bewusstsein scheint für das Gehirn eine ähnliche Bedeutung zu haben wie der elektrische Strom für den Computer!

In einem veränderten Bewusstseinszustand bleibt der Geist hellwach und erhält Zugang zu Dimensionen und Erkenntnissen jenseits von Raum und Zeit, die ihm im normalen Wachzustand verschlossen bleiben. Die Begrenzungen im Wahrnehmungsbereich der fünf Sinne lassen sich in diesem Zustand überwinden. Damit bekommt das Bewusstsein im Deltarhythmus der Gehirnwellen Zugang zu Vergangenem und Zünftigem.

Seit die Quantenphysik das Bewusstsein als einen bestimmenden Faktor der Wirklichkeit und als die (einzige) schöpferische Kraft im Universum erkannt hat, schließt sich der Kreis: Alle alten Kulturen wussten um die Bedeutung des Bewusstseins und benannten es mit klangvollen Namen wie Weltgedächtnis, Weltgeist oder *Akasha*-Chronik. Heute bevorzugen die Wissenschaftler Bezeichnungen wie Psi-Feld, Nullpunktfeld, morphogenetisches Feld oder Informationsfeld. Ich nenne es »*Ewiges Bewusstsein*«.

Erkenntnisse, die ich während der 40 Regressionssitzungen auf Tonband sprach, belegen, dass tatsächlich alle erdenklichen Fakten, Erinnerungen, Geschehnisse und Phänomene jenseits von Raum und Zeit in einer kosmischen Datenbank gespeichert und dort auch abrufbar sind. Hans-Peter Dürr formulierte als Quantenphysiker: »Wenn ich mir vorstelle, dass ich während meines diesseitigen Lebens nicht nur meine eigene Festplatte beschrieben, sondern immer auch etwas in diesem geistigen Quantenfeld abgespeichert habe, gewissermaßen im großen Internet der Wirklichkeit, dann geht dies ja mit meinem körperlichen Tod nicht verloren. In diesem Sinne bin ich unsterblich.«[12]

Die Möglichkeit, aus dem kosmischen Datenspeicher alle erdenklichen Informationen abzurufen, habe ich selbst mit Erfolg genutzt: Aussagen, die ich im Deltarhythmus der Gehirnwellen zur Vor- und Frühgeschichte, zur Astrophysik, zur Kosmologie, zur Mathematik und selbst zur Quantenphysik machte, erweisen sich als sinnvoll, wie ein Vergleich mit den Inhalten alter Schriften sowie mit unserem modernen Wissensstand deutlich macht. Sie sind auch deswegen so erstaunlich, weil meine im veränderten Bewusstseinszustand gewonnenen Erkenntnisse zur Zeit der Regressionssitzung von der Forschung zum Teil weder erfasst noch veröffentlicht worden waren.

Ein besonders eindrucksvolles Beispiel ist meine Schilderung des Universums **vor** dem Urknall, die ich 1994 in tiefer Trance ins Mikrofon des Arztes sprach: »Ich sehe in der kosmischen Leere Gebilde aus Blöcken und Konstruktionen.«[13] Dieser kurze Satz spiegelt das uralte Wissen um die kosmische Ordnung und deren hochgeordnete Strukturen. Fünf »platonische

Körper« bestimmen die geometrische Struktur des gesamten Universums – so lehrt der griechische Philosoph Plato in seiner »Heiligen Geometrie« und so lehrt die moderne Kosmologie!

Vergleichbar mit der platonischen Erkenntnis ist das Ergebnis der Forschungsarbeit eines neuzeitlichen Wissenschaftlers: Gabriele Veneziano, Physiker, Kosmologe und damaliger Leiter des Genfer CERN-Instituts, präsentierte 2002 seine Sicht auf das Universum, das er mit einem Bild aus dem (analytischen) Kubismus verglich. Zu dieser »kubistischen« Sicht hatten ihn seine Berechnungen geführt, die er 2002 abschloss, also acht Jahre **nachdem** ich meine Beschreibung des Universums in das Mikrofon des Regressionstherapeuten gesprochen hatte: Das Universum glich **vor** dem Urknall einem mathematisch hochgeordneten »kubistischen« Gebilde![14] Die Übereinstimmung der Sichtweisen eines Philosophen der Antike und eines Physikers unserer Tage sind wahrlich bemerkenswert.

Die beeindruckenden Bilder, die ich im veränderten Bewusstseinszustand »geschaut« hatte, ließen mich nicht mehr los. So wollte ich wissen, ob es einen Weg gibt, ihren Wahrheitsgehalt zu prüfen. Ich ging also meine Geschichtsforschung nicht an wie ein Forscher, der aus dem Licht der Gegenwart ins Dunkel der unbekannten Vergangenheit vorzudringen sucht. Nein, mein Weg verlief in umgekehrter Richtung, denn ich »kannte« die Urgeschichte aus früheren Leben, die ich in Trance erneut »durchlebt« hatte.

Mein Forschungsansatz ist es daher, die im veränderten Bewusstseinszustand erlangten Erkenntnisse in frühgeschichtlichen Texten und/oder der neuzeitlichen Literatur bestätigt zu finden. So entstand dieses Buch. Ich begann zu lesen, was uns an alten Texten aus Sumer, Ägypten und dem Indus-Tal erhalten geblieben ist. Ich verschrieb mich dem Studium der ältesten Zeugnisse des Beginns unserer Urgeschichte und unserer unglaublich fähigen Ahnen. Um es kurz zu machen: Was ich in den 40 Regressionssitzungen ins Mikrofon des Arztes gesprochen habe, fand ich zu meiner eigenen Überraschung in alten Weisheitsbüchern **und** in Abhandlungen über die moderne Naturwissenschaft eindrucksvoll bestätigt.

An etlichen Stellen dieses Buchs werde ich die Forschungsergebnisse der modernen Wissenschaftler mit dem irrealen Licht meiner Erfahrungen im »veränderten Bewusstseinszustand« beleuchten. Es wird den Leser vielleicht überraschen, wie genau meine in Trance ins Mikrofon des Arztes gesprochenen Schilderungen dem entsprechen, was in alten Weisheitsbüchern und in den sumerischen Keilschrifttafeln aufgezeichnet steht und (erst) heute von der modernen Wissenschaft als »realistische« Schilderung bestätigt werden kann. Ich setze also die in tiefer Trance gewonnenen und in meinem Buch *Ewiges Bewusstsein* geschilderten Erkenntnisse in Relation sowohl zu dem frühesten als auch zu dem neuesten Wissensstand. Auch das dient dem Ziel dieses Buchs, die verblassten Bilder unserer Urgeschichte wieder erkennbar zu machen.

Die alten Berichte

Neues Wissen über die alten Sumerer

Was ich über die Anfänge des modernen, intelligenten Menschen in alten Schriften gefunden habe und hier wiedergebe, kommt für viele meiner Leser sicher unerwartet und stößt gelegentlich wohl auch auf Skepsis, weil ein Anstoß zum Umdenken gerade diese Reaktion auslösen kann. Indem ich meinen Text aber weitestgehend auf moderne wissenschaftliche Forschungsergebnisse stütze, hoffe ich zu erreichen, dass *Adams Ahnen* seinen verdienten Platz unter den Büchern über unsere Urgeschichte einnehmen kann.

Ich beginne also mit dem kulturhistorischen Indizienprozess und lege nach dem Prinzip der *kumulativen Evidenz* eine Vielzahl von Hinweisen vor, die Licht werfen auf die erstaunliche Anfangsphase des *Homo sapiens*.

Eine wahre Sensation in der Altertumsforschung war die Wiederentdeckung der 25.000 Fragmente sumerischer Keilschrifttafeln aus der Bibliothek des babylonischen Königs Assurbanipal (669–631 v. Chr.). Sie wurden Mitte des 19. Jahrhunderts von dem britischen Archäologen Sir Austen Henry Layard in Ninive gefunden, von George Smith entziffert und unter dem Titel *The Chaldaen Account of Genesis* 1876 veröffentlicht. Heute befindet sich der Großteil der Keilschrifttafeln im British Museum in London.

Das Interesse an der sumerischen Kultur hat seit jenen Tagen stetig zugenommen. Im April 2013 öffnet das Berliner Pergamonmuseum seine Tore für die Eröffnung der großartigen Ausstellung »Uruk – 5000 Jahre Megacity«. Gezeigt werden viele der im mesopotamischen Uruk gefundenen Zeugnisse des hochzivilisierten, urbanen Lebens einer fast modern anmutenden Stadt, die von einer zwölf Kilometer langen Stadtmauer umgeben ist! Vor 100 Jahren begannen die Ausgrabungen, und doch sind bisher erst fünf Prozent der gewaltigen Stadtanlage ausgegraben.

Berthold Seewald, Archäologe und Leitender Redakteur der *Berliner Morgenpost*, schreibt anlässlich der Ausstellungseröffnung: »Für die Bewohner Mesopotamiens entstand **erst** die Stadt (Uruk), dann erst folgte die Menschheit.« In der Tat steht es so auf einer sumerischen Keilschrifttafel geschrieben, die Samuel Kramer, Nestor der Sumerologen, wie folgt übersetzt:

»*When man had not yet been created and the city of Nippur was inhabited by the gods alone ...*«[15] Und genau darum wird es in diesem Buch gehen: Die Menschen hatten Lehrmeister. Höhere Intelligenzen stehen hinter dem hohen Wissen und den »fortschrittlichen« Leistungen des Beginns der mesopotamischen Sumerer.

Die sumerischen Keilschrifttexte bieten Einblicke in das hohe Wissen der Sumerer. Das gilt vor allem auf den Gebieten der Mathematik, der Medizin, der Philosophie, der Astronomie und der Rechtsprechung. Zu den bedeutendsten literarischen Funden gehören wohl der *Codex Hammurabi*, das *Gilgamesch-Epos*, die Sintflutgeschichte im *Atrahasis-Epos* und das *Enuma-Elisch* als babylonischer »Schöpfungsbericht«, in dem es nicht um die Schöpfung des Menschen geht, sondern um die Schöp-

Die alten Berichte

fung des Kosmos!« Als in der Höhe der Himmel noch nicht benannt war und unten die Erde noch keinen Namen trug, als keiner der Götter noch erschaffen war …«, mit diesen Worten beginnt das sumerische Schöpfungsepos.

So interessant das *Enuma Elish* auch sein mag, so ist es doch zu jung, um die Spuren der Ahnen Adams aufzuzeigen. Ältere Texte sind zu bemühen, um zurückzufinden zu den Anfängen der sumerischen Urgeschichte. Diese fanden sich vielfältig in der Bibliothek des Assurbanipal, einer wahren Fundgrube für Altorientalisten, die heute von der Systematik und Leidenschaft profitieren können, mit der Assurbanipal vor 2600 Jahren die Schriften zusammentrug. Von allen Texten seiner Bibliothek ließ der König jeweils sechs Abschriften fertigen, was für die Rekonstruktion der Tontafelfragmente und deren Entzifferung oft eine große Hilfe war. Die Umsicht, mit der diese Bibliothek angelegt wurde, ist wahrlich erstaunlich. So sind in den *Kolophonen* (griech.: »letzter Schliff«) sogar die Originaltafeln angeführt, nach denen die Abschriften erstellt wurden. Die *Kolophone* dienten der Übersichtlichkeit der Bibliothek, indem sie neben Anfang und Ende einer Tafel auch deren fortlaufende Nummer angaben.[16]

Die Texte der Bibliothek basieren oft auf einem sumerischen Original, das dann sehr viel später übersetzt wurde in die Landessprache, einen babylonischen und assyrischen Dialekt der semitischen Sprache der Akkader. Versuche, das Sumerische mit anderen alten Sprachen in Verbindung zu bringen, gelangen den Sprachforschern nicht, weswegen das Sumerische heute als eine »isolierte« Sprache bezeichnet wird.[17] Auf diese wichtige Tatsache gehe ich in einem anderem Zusammenhang noch etwas genauer ein.

König Assurbanipal rühmte sich, als einziger König die alten Keilschrifttexte lesen zu können. Er habe sich den verborgen

Schatz, die gesamte Tafelschreiberkunst angeeignet, er sei in die Wissenschaft von den Vorzeichen am Himmel und auf der Erde eingeweiht und habe schon immer kunstvoll geschriebene Tafeln in schwer verständlichem Sumerisch und mühsam zu entzifferndem Akkadisch gelesen. Er habe Einblick in die Schriftsteine aus der Zeit vor der Großen Flut.[18]

Spätestens vor 5500 Jahren entwickelte sich die sumerische Keilschrift in Mesopotamien, dem so genannten Zweistromland im heutigen Irak. Diese vielleicht älteste der überlieferten Schriften der Menschheit wurde von den Akkadern, Babyloniern, Assyrern, Hethitern und mehreren anderen vorderorientalischen Volksstämmen für ihre eigenen Sprachen adaptiert.

Als um 2300 vor der Zeitrechnung die semitischen Akkader nach Mesopotamien eindrangen, nahm die Bedeutung der Sumerer langsam ab.

Nach 1700 vor der Zeitrechnung wurde Sumerisch als die »Sprache der Götter« nur noch im Kult und in der Kunst verwendet und geriet dann mit den Jahrhunderten vollkommen in Vergessenheit.[19] Wie es möglich ist, dass die »isolierte« Sprache mit keiner anderen Sprache verwandt zu sein scheint, ist bis heute genauso ungeklärt wie die Frage, wer die Sprache einst in das Zweistromland brachte. Wer waren die Sumerer?[20]

Das Wiederauffinden der sumerischen Keilschrifttafeln Mitte des 19. Jahrhunderts ist von entscheidender Bedeutung für die Beantwortung dieser Frage, weil die Tafeln helfen, das alte Volk der Sumerer mit jedem neuen Jahr besser zu verstehen. Noch ist der Prozess nicht abgeschlossen. Weiterhin arbeiten Altorientalisten an der Zusammenfügung einzelner Tontafelfragmente, an deren Sortierung und Entzifferung –

und immer noch sind viele Fragen zu den Sumerern bisher unbeantwortet.

Aufgrund des noch andauernden Prozesses der Entzifferung sumerischer Keilschrifttafeln ist davon auszugehen, dass die bisherige Lesart der Textfragmente wohl nicht unbedingt die endgültige ist. Vieles wird erst nach der Fertigstellung der Entzifferung korrekt zu verstehen sein. Dennoch: Wir können uns bereits ein gutes Bild machen von dem Leben im Zweistromland – der »Wiege der Menschheit«, wie ich vor Jahrzehnten in der Schule gelernt habe.

Dass unser Schulwissen allerdings häufig veraltet ist, zeigen neue und neueste Forschungsergebnisse auf nahezu allen Wissensgebieten. Ein wirklich gutes Beispiel für die Notwendigkeit zum (gelegentlichen) Umdenken sind die Resultate der Laser-Scanner, die von Archäologen seit wenigen Jahren eingesetzt werden. Die so genannte Lidar-Technik (*Light Detection and Ranging*) revolutionierte die Archäologie. Flugzeuge mit Laser-Scannern überfliegen heute weite Gebiete, tasten sie ab und erkennen sogleich jede Art von Struktur, die sich im Boden befindet. Lichtstrahlenbündel lassen die Laser-Scanner aus den Echos die Unebenheiten unter der Oberfläche berechnen, auch wenn die Unebenheiten nur wenige Zentimeter hoch und für das menschliche Auge nicht erkennbar sind.

Tausende von alten Grabhügeln und andere unterirdische Bauten wurden auf diese Weise bereits entdeckt, und noch sind die meisten der vermutlich interessanten Regionen gar nicht überflogen worden. Das *Archaeolandscape Project* steht unter Führung der römisch-germanischen Kommission des Deutschen Archäologischen Instituts. 57 europäische Universitäten und Forschungseinrichtungen sind an dem Fünf-Millionen-Euro-Vorhaben beteiligt, das von 2010 bis 2015 laufen soll. Wenn diese Technologie der Fernerkundung eines Tages gezielt auch für die Erkundung von Sumer eingesetzt wird, kann sicher noch mit bisher ungeahnten Entdeckungen und mit der Klärung vieler Fragen zur Urgeschichte gerechnet werden. Offene Fragen zur Geschichte Mesopotamiens gibt es noch genug.

Erstlingswerke von höchster Perfektion

Die Spuren der Sumerer werden im folgenden Kapitel etwas genauer ausgeleuchtet, nicht etwa, weil ich die Sumerer als ein besonders altes Kulturvolk sehe. Im Rahmen meiner Beweisführung zum Thema *Adams Ahnen* ist dieses alte Kulturvolk sogar recht jung. Ich gehe allein deswegen ausführlich auf die Sumerer ein, weil ihre vor gut 100 Jahren wieder aufgefundenen und lesbar gemachten Texte einen idealen Einstieg in mein Thema bieten. Denn ich beabsichtige aufzuzeigen, dass die Mythologie der Sumerer – ebenso wie die Mythologie aller anderen alten Kulturvölker – auf realen Begebenheiten und Fakten beruht. Und diese These lässt sich heute anhand neuerer wissenschaftlicher Forschungsergebnisse besser belegen als je zuvor.

Mythologische Texte weisen weltweit Übereinstimmungen auf. Dazu zählen in jedem Fall auch die Schilderungen von »Göttern«, die in Sumer als »*Anunnaki*« bezeichnet werden. Von diesen Göttern steht geschrieben, dass sie den Menschen das Wissen brachten. Sie erschienen zwar in menschlicher Gestalt, müssen aber den Menschen physisch und geistig, ja in jeder Hinsicht weit überlegen gewesen sein. So jedenfalls ist es auf den neu entdeckten sumerischen Keilschrifttafeln zu lesen.

Mythologische Texte, in denen die »Götter« eine so bedeutende Rolle spielen, gelten in Kreisen der Wissenschaft meist

Die alten Berichte

weiterhin als fantastisch und ohne jeden Bezug zur Realität. Und diese Ablehnung basiert nicht etwa auf einem gründlichen Studium dieser Texte, sondern meist auf einer vorgefassten Meinung – auf Vorurteilen. Ich werde versuchen, dem entgegenzuwirken.

Wer waren die Sumerer? Woher stammten sie? Aus welcher Richtung waren sie ins Zweistromland eingewandert? Fest steht für Samuel Kramer, dass die Sumerer nicht die ersten Bewohner Südmesopotamiens waren. Er ist davon überzeugt, dass vor den Sumerern dort eine andere ethnische Gruppe lebte, deren Zivilisation sehr viel weiter entwickelt war als die der zunächst recht primitiven Sumerer.

Die präsumerische Periode benennt Kramer als »Irano-Semitische Periode«, und er unternimmt es nachzuweisen, dass vor den Sumerern um 3800 vor Christus zunächst die Perser vom Osten und die Semiten vom Westen in Mesopotamien eingewandert sind, wobei er das semitische Element als zahlenmäßig dominierend einschätzte.[21]

Die sumerische Besiedlung lässt sich im Zweistromland ab 3200 vor Christus nachweisen. Bald danach kam es zum bekannten kulturellen Aufschwung. Nach einer gut tausendjährigen Blütezeit der sumerischen Kultur übernahmen dann die Semiten mit König Sargon ab 2300 vor Christus die Herrschaft in Mesopotamien.

Kramer fand mit seiner Theorie nicht nur Zustimmung. Die Mehrzahl der Altorientalisten ist der Meinung, die Sumerer seien die ersten Bewohner des südlichen Zweistromlandes gewesen, auch wenn sie auf die Frage nach der Herkunft der Sumerer keine Antwort wissen. Die Wurzeln der sumerischen Sprache sind ebenfalls unbekannt. Ich sprach bereits davon, dass das Sumerische mit keiner anderen Sprache verwandt ist und dass es von den Etymologen deswegen als eine »isolierte« Sprache und damit als eine Rarität bezeichnet wird. Sprachwissenschaftler sind es gewohnt, durch Erschließung eines Wortkerns die dazugehörige Sprachfamilie und den ursprünglichen Sinn eines Wortes zu erfassen und damit auch Entwicklung und Herkunft einer Sprache zu erkennen. Eine Hilfe vonseiten der Etymologen bleibt den Altorientalisten in diesem Fall also versagt.

Dennoch lassen sich Schlüsse ziehen aus der Tatsache, dass das Sumerische »isoliert« von allen anderen Sprachen auftaucht. Die Sumerer können meines Erachtens eben nicht die Nachfolge der Perser und Semiten auf mesopotamischem Boden angetreten haben, denn dann würde zumindest der Sprachwissenschaftler eine sprachliche Verwandtschaft zwischen der mesopotamischen »Urbevölkerung« und den Sumerern feststellen können.

Da das aber nicht der Fall ist, drängt sich der Schluss auf: Die Sumerer kamen als eine eigenständige ethnische Gruppe nach Mesopotamien, wo vor ihnen Menschen mit einer hoch entwickelten Kultur lebten. Dazu noch einmal Kramer: »*Sumerians must have been preceded by a civilized power of some magnitude, one that was culturally far more advanced than were the Sumerians.*«[22] Wenn Kramer das erste Kulturvolk Mesopotamiens als kulturell höher entwickelt als die Sumerer bezeichnet und mit dem Epitheton *magnitude* belegt, dann drückt er damit sehr deutlich seine Bewunderung und vielleicht sogar sein Erstaunen über die Leistungen dieser Vorgänger der Sumerer aus.

Hier schließe ich mich dem großen Sumerologen Kramer an. Auch ich gehe davon aus, dass **vor** den Sumerern eine erstaunlich hoch entwickelte Zivilisation in Mesopotamien existierte.

Die alten Berichte

Ich glaube allerdings, dass Kramer eine von meiner Meinung abweichende Vorstellung hatte von diesem frühesten Kulturvolk auf mesopotamischem Boden. Ich bin wohl auch weniger erstaunt als Kramer über das hohe kulturelle Niveau der »Vorgänger«, weil mich die vielen Indizien zwingen, auch in diesem Punkt die Angaben in den mythologischen Texten wörtlich zu nehmen: »**Die Götter kamen, bevor es Menschen gab, und brachten diesen das Wissen.**«

Was macht mich so sicher? Es sind meine Erkenntnisse in einem veränderten Bewusstseinszustand, von dem ich im Vorwort ausführlich gesprochen habe.

Die Einsichten, die ich in der Praxis des Regressionstherapeuten in tiefer Trance gewinnen konnte, haben sich eingebrannt in meine Erinnerung. Inzwischen weiß ich, dass ausnahmslos jede Äußerung, die ich in jenem Bewusstseinszustand ins Mikrofon des Arztes gesprochen habe, jeder Prüfung standhält.

Ich bin davon überzeugt, dass meine in Trance gemachten Aussagen auch in einer »Beweisführung«, wie ich sie hier zum Thema *Adams Ahnen* vorlege, ihre Gültigkeit haben.

Über die Uranfängen des *Homo sapiens* und seine göttlichen Lehrmeister sage ich ins Mikrofon des mich begleitenden Arztes:

> »*Sie (i. e. die Götter) geben uns Zeichen, als wenn sie uns etwas vermitteln wollten ... als wenn sie mich unterrichten wollten in der Arbeit, die man an den Bäumen vornehmen könnte ... aber ich bin sehr dumm ... es ist nichts in meinem Kopf ... Ich habe nicht wirklich Angst vor ihnen ... aber ich würde es vorziehen, wenn sie mich in Frieden ließen, wenn sie verschwinden würden.*«
>
> (Heinke Sudhoff, *Ewiges Bewusstsein*, Kap. 8, S. 109)

Die kulturellen Leistungen der Sumerer werden meist als Erstlingswerke bezeichnet. Wenn ich hier einige dieser so genannten Erstlingswerke aufzähle, dann tue ich das, obwohl ich gute Gründe habe anzuzweifeln, dass es sich hier tatsächlich um die ältesten Kulturleistungen auf Erden handelt.

Der moderne Mensch, so die heutige Lehrmeinung, trat vor etwa 100.000 Jahren auf den Plan. Warum aber sollten seine intellektuellen und praktischen Leistungen erst in Sumer zur Hochform aufgelaufen sein, also 95.000 Jahre später? Was geschah zwischen 100.000 und 3800 vor der Zeitrechnung? Oder was geschah vor der Zeit um 40.000 vor der Zeitrechnung, als die ältesten heute bekannten Höhlenmalereien und Artefakte entstanden? Der neue »wissende« Mensch mit seiner seither unübertroffenen Intelligenz wird diese Intelligenz in jeder Hinsicht genutzt haben – und sogleich »Erstlingswerke« erschaffen haben!

Um es vorwegzunehmen, worauf ich im späteren Verlauf des Textes ausführlich eingehen werde: Die Spuren unseres Anfangs müssen vor der Sintflut gesucht werden. Das zu belegen, werde ich die notwendigen Schritte auf dem Weg zu den wahren Anfängen menschlicher Kreativität und intelligenten Handelns unternehmen und darauf hoffen, die Spur bis zu ihrem Anfang verfolgen zu können.

Wenn Altorientalisten von Erstlingswerken sprechen, dann beziehen sie sich auf sumerische Leistungen, die ihrer Meinung nach vor den Sumerern noch nirgends auf der Welt erbracht worden waren. Dazu zählen sie unter anderem die Infrastruktur der Städte, komplexe Steinstrukturen, die ersten Schulen, ein Zweikammersystem bei Gericht, ein Besteuerungssystem, eine Altersvorsorge, einen Gesetzescodex (Codex des Hammurabi), Forschung in Medizin und Pharmazie, Entwicklung von Pflanzensorten, Züchtung von

Haustieren und schließlich natürlich die Schrifttafeln von hohem künstlerischem Wert.

Uns soll in diesem Zusammenhang weniger der künstlerische Wert der Epen, Poeme und Lieder als vielmehr deren inhaltliche Angaben und Aussagen interessieren. Denn viele dieser Aussagen geben Aufschluss über den Verlauf der sumerischen Geschichte und führen hinein in die Urgeschichte der vorderorientalischen Region – und damit auch in weit entlegenere Regionen, denn nahezu alles auf diesem Globus scheint sich in einer vorgeschichtlichen Frühzeit der Menschheit **global** entwickelt zu haben. Die vielen Parallelen zwischen den verschiedensten Kulturkreisen – auch jenseits des Atlantiks – lassen das erkennen. Diese Globalisierung wird umso deutlicher, je weiter zurück in eine »vorsintflutliche« Zeit die Kulturleistungen zu datieren sind.

Von einer »Großen Flut« ist in alten Texten immer wieder wie selbstverständlich die Rede. Im Zusammenhang mit der Bibliothek des babylonischen Königs Assurbanipal in Ninive wurde bereits erwähnt, dass dieser gebildete Herrscher sich rühmte, die alte sumerische Schrift aus den Zeiten »vor der Flut« lesen und schreiben zu können. Mit der Erwähnung der Großen Flut kann er sich aber wohl nicht auf die Sintflut beziehen, sondern nur auf eine der vielen kleineren, aber dennoch verheerenden Überschwemmungen, die sich in Mesopotamien sehr häufig ereigneten.

Der Archäologe Sir Charles Leonard Woolley stieß 1929 bei Ausgrabungen in der chaldäischen Stadt Ur auf eine vier Meter dicke Sedimentschicht ohne Spuren einer Zivilisation. Darunter – unter den meterhohen Ablagerungen – fand er Zeugnisse einer frühen Kultur, die Woolley datieren konnte auf 4000 vor der Zeitrechnung. Die Lehmschicht hatte sich als Ablagerung eines Meeres gebildet, das damals in Mesopotamien existiert haben muss. Bei dieser Überflutung des Landes kann es sich aufgrund der gesicherten Datierung nicht um die große Sintflut gehandelt haben, denn die Sintflut ereignete sich vor zirka 13.000 Jahren. Wegen ihrer großen Bedeutung für den Lauf der Urgeschichte des Menschen widme ich der Sintflut ein ganzes Kapitel in diesem Buch.

Gilgamesch – ein Fall für Genetiker

Im folgenden Kapitel wird die Rede sein von einer erstaunlichen Parallele zwischen dem Kernthema des ältesten Epos der Menschheit und der modernen Humangenetik.

Bei aufmerksamer Lektüre der frühen sumerischen Texte fällt sogleich auf, dass selten von Menschen und immerfort von Göttern die Rede ist. Natürlich gibt es auch die Menschen, aber sie spielen keine Rolle – es sei denn, wir akzeptierten die Rolle des Dieners als etwas Erwähnenswertes. Der kleine sumerische Mensch hinterfragt seine Rolle nicht. Er ist davon überzeugt, seine Lebensaufgabe erschöpfe sich darin, den Göttern zu dienen. Er glaubt von den Göttern erschaffen zu sein, damit diese ihr eigenes Leben genießen können. Auch seinen Status als sterbliches Geschöpf akzeptiert der Mensch, denn in seinen Augen haben nur die Götter ein Anrecht auf Unsterblichkeit.

Anders ist das bei dem Helden Gilgamesch, der vor 5000 Jahren als König von Uruk regierte. Das ihm und seinem Schicksal gewidmete Gilgamesch-Epos dreht sich vor allem

Die alten Berichte

um die Erlangung des »ewigen Lebens«. Gilgamesch richtet sein ganzes Streben darauf, die Unsterblichkeit zu erwerben, da er davon überzeugt ist, auf die Unsterblichkeit einen Anspruch zu haben.

Worauf gründet er seinen anmaßenden Anspruch? Auf seine Herkunft! Sein Vater ist König Lugalbanda, der – wie Gilgamesch – in der sumerischen Königsliste erwähnt wird. Die Mutter des Gilgamesch aber ist Nin-Sun, eine Göttin. Als solche ist sie unsterblich. Aus diesem göttlichen Erbteil leitet Gilgamesch seine »Göttlichkeit« her. Wenn seine Mutter – nicht sein Vater – göttlich ist, dann ist er als Sohn mehrheitlich – zu zwei Dritteln – göttlich, und damit ist auch er unsterblich. Das Gilgamesch-Epos lässt daran keinen Zweifel.

Die betreffende Stelle im Gilgamesch-Epos findet sich auf der assyrischen Tafel 2, Zeile 1 und lautet: »Zu zwei Dritteln ist er Gott, Mensch zu einem Drittel nur. Die erhabene Göttin hat seines Leibes Bild entworfen.«

Demselben Text entnehmen wir eine weitere interessante Information:

»Gilgamesch überragt die Könige an Ruhm und Statur ...«
Die hethitische Fassung gibt die Körpergröße des Helden Gilgamesch an mit »elf Ellen«. Das wären dreieinhalb Meter, die Größe eines Riesen! Der Frage, ob es einstmals Riesen gab, gehe ich im Kapitel »Riesen, weltweit die Helden der kleinen Menschen« nach.

Folgt man dem Text des Gilgamesch-Epos, war Gilgamesch also ein Riese. Aber seine Körpergröße half dem Helden nicht bei der Umsetzung seines Plans, das ewige Leben zu erlangen. Gegenüber den Göttern pocht Gilgamesch deshalb auf die Bedeutung seiner genetischen Abstammung von einer göttlichen Mutter. Er beruft sich auf seine zwei Drittel mütterlichen Erbguts.

Wie kommt Gilgamesch zu einer solchen Aussage, die doch allem widerspricht, was bis vor kurzem Stand der Wissenschaft war, wonach der Mensch je zur Hälfte das Erbmaterial seiner beiden Elternteile in sich trage. Ist es glaubhaft, dass der Sohn zu einem sehr viel höheren Prozentsatz das Erbgut seiner Mutter in sich trägt als das seines Vaters? Diese Frage kann seit wenigen Jahren tatsächlich bejaht werden, denn Humangenetiker haben es vor kurzem wissenschaftlich bewiesen! Jüngste Forschungsergebnisse, die sich zum Teil erst vor sieben Jahren ergaben, können belegen, dass das Erbgut des Sohnes nicht nur zu 50 Prozent, sondern tatsächlich bis zu 66 Prozent von der Mutter stammt.

Aber wie ist zu erklären, dass die Sumerer über derartig »fortgeschrittene« wissenschaftliche Kenntnisse verfügten? Stammte das fortschrittliche Wissen um die Genetik von den Höheren Intelligenzen, die den kleinen Menschen »das Wissen brachten«, wie die alten Texte schreiben? Diese Frage wird aufgrund der Beweiskette, die dieses Buch vorlegt, leichter zu beantworten sein, da das Wirken »göttlicher« Lehrmeister unter den Menschen im Verlauf dieses Buchs deutlich wird.

Die Annahme, das genetische Erbe des Sohnes stamme zu gleichen Teilen von Vater und Mutter, hat die moderne Humangenetik seit kurzem mit überraschenden Forschungsergebnissen entscheidend revidiert. Der erste Grund, warum das Erbgut der Mutter nicht zu 50 Prozent, sondern bis zu zwei Drittel auf den Sohn vererbt wird, liegt bei den Mitochondrien. Diese kleinen Kraftwerke befinden sich in jeder Zelle und folgen ganz eigenen Gesetzen.

Die mitochondriale Vererbung ist eine extrachromosomale Vererbung. Entsprechend befinden sich die betreffenden Gene nicht auf den Chromosomen im Zellkern, sondern in den

Mitochondrien. Im Gegensatz zur chromosomalen Vererbung werden aber diese Gene nicht von beiden Elternteilen, sondern **nur** von der Mutter weitergegeben.

An der Verschmelzung von Spermien und Eizelle partizipieren die Mitochondrien nur zum Teil, weil die Eizelle Stoffe aussendet, die die Mitochondrien des Spermiums auflösen. Der entscheidende Punkt aber ist: Mitochondrien besitzen eine eigene DNA, die immer nur von der Mutter an die Nachkommen vererbt wird. Die Erbinformation, die in der mtDNA enthalten ist, wird mit dem Plasma der Eizelle an die Nachkommen weitergegeben.

Die menschliche mtDNA besteht aus 16.570 Basenpaaren mit 37 Genen. Da diese allein von der Mutter vererbt werden, vergrößert sich zwangsläufig der Anteil des Erbguts der Mutter gegenüber dem Erbteil des Vaters.

Die zweite Ursache für die engere genetische Verbindung zwischen Mutter und Sohn ist das X-Chromosom. Der menschliche Organismus besitzt mit dem X-Chromosom und dem Y-Chromosom zwei unterschiedliche Arten von Geschlechtschromosomen. Die Frau verfügt über zwei X-Chromosome und der Mann über ein Y-Chromosom und ein X-Chromosom. Das Geschlecht eines Menschen wird im Moment der Befruchtung entschieden: Dringt ein Spermium mit einem X-Chromosom in die Eizelle ein, trägt der Embryo zwei X-Chromosome und entwickelt sich zu einem weiblichen Organismus. Befruchtet ein Spermium die Eizelle dagegen mit einem Y-Chromosom, ist das Ergebnis XY, und es entwickelt sich ein männlicher Organismus.

Das Y-Chromosom des Mannes ist nicht nur wesentlich kleiner als das X-Chromosom, sondern es trägt auch sehr viel weniger Erbinformation.

Bei dem männlichen Y-Chromosom handelt es sich tatsächlich vor allem um Gene der Spermienproduktion.[23] Der Humangenetiker des Berliner Max-Planck-Instituts, Thomas Wienker, bezeichnete mir gegenüber das Y-Chromosom als »Dummy«, das X-Chromosom aber als »sehr wichtig«. Mit seinen nur 60 Genen sei das Y-Chromosom vergleichsweise »leer«. Das X-Chromosom dagegen trägt an die 1000 Gene und entsprechend wesentlich mehr Erbinformation als das kleine Y-Chromosom. Da Frauen zwei X-Chromosome und damit die doppelte Gendosis haben, verfügen sie über eine größere Genaktivität.[24]

Seit wenigen Jahren kennt man auch noch einen weiteren, einen dritten Weg, auf dem die Richtigkeit der sumerischen Aussage über das mütterliche Erbgut bestätigt werden kann: Diesen Weg bietet die Epigenetik, die sich mit den pränatalen Einflüssen auf das Ungeborene befasst. Was der schwangeren Mutter widerfährt, beeinflusst und prägt die Gene des Kindes. Erst vor wenigen Jahren haben Humangenetiker die Beeinflussung des Ungeborenen durch die Umwelt und die daraus entstehende pränatale Programmierung des Embryos erkannt. Und die »Umwelt« ist in diesem Zusammenhang der Erfahrungsbereich im Mutterleib. Immunologen, Stoffwechselexperten, Psychologen, Allergologen und Reproduktionsmediziner beteiligen sich an dieser für die Menschheit so wichtigen Erforschung der Programmierung des Ungeborenen. Sie testen, wie Fötus und Embryo durch Stresshormone und seelische Belastung der Mutter frühzeitig und dauerhaft geschädigt werden – und wie der Arzt dem entgegenwirken kann.

Die Hamburger Reproduktionsimmunologin Petra Arck kommt zu dem Schluss, dass jede Art von negativem Einfluss, sei er nun psychischer oder physischer Natur, seien es Medikamente, Ernährung oder Krankheiten, eine Auswirkung hat auf

Die alten Berichte

den Embryo. Im Biotop Mutterleib entscheiden sich Lebensfähigkeit, Intelligenz, Gesundheit und die psychische Verfassung des Ungeborenen – für sein ganzes Leben.

Der neuseeländische Wissenschaftler Peter Gluckman war einer der Ersten, der sich dem Forschungsgebiet der Epigenetik widmete und erkannte, dass die psychische und körperliche Beeinflussung des Ungeborenen durch die Mutter so wichtig ist wie das genetische Erbgut, das in vertikaler Transmission von Vater und/oder Mutter auf das Kind übertragen wird. Die möglicherweise entstehenden Mutationen sind ihrer Natur nach Veränderungen der DNA-Sequenz und wirken in der befruchteten Eizelle und in allen sich daraus entwickelnden Körperzellen.

Nicht alle Gene sind in allen Zellen zu allen Zeiten aktiv. Das ist das Wesen der differenziellen Genaktivität. Störungen der Genaktivität können aus einer gestörten Genregulation resultieren. Auch diese Erkenntnis gehört in das neue Wissensgebiet der Epigenetik, die heute erforscht, in welchem Umfang die Mutter auch die psychische, intellektuelle und ohnehin physische Entwicklung ihres ungeborenen Kindes beeinflusst.

Zusammenfassend ist festzustellen: Der heutige Wissensstand der Genetiker entspricht seit kurzem genau dem, was im Gilgamesch-Epos zum Kernthema gemacht wird: Das Erbgut des Sohnes wird ungefähr zu zwei Dritteln von der Mutter vermittelt!

Das Thema der genetischen Mitgift der Mutter an den Sohn ist nicht nur im ersten (uns) bekannten Epos der Menschheitsgeschichte, dem Gilgamesch-Epos, das zentrale Thema. Auch in einem anderen Kontext begegnet uns die (genetische) Sonderstellung der Frau in früh- und vorgeschichtlicher Zeit. So spiegelt sich die Sonderstellung (des Erbguts) der Frau auch in den Gesetzen des Judentum wider: Jude ist (nur), wer eine jüdische Mutter hat.

Abraham, der Stammvater der Israeliten, stammte aus der mesopotamischen Stadt Ur, bevor er vor 4000 Jahren von seinem Gott ins Gelobte Land geschickt wurde. Aus seiner Heimat Ur dürfte er die Kenntnis von der (genetischen) Bedeutung des weiblichen Erbguts mitgenommen haben. Das ist leicht nachzuvollziehen. Aber wie hatten sich zuvor die Sumerer das Wissen um die genetische Bedeutung des weiblichen Erbguts erworben? Wurde es ihnen von den hochzivilisierten »ersten Bewohnern« des Zweistromlandes vermittelt? Überliefern die Keilschrifttexte tatsächlich historische Fakten, wenn sie davon berichten, dass den Sumerern das Wissen von göttlichen Lehrmeistern gebracht wurde?

Die seinerzeit bahnbrechenden Erkenntnisse des Gregor Mendel, der im 19. Jahrhundert die »gleichwertig gemischten Erbanlagen« erforschte, sind heute zum Teil überholt.[25] Dieses Dogma der Genetik geriet ins Wanken, als Humangenetiker Ende des 20. Jahrhunderts die so genannten »geprägten Gene« entschlüsselten. Erbanlagen wurden nun als mit einer elternspezifischen Prägung erkannt, dem so genannten »Imprinting«. So konzentrieren sich zum Beispiel Zellen mit ausschließlich mütterlichen Genen in der Hirnrinde, dem Ort, an dem höhere Hirnfunktionen wie das logische Denken, Sprechen und Erinnern stattfinden.

»Ungewöhnlich viele Gene, welche die geistige Leistungsfähigkeit bestimmen, sind auf dem X-Chromosom versammelt«, erklärt der Humangenetiker Horst Hameister von der Universität Ulm. »16 Prozent aller bekannten Gene, die für den Verstand von Bedeutung sind, liegen auf dem X-Chromosom. Damit ist die Häufigkeit der für die Intelligenz relevanten Gene auf dem X-Chromosom rund dreimal so hoch wie jene auf den nicht geschlechtsgebundenen Chromosomen.«[26] Wurde damit der Nachweis erbracht, dass die Intelligenz über die Mutter vererbt wird?

Da es für meine These »Fortschrittliches Wissen unter den alten Sumerern« eine so große Bedeutung hat, sei hier noch ein weiterer Punkt genannt:

Auf fortschrittliches Wissen um die Genetik weisen auch folgende Passagen in Keilschrifttexten hin, in denen es heißt, die alten sumerischen »Götter« paarten sich vorzugsweise mit ihren Halbschwestern, und zwar mit solchen Halbschwestern, die denselben Vater hatten wie der Bräutigam, aber von einer anderen Mutter abstammten.

Das galt auch noch für die biblische Zeit. So war Sara nicht nur Abrahams Frau, sondern auch seine Halbschwester. Beide hatten denselben Vater, aber nicht dieselbe Mutter. Eine solche eheliche Verbindung wurde damals jeder anderen Verbindung vorgezogen. Daraus folgt, dass auch die Nachkommen aus einer solchen Verbindung einen bevorzugten Status hatten: Weil seine Mutter eine Halbschwester des Vaters war, wurde der sehr viel später geborene Isaak der Stammvater und Nachfolger Abrahams und nicht Abrahams erstgeborener Sohn Ismael.

Auch in Ägypten und Mittelamerika gab es in der Frühzeit solche ehelichen Verbindungen zu den »richtigen« Halbschwestern. Pharao Thutmosis I. hinterließ bei seinem Tod 1515 vor Christus seine eheliche Tochter Hatschepsut und einen Sohn, dessen Mutter eine Konkubine war. Dieser Sohn heiratete seine Halbschwester und legitimierte damit seinen Thronanspruch – als Thutmosis II. Nur weil es die »richtige« Halbschwester war, konnte das gelingen.[27] Eine solche Heiratspolitik bewährte sich offenbar. Degenerationserscheinungen, die wir bei Geschwisterehen erwarten, wurden jedenfalls nicht bekannt.

Auch Jahrtausende später heirateten Herrscher gelegentlich noch nahe Verwandte und gelegentlich auch schon mal ihre Halbschwester. Die Habsburger heirateten in mehreren aufeinander folgenden Generationen ihre nächsten Verwandten. Mitte des 17. Jahrhunderts ging Philip IV. die Ehe ein mit der Tochter seiner Schwester, die sowohl dieselbe Mutter als auch denselben Vater hatte wie der Bräutigam – Philip IV. Nach sumerischem Verständnis war sie also nicht die für die Fortpflanzung ideale oder »richtige« Schwester! Genetisch teilt eine Schwester, die dieselbe Mutter hat wie ihr Bruder, mit diesem mehr als 50 Prozent ihres Erbguts. Das aber war, wie die Sumerer offenbar wussten, eine genetisch zu nahe Verwandtschaft, um miteinander genetisch unbelastete Nachkommen zu zeugen.

Bei den Habsburgern geschah aber genau das. Und so war denn das Kind aus dieser Verbindung äußerst schwächlich. Es wurde als Karl II. von Spanien gekrönt. Statt der 32 Vorfahren, die der Mensch normalerweise in der fünften Generation hat, waren es bei Karl II. nur zehn Vorfahren. Das blieb nicht ohne gravierende Folgen. Seine beiden Ehen blieben kinderlos – Karl war zeugungsunfähig, schwächlich und kränklich, und er starb in jungen Jahren. Mit dem genetischen Wissen der alten Sumerer hätten die Habsburger ihre Heiratspolitik wohl anders gestaltet. Aber das Wissen der Sumerer, das diese wohl einst von ihren göttlichen Lehrmeistern vermittelt bekamen, war mit den Jahrtausenden offenbar verloren gegangen.

Auch das folgende Beispiel lässt vermuten, dass die heute bekannten Gesetze der Genetik vielleicht schon vor Tausenden von Jahren bekannt waren: Der englische Physiker Francis Crick erhielt 1962 den Nobelpreis für sein räumliches Modell der DNA. Es zeigt den Erbgutinformationsträger mit seiner Fähigkeit zur Reduplikation in Form einer **Doppelhelix** – einer zweisträngigen Spirale. Eine solche doppelte Spiralwindung lässt sich auch auf vielen sumerischen Darstellungen erkennen – meist in Gestalt von Schlangen, die sich umeinander winden.

Schlangen spielten in der Frühzeit des Menschen eine ganz besondere Rolle. Auf Abbildungen sieht man die Schlange als das Symbol des sumerischen Gottes Enki, der im sumerischen Pantheon als großer Wissenschaftler galt! Das kann kaum ein Zufall sein! Ist es zu kühn, dieses Schlangensymbol in einen Sinnzusammenhang zu setzen zu der gegenläufigen Doppelhelix der DNA, dem heute bekannten Modell des Erbinformationsträgers? War die Doppelhelix schon in Sumer bekannt? Es sieht ganz danach aus! 1500 Jahre nach den Sumerern wird die Schlange auch im Paradies des Alten Testament ihre Rolle spielen. Auch da ist ihre Rolle von Weisheit und Wissen geprägt – denn sie empfiehlt den Menschen, vom Baum der Erkenntnis zu essen!

Schöpfung aus den Urwassern

Wie in vielen sehr alten Kulturen, die Merkmale eines Matriarchats erkennen lassen, spielt auch in den Überlieferungen der Sumerer die Mutter eine bedeutende Rolle. Die erste und älteste aller sumerischen Gottheiten ist die Muttergottheit Nammu, deren Name mit dem sumerischen Piktogramm für »Urmeer« geschrieben wird. Das zeigt, welche entscheidende Bedeutung schon damals dem Wasser als dem Ursprung allen Lebens beigemessen wurde. Aus dem Urmeer (*primeval sea*) gebar Nammu den Himmel und die Erde.[28]

Die Vorstellung von einer Schöpfung aus den Urwassern könnte zwar auch in einem Zusammenhang stehen mit den in Mesopotamien so häufigen und gelegentlich auch gewaltigen Überschwemmungen, also mit dem direkten Erleben der Urgewalt des Wassers. Das Verständnis von der primären Bedeutung des Urwassers dürfte in jener Zeit jedoch viel tiefer gehen. So erwähnt das Alte Testament die Urwasser gleich zu Beginn der Schöpfungsgeschichte im ersten Vers: »Und die Erde war wüst und leer, und es war Finsternis auf der Tiefe. Und der Geist Gottes schwebte über den Wassern.«[29]

In den *vedischen* Schriften, den altindischen Weisheitsbüchern, wird das große Wasser nicht am Anfang, sondern am Ende (eines Zeitalters) erwähnt. Und da alles in der Schöpfung in Zyklen verläuft, ist das Ende, in dem das große Wasser eine entscheidende Rolle spielt, im erneuten Beginn eines Zeitalters einbeschrieben.

Die sumerische Schöpfungsgeschichte und die Erschaffung aus den Urwassern findet ihre Entsprechung in modernen wissenschaftlichen Forschungsergebnissen: Außerhalb des Wassers war zu Beginn der Urzeit kein Leben möglich. Die ersten organischen Verbindungen werden heute in der Tiefsee vermutet. Stärkstes Indiz für die Entstehung des Lebens in der Tiefsee sind die Archaeobakterien, die älteste uns heute bekannte Lebensform. Wir wissen nicht, wie das Leben auf der Erde entstand – aber dass es im Wasser entstand, ist heute gültige Lehrmeinung.

Da ist es doch wahrlich erwähnenswert, dass die sumerische Göttin der Schöpfung, die Urmutter allen Lebens, auch die Urmutter der Urwasser war. Das Wissen um das Wasser als Ursprung des Lebens war schon in den Alten Tagen bekannt! Die Mythologie der Sumerer belegt es. Sie basiert ganz offensichtlich nicht auf Fantasie – sondern auf Wissen um Fakten.

Da die Sumerer selbst sich dieses Wissen nicht erworben haben können, weil ihnen jegliche wissenschaftliche Voraussetzung dazu fehlte, muss auch hier wieder davon ausgegangen werden, dass Höhere Intelligenzen ihr »modernes« Wissen an die Menschen vermittelten.

Aus den Urwassern erschuf Nammu, die »Göttin des Himmels und der Erde«, die Götter. Das sumerische Schöpfungsepos *Enuma Elish* beginnt mit den Worten: »Als in den Höhen der Himmel noch nicht benannt war und unten die Erde noch keinen Namen trug, als keiner der Götter noch erschaffen war ...«[30]

Die Götter wurden also geschaffen! Von wem? Wie sahen diese Götter aus? Waren sie anthropomorph und groß wie Riesen, wie es die alten Texte schreiben? Um diese Fragen geht es zwar erst im Kapitel »Riesen, weltweit die Helden der kleinen Menschen«, aber so viel kann schon gesagt werden: Auf die Aussagen in den alten Überlieferungen ist durchaus Verlass. Sie scheinen wahrlich auf historischen und realistischen Fakten zu beruhen. Auch die Vorstellung von einem Urmeer, dem das Leben auf der Erde entsprang, ist nicht ein fantastischer Mythos, sondern entspricht sehr genau dem heutigen Wissensstand.

Lasst uns einen Menschen machen!

Lasst uns einen Menschen machen! Dieser Aufruf des biblischen Gottes (Gen 1, Vers 26) hallte wider in den Medien vom 15. Mai 2013! Wissenschaftlern der USA war ein wesentlicher Schritt auf dem Weg zur Erschaffung eines Menschen gelungen! Sie hatten menschliche embryonale Stammzellen klonen können! Waren sie die Ersten in der Menschheitsgeschichte, denen dieser so überaus wichtige Schritt gelang?

Zu dieser Frage bieten die alten Texte durchaus schlüssige Antworten. In einer Art Rahmenhandlung wird geschildert, wie mühsam sich das Leben auf Erden für die sumerischen Götter gestaltete, bevor der Mensch erschaffen war. Die Göttersöhne werden meist als sehr »menschlich« oder allzu menschlich geschildert. Sie streiten und lieben, sie essen und trinken, sie beklagen sich über die viele Arbeit, die sie erledigen müssen – oder sie widmen sich dem Müßiggang. Das Schöpfungsepos *Enki und Nammu* entstand erst 2000 Jahre vor der Zeitrechnung, aber es basiert mit Sicherheit auf einer sehr viel älteren Vorlage. Es erzählt von einer Ruhepause, die sich der große Gott Enki gerade in dem Moment gönnt, als ihn seine Mutter, die große Muttergottheit der Urwasser, ermahnt: »Mein Sohn, erhebe Dich von Deinem Bett ... tue etwas Vernünftiges, erschaffe Diener für die Götter.«[31]

Enki antwortet seiner Mutter: »Oh, meine Mutter, das Wesen, das Du wünschst, dessen Namen Du nennst, es existiert bereits. (*Oh, my mother, the creature whose name you uttered, it exists.*) »Binde ihm nur das Bild der Götter um ... Mische das Herz (?) des Lehms, das über dem Abgrund (?) liegt; der gute und edle Schöpfer wird den Lehm festigen ... Die Geburtsgöttin Nin-Ma wird Dir helfen bei der Erschaffung; Nin-Ma wird ihm das Bild der Götter umbinden; oh, Mutter, bestimme Du sein Schicksal; es ist der Mensch.«[32]

Die Götter erschaffen also den Menschen und entscheiden sein Schicksal! Und noch bevor der Wunsch der Muttergöttin geäußert wurde, gab es bereits ein Wesen, das zu einem Diener gemacht werden konnte, den sich die Götter wünschten. Das neu zu erschaffende Wesen musste nur noch mit dem (genetischen) »Bild« der Götter verbunden werden, um als Diener der Götter geeignet zu sein.

Diese Passage aus dem Schöpfungsmythos kann nur so zu verstehen sein, dass das geplante neue Wesen ein Mischling sein

Die alten Berichte

sollte aus den Genen eines Gottes und eines Wesens, das bereits auf der Erde existierte! Um wen oder was könnte es sich bei diesem schon existierenden Wesen gehandelt haben, das mit den göttlichen Genen vermischt werden sollte? Wer oder was bringt die Grundvoraussetzungen dafür mit, den Göttern ein Diener zu sein? Ein Hominide, ein Menschenaffe? Einem solchen Lebewesen würde es nur an der erforderlichen Intelligenz fehlen – und die wollten die Schöpfergötter durch eigene Gene beisteuern. So könnte der neue menschliche Diener der Götter entstanden sein.

Warum bat die Urmutter ihren Sohn, den weisen Wissenschaftler Enki, für die Götter einen Diener zu erschaffen? Diese Frage lässt sich mithilfe der alten Texte gut beantworten. Dort wird ausführlich davon gesprochen, wie viele Schwierigkeiten die Götter hatten mit der Erledigung des Anbaus von Pflanzen, mit der Trockenlegung von Flussläufen im Zweistromland, mit der Gewinnung von Edelmetallen und mit vielen anderen Arbeiten.

»Als der Mensch noch nicht erschaffen war und die Stadt Nippur noch allein von den Göttern bewohnt war ...«[33] Die Zeiten, als sie allein waren auf der Erde, scheinen für die Götter tatsächlich beschwerlich gewesen zu sein, und sie beklagten sich darüber bei den »großen« Göttern. Ja, es gab im sumerischen Pantheon eine Rangordnung unter den Göttern. Anu war der höchste Gott, Enlil und Enki waren seine beiden Söhne, die sich die Aufsicht über die auf Erden zu erledigenden Arbeiten teilten. Daneben gab es Götter von weniger hohem Rang, die so lange die manuelle Arbeit erledigten, wie der kleine Mensch als Arbeitskraft noch nicht erschaffen war.

Mit dem Aufruf Gottes – »Lasst uns Menschen machen – ein Bild, das uns gleich sei!« – bringt das 1500 Jahre später geschriebene Alte Testament (Gen 1,26) eine konzise, aber letztlich auch weniger verständliche Kurzfassung dieser für den Menschen so überaus wichtigen sumerischen Schöpfungsgeschichte.

Der Homo sapiens entsteht in Afrika

Wie dürfen wir uns Adams Erschaffung – pardon, unsere eigene Erschaffung – vorstellen? Die Angaben über die Erschaffung erschließen sich dem Leser der sumerischen Tafeln nicht sogleich. Dennoch lässt sich aus den folgenden knappen Angaben ein logischer Zusammenhang entnehmen. Das Kernstück des Schöpfungsberichts dürfte dabei das Wort »abyss« sein. Durchgehend wird dieser Begriff von den Altorientalisten mit »Abgrund« oder »Tiefe« übersetzt. »*The creature whose name you uttered, it exists! Bind upon him the image of the gods. Mix the heart of the clay that is over the abyss*«.[34]

Formulierungen wie »über dem Abgrund« oder »in der Tiefe« machen bei der Betrachtung von Art und Ort der Genmanipulation wenig Sinn. Die »Tiefe«, die auch im Gilgamesch-Epos immer wieder erwähnt wird, macht aber in einem geografischen Kontext Sinn: Der Begriff muss sich meines Erachtens auf die »Tiefe« des Erdballs beziehen, womit dann auf Südafrika Bezug genommen würde. »Abyss« spiegelt die Sicht eines Bewohners von Sumer auf die tief unten auf der Erdkugel liegenden afrikanischen Gebiete wider.

Auch eine andere Textstelle des Gilgamesch-Epos bestätigt diese Lesart: »Gilgamesch wanderte durch die gesamte Welt.«[35] »Er folgte der Bahn der Sonne unter der Erde entlang.«[36] Er gelangte zu den »Tiefen des Landes« in der »Unterwelt«.[37] Bei diesen Textstellen muss es sich um eine Umschreibung der Reise

Die alten Berichte

ins südliche Afrika handeln, das aus der Sicht der Sumerer »unten in der Tiefe« (des Erdballs) liegt. »Er folgt der Bahn der Sonne unter der Erde entlang …« Diese Beschreibung der »Bahn der Sonne« ist für mich nur dann verständlich, wenn davon ausgegangen wird, dass die Erde schon von den Sumerern als eine Kugel – und nicht als Scheibe – gesehen wurde!

Die Lesart der genannten Textstelle als »Afrika« ist deshalb von so großer Bedeutung für dieses Buch, weil nach herrschender Meinung der *Homo sapiens* das Licht der Welt im Südosten des afrikanischen Kontinents erblickte. Die Paläontologen jedenfalls sagen uns: Der *Homo sapiens* stammt aus Afrika. Sie befassen sich mit dem Entstehen der spezifischen Merkmale und auch mit der Stammesgeschichte des Menschen. Den Wissenschaftlern geht es darum zu erforschen, wie die evolutive Entstehung unseres menschlichen Merkmalgefüges verlief. Dabei stützen sie sich vor allem auf Fossilfunde. Aber die Knochenfunde geben stets nur ungefähre Anhaltspunkte für die Rekonstruktion der Funde, sodass jedes bis heute gelieferte Forschungsergebnis zwangsweise als vorläufig einzustufen ist.

Noch 2012 stieß das Team um den Genetiker Joshua Akey von der *University of Washington* bei DNA-Analysen heutiger Afrikaner überraschend auf genetisches Material, das nur durch geschlechtlichen Verkehr mit einer uns noch unbekannten Spezies in die DNA des modernen Menschen gelangen konnte. Die Wissenschaftler konstatierten, dass es zwischen 50.000 und 20.000 vor Christus eine bislang unbekannte Art gegeben haben muss, deren genetische Rückstände weder dem heutigen Afrikanern noch dem modernen Europäern gleichen! Und wieder ist ein Umdenken nötig!

David Pilbeam, Harvard-Professor und Kurator für Paläoanthropologie am renommierten Peabody Museum, formuliert das Problem so: »Ich bin zu der Überzeugung gelangt, dass viele

Aussagen, die wir über das Wie und Warum der Evolution des Menschen machen, genauso viel aussagen über uns wie über all das, was wirklich passierte.«[38] Das, was »wirklich« passiert ist, werden wir nicht auf den bisher eingeschlagenen Wegen finden. Pilbeam schlägt deshalb vor, alles bisher an paläoanthropologischen Erkenntnissen Zusammengetragene neu zu durchdenken – wenn nötig mit einem ganz und gar neuen Forschungsansatz, den er in seinem Buch *Re-thinking Human Origins* entwickelt!

Eine Neubewertung der bisherigen Erkenntnisse und damit verbunden ein Infragestellen herrschender Lehrmeinungen erscheint unabweisbar, denn nur dadurch werden neue Forschungsergebnisse in angemessener Weise gewürdigt. Ein solches Vorgehen öffnet – im Übrigen ganz in meinem Sinn – die Türen zu einem neuen Denkansatz, wie ihn dieses Buch darlegen möchte. Die Evolution des *Homo sapiens* und des späteren *Homo sapiens sapiens* verlief eben nicht so geradlinig, wie man heute zumeist noch annimmt. Es gab Genmapulationen, die eine Zäsur in der Evolution darstellen. Eine solche Zäsur habe ich schon aufzuzeigen versucht. Schritt für Schritt werde ich aber noch auf weitere Evolutionssprünge zu sprechen kommen.

Als gesichert gilt, dass der *Homo sapiens* aus Afrika stammt. Aber wann er dort das Licht der Welt erblickte, war lange eine offene Frage. Es kam einer Sensation gleich, als diese Frage im Jahr 1994 eine Antwort fand. Der Genetiker Allan Wilson von der *University of California in Berkeley* fand heraus, dass die Menschheit von einer Ur-Eva abstammt, die vor etwa 250.000 Jahren in Südostafrika lebte. Der Weg zu dieser Erkenntnis führte über die Mitochondrien, die winzigen Energiekraftwerke der Zelle. Die so genannte mtDNA, die von der Mutter jeweils auf die Tochter vererbt wird, macht es möglich, über die Frauenlinie zurückzurechnen bis zu deren erstem Glied – bis zur Ur-

Die alten Berichte

Eva. So wurde Afrika auch auf dem Weg über die Genetik als die Heimat des Menschen erkannt.

Dazu passen in idealer Weise die vor zwei Jahrzehnten ermittelten Forschungsergebnisse der Paläoanthropologen. Sie zeichnen den Entwicklungsprozess des *Homo sapiens* mithilfe der fossilen Funde nach und kamen zu dem Ergebnis: Der *Homo sapiens* ist zirka 250.000 Jahre alt – und stammt aus Südostafrika! Damit finden die Forschungsergebnisse der Genetiker eine überzeugende Bestätigung.

Die Out-of-Africa-Theorie vertritt mit allem Nachdruck auch Friedemann Schrenk, Paläoanthropologe an der Frankfurter Goethe-Universität. Er begreift die Geschichte des *Homo sapiens* im Sinne einer globalen Geschichte und geht dem paläoanthropologischen Wissenskonzept der biokulturellen Evolution des Menschen nach. Afrika gilt heute als der »biologische Ursprungsort der Menschen«, so Schrenk in seiner Vorlesungsreihe »Out of Africa«, die er 2012 vor den Freunden der Universität Mainz hielt.[39]

Mit diesem auf so unterschiedlichen Wegen gefundenen Nachweis ergibt sich auch für den aus dem Gilgamesch-Epos stammenden Begriff »abyss« die sinnvolle Erkenntnis: Das Epos spricht hier davon, dass der Mensch aus der »Tiefe« des afrikanischen Kontinents stammt – und nicht aus dem »Abgrund«, wie der sumerische Begriff bisher sinnentstellend übersetzt wird. Aus der Sicht eines Sumerers in Mesopotamien liegt die Heimat des Menschen in der Tat »tief unten« in Südafrika – »tief unter« der Erd-**Kugel**!

Erschaffung des Menschen aus »Lehm«

Afrika also erkannten unsere Wissenschaftler als die Wiege des Homo sapiens – und genau das sagen auch die sumerischen Texte. Aber wurde der Mensch tatsächlich aus »Lehm« gemacht, wie die alten Schriften der Sumerer und der Hebräer nahezu übereinstimmend berichten? Was kann mit dem Wort »Lehm« gemeint sein? Ich wollte ein Wörterbuch der sumerischen Sprache zu den wenigen Angaben befragen, die der sumerische Text für die »Erschaffung des Menschen« verwendet, und ließ mich von einer Altorientalistin beraten. Sie verwies mich auf den zitierfähigen (!) *Leipzig-Münchner sumerischen Zettelkasten*. In diesem Nachschlagewerk begab ich mich auf die Suche nach einer passenden Bedeutung derjenigen Vokabeln, die sumerische Texte zur Erklärung der Arbeitsschritte für die Erschaffung des Menschen verwenden.

Meine Suche erbrachte folgendes Ergebnis: Das sumerische Wort für »Lehm« ist »IM«[40], was allerdings auch noch mit »Regen« oder »Wind« übersetzt werden kann. Das Wörterbuch weist trotz der reichen Übersetzungsmöglichkeiten darauf hin, dass die Bedeutung des Nomens »IM« unklar ist beziehungsweise auf »verschiedene Weise« übersetzt werden kann. Wenn aber »IM« die Übersetzung von »Lehm« ist, dann ist es höchst aufschlussreich, dass das Lexikon gleich daneben das Wortkompositum »IM-MA« mit »weibliche Genitalien«, mit »Vulva«, übersetzt! Im Zusammenhang mit der Beschreibung der Erschaffung eines Menschen ist dieser Begriff sehr viel

Die alten Berichte

geeigneter als »Lehm«. Er ist sinngemäß sogar sehr nahe an dem, was für eine Befruchtung oder die Erschaffung eines Lebewesens erforderlich ist!

Meine Suche nach einer Übersetzung des Wortes »Lehm«, die in einem überzeugenden Zusammenhang steht mit einer Genmanipulation, führte noch zu einem anderen Ergebnis: »Lehm« ist ein Begriff aus der Landwirtschaft und nahezu ein Synonym für »bewässerter Boden«. Mit dem Begriff »bewässerter Boden« benennt Inanna, die Göttin der Liebe und Fruchtbarkeit, ihre Genitalien. »*Who will plow my vulva, my vulva, the watered ground? Who will station his ox there?*«[41] Die deutsche Übersetzung des von Samuel Kramer ins Englische übersetzten sumerischen Textes lautet: »Meine Vulva, meine Genitalien, wer wird sie mir pflügen? Meine Vulva, der gewässerte (Lehm-) Boden, wer wird dort seinen Ochsen platzieren?«

Die Bezeichnung »Ochse« steht in der sumerischen genau wie in der hebräischen Sprache nicht allein für das kastrierte Rind, sondern auch für den wilden nichtkastrierten Stier. Deshalb wird der Geliebte der Göttin von ihr als »wilder Bulle« besungen. Indem das Wort »IM« nicht mit »Lehm«, sondern mit »Vulva« übersetzt wird, ergibt sich eine stimmiger Text.

Inannas Vokabular mit seinem sexuellen Bezug wurde eindeutig der Landwirtschaft entlehnt. Die drastische Ausdrucksweise der sumerischen Göttin umschreibt den Geschlechtsverkehr mit Begriffen aus der Landwirtschaft: Ochse, pflügen, feuchter Grund. Der »Lehm« ist hier lediglich eine Umschreibung von »feuchtem Gewebe der Gebärmutter«, die einbezogen ist in den Prozess der Befruchtung, von der hier offenbar die Rede ist. Fazit: Der Mensch wurde einst mit derselben Methode erschaffen, die auch den heutigen Genetikern zur Verfügung stehen. Die Vermutung, der Mensch könne aus »Lehm« geschaffen worden sein, geht auf die Lesart des Begriffs

»IM« als »Lehm« zurück, wobei das sumerische Wortkompositum »IM-MA« als »Vulva« zu übersetzen ist und damit der Umschreibung der Erschaffung eines neuen Menschen durch eine Genmanipulation sehr gut dient.

Genmanipulation, Hybride und Klone

Der neue Mensch wurde zunächst als ein Hybrid erschaffen, wenn man den Text richtig versteht. Im biowissenschaftlichen Sprachgebrauch ist ein Hybrid ein Lebewesen, das aus einer Kreuzung unterschiedlicher Arten, Gattungen oder Rassen hervorgegangen ist. Hybridwesen sind untereinander nicht fortpflanzungsfähig. In der Tierwelt kennt man den Maulesel als ein solches Hybridwesen, das als eine genetische Mischung aus Esel und Pferd nicht fertil ist.

Da der Prototyp Adam als Hybrid also nicht fortpflanzungsfähig gewesen sein kann, musste er auf andere Weise vervielfältigt werden. Da bietet sich das Klonen an. Die vegetative, also die ungeschlechtliche Vermehrung durch das Klonen eines Individuums ergibt ein genetisch identisches Lebewesen. Das haben Tierversuche ergeben. Aber wie steht es um das Klonen von Menschen?

Seit am 15. Mai 2013 bekannt wurde, dass es Wissenschaftlern der USA gelungen ist, menschliche embryonale Stammzellen zu klonen und damit den Weg frei zu machen für die Erschaffung eines Menschen, ist das Thema *Erschaffung eines Menschen* von höchster Aktualität. Die neuesten Forschungsergebnisse sind sensationell – aber sind sie auch neu? Wussten nicht auch

Die alten Berichte

schon früheste Kulturen um die Gesetze der reproduktiven Medizin und das Klonen eines Menschen?

Vom Klonen scheint auch schon ein sumerischer Text zu sprechen: »*May the servants produce their ›doubles‹.*«[42] Der Begriff »Double« dürfte wohl die genaueste Umschreibung eines »Klons« sein.

Die heute verwendete Methode des Klonens beruht auf der natürlichen Entwicklung eines neuen Organismus nach Nukleustransfer des Erbmaterials in eine normale Eizelle. Dem zu klonenden Organismus wird eine Zelle entnommen und daraus der Zellkern isoliert, der dann in eine *in vitro* befruchtete Eizelle eingesetzt wird.

Einen Klon zu erschaffen war jahrzehntelang das erstrebte Ziel der modernen Genetiker. Aber der Weg zum erfolgreichen Klonen erwies sich als mühsam und führte erst gegen Ende des 20. Jahrhunderts zu überzeugenden ersten Erfolgen.

Zwar sind unsere wissenschaftlichen Kenntnisse auf diesem Gebiet noch immer nicht ausgereift, aber immerhin fortgeschritten genug, um die sumerischen Schrifttafeln dahin gehend zu verstehen, dass dieses alte Volk bereits Mittel und Wege gekannt haben muss, ein Lebewesen zu erschaffen, das dank seiner von den Schöpfergöttern programmierten Eigenschaften eine ihm abverlangte Arbeit ausführen konnte. Die Höheren Intelligenzen benötigten Hilfskräfte und erschufen sich diese durch genetische Manipulation aus ihren eigenen Genen und den Genen eines bereits auf der Erde existierenden Hominiden.

Die Keilschrifttafeln schildern, wie sich eine Vielzahl von sumerischen »Göttern« an der Erschaffung des neuen Menschen beteiligt. Dann aber ruft 1500 Jahre später der biblische Gott des Monotheismus: »Lasst uns einen Menschen machen!« Wer ist der Adressat dieses im Plural gehaltenen Aufrufs? Wen spricht Gott an? Im Verständnis der Bibel ist er doch »der Eine, und außer ihm ist keiner«! Gott trägt in der hebräischen Bibel den Namen »Elohim«. Dieses Wort aber ist die Pluralform von »El«, was bereits mit »Gott« zu übersetzen ist. Elohim sind Götter – nicht ein Gott! Die Bibel spricht hier – genau wie die sumerischen Texte – eindeutig von mehreren Göttern. An der Erschaffung des Menschen waren also mehrere Götter beteiligt – wie in Sumer! Die Verfasser der Bibel übernehmen diese Passage der Schöpfungsgeschichte ganz offensichtlich aus dem Sumerischen, ohne die notwendige Anpassung an den Monotheismus vorzunehmen.

Die Erschaffung eines Menschen war mit den ersten beiden Schritten – mit der Geburt eines Retortenbabys Adam und dem darauf folgenden Klonen des Hybriden Adam – noch nicht abgeschlossen. Ein dritter und letzter Schritt fehlte noch, bevor die neuen Lebewesen den Göttern wirklich nützlich sein konnten. Die neuen Lebewesen mussten genetisch so verändert werden, dass sie sich selbst fortpflanzen konnten und die Prozedur des wiederholten Klonens sich damit erübrigte.

Eine sumerische Keilschrifttafel, der zu entnehmen wäre, wie in Sumer der entscheidende Schritt zur Erlangung der Fortpflanzungsfähigkeit bewerkstelligt wurde, konnte bisher nicht gefunden werden. Aber ein Blick auf die Bibel führt weiter. Sie ist zwar jünger, aber doch weitgehend als Wiederaufnahme sumerischer Weisheiten zu verstehen, und so findet sich hier ein entscheidender Hinweis auf diesen letzten noch erforderlichen genetischen Schritt.

Gott, so heißt es da, wollte für Adam eine Gefährtin erschaffen. »Es ist nicht gut, dass der Mensch alleine sei. Ich will ihm eine Gehilfin machen, die um ihn sei.« Nach dem Plan folgte dessen Umsetzung: »Da ließ Gott der Herr einen tiefen Schlaf fallen auf den Menschen, und er entschlief. Und Gott der Herr baute ein Weib aus der Rippe, die er von dem Menschen nahm,

Die alten Berichte

und brachte sie zu ihm. Da sprach der Mensch: Das ist doch Bein von meinem Bein und Fleisch von meinem Fleisch. Man wird sie Männin heißen, darum, dass sie vom Manne genommen ist.«[43]

Gott nahm also eine »Rippe« Adams und fertigte daraus das Weib Eva. Im Sumerischen bedeutet das kleine Wort »ti« sowohl »Rippe« als auch »Leben« oder »das, worin Leben ist«.[44] Die sumerische Geburtsgöttin trägt daher den Namen »Nin-ti«, Göttin des Lebens.

Im Hebräischen geht dieser Doppelsinn des Wortes »ti« verloren. Die hebräische Übertragung des sumerischen Originals beschränkt die Bedeutung des Wortes »ti« auf »Rippe« und lässt unberücksichtigt, dass »ti« auch »Leben« bedeutet. So kommt es in der Genesis zu der mysteriösen »Rippe« als genetisches Material für die Übertragung des Lebens von Adam auf Eva.

Führt man das Wort »ti« auf seine zweite und originale Bedeutung »Leben« zurück, wird auch diese Passage der Bibel verständlich: Eva entsteht nicht aus der Rippe, sondern aus dem, was »Leben« enthält, sie entsteht aus den Genen des Mannes, wie die so viel älteren sumerischen Texte schreiben. Das klingt für heutige Menschen vorstellbar, glaubwürdig und ist wissenschaftlich nachvollziehbar.

Um sich geschlechtlich vermehren zu können, musste sich das neue Geschöpf Adam mit einem Weib vereinigen, das aus seinem eigenen Fleisch und Blut bestand. Dazu bedurfte es eines genetischen Eingriffs am Körper Adams. Wie das bewerkstelligt wurde, wird aus dem Bibeltext nicht deutlich. Und der entsprechende sumerische Text wurde bisher nicht gefunden. Die prähistorischen Wissenschaftler müssen aber über die erforderlichen Schritte bei genetischen Eingriffen gewusst haben – der erfolgreiche Abschluss ihrer genetischen Bemühungen um einen neuen Menschen legt dafür Zeugnis ab.

Die Rekombinationstechnik war möglich, weil sich die DNS in allen lebenden Organismen auf dieselbe Weise zusammensetzt, was wiederum beweist, dass alle Lebewesen auf der Erde gleichen Ursprungs sind. Francis Crick, Physiker und Pionier auf dem Gebiet der Genetik, erhielt 1962 den Nobelpreis für die Entwicklung des räumlichen Modells der DNS, das den Erbgutinformationsträger in seiner Fähigkeit zur Reduplikation in Form einer Doppelhelix aus einer zweisträngigen Spirale zeigt. Crick ging über die Erkenntnis, dass der genetische Code bei allen Lebewesen derselbe ist, einen wesentlichen Schritt hinaus, indem er die Meinung äußerte, die Sporen des Lebens auf der Erde seien nicht zufällig, sondern mit einer bestimmten Absicht von Höheren Intelligenzen auf unseren Planeten gebracht worden. Für dieses Phänomen schuf er den Begriff »*Gerichtete Panspermie*«. In seinem Buch *Life Itself* (1981) wägt er die Möglichkeit gegen die Wahrscheinlichkeit ab, dass der Erdenmensch genetisch verwandt ist mit Wesen von anderen Planeten, da das Grundmaterial zur Schöpfung von Leben im ganzen Universum generell dasselbe sei.

Es verwundert wohl nicht, dass dieser Gedanke nicht auf allgemeine Akzeptanz stößt, sagt er doch aus, dass der Erdenmensch im Universum nicht nur nicht allein ist, sondern auch, dass es im All Wesen gibt, die mit dem Erdenmenschen genetisch verwandt sind. Crick schrieb 1970: »Das Leben auf dieser Erde stammt von einem anderen Planeten.«[45] Das war zu jener Zeit ein derart revolutionärer Gedanke, dass er sofort in den Bereich der Spekulation verwiesen wurde.

Inzwischen scheint die Wissenschaft diesem Thema aufgeschlossener gegenüberzustehen, wie sich allein schon an der ungeheuer kostspieligen Suche nach Exo-Planeten und Exo-Wesen ablesen lässt. Hätte Francis Crick die Texte der Sumerer gekannt, wäre es für ihn wohl eine große Freude gewesen zu erfahren, wie genau diese alten Texte bestätigen, was er als Naturwissenschaftler dachte über Evolution, Schöpfung, Genetik, über die *Panspermia*-Theorie und schließlich auch über die Anwesenheit von fremden Besuchern auf der Erde und/oder unsere eigene Herkunft von einem fernen Planeten im All.

Im veränderten Bewusstseinszustand sage ich während einer Regressionssitzung in das Mikrofon des mich begleitenden und leitenden Arztes:

> *»Trotz der Schönheit auf der Erde habe ich Heimweh nach ... anderswo. Ich habe Sehnsucht nach dem Ort fern der Erde ... Die Erde ist schön ... aber sie bedeutet mir nicht viel ... Das Dasein auf der Erde befriedigt mich nicht, weil ich weiß, dass es dort, fern der Erde ... herrlich ist ... Das Leben dort ist von einer ganz und gar anderen Qualität als auf der Erde.«*[46]

Akzeptierten wir unsere universelle genetische Verwandtschaft mit allem, was lebt, würden die Genmanipulationen der so genannten Götter, die als Zugereiste aus dem All eher als Astronauten bezeichnet werden müssten, aus dem Bereich des Spekulativen heraustreten. Die Berichte der alten Sumerer über die Tatsache, dass sich diese Fremden durch genetische Manipulation einen kleinen nützlichen Arbeiter erschaffen haben, gewinnen mit den Erkenntnissen der modernen Wissenschaft ein neues Gesicht und neues Gewicht.

Aufschlussreiche Hinweise auf prähistorische Kenntnisse der Genetiker finden sich auch in altindischen Texten und Abbildungen. In der Handschrift *Jinacarita-Kalpasutra* geht es zum Beispiel um einen Embryotransfer: Gott Mahavira beschließt, auf die Erde zu kommen. Zu diesem Zweck nimmt er die Form eines Embryos an, den die Brahmanin Devananda austragen sollte, um den Gott zur Welt zu bringen.

Das aber erkannten die Götter schließlich als nicht akzeptabel, denn ein Gott muss von einer Königin geboren werden – und nicht von einer Brahmanin, auch wenn diese ein Mitglied der obersten Kaste ist. So wurde der göttliche Embryo der Brahmanin wieder entnommen und nunmehr der Königin Trishala eingepflanzt. Der altindische Text betont, dass beide Frauen im selben Monat schwanger waren, sodass es bei dem Embryotransfer »keine Schwierigkeiten« gab!

Wie realistisch ist diese Erzählung über den Religionsstifter Mahavira, der vor 2500 Jahren die Jaina-Religion gründete? Dr. Wolfgang Lampeter ist Genetiker und Spezialist für Embryotransfer. Seit vielen Jahren widmet er sich der Frage nach dem Wahrheitsgehalt dieser Geschichte vom göttlichen Embryo und dessen Transfer in die Gebärmutter einer anderen Schwangeren. Er beschreibt, was er in den altindischen Texten über die ersten Stadien des Embryos gelesen hat. Ganz konkret wird dort davon gesprochen, dass sich »in den ersten 24 Stunden nach der Fortpflanzungsspanne ein »Knöllchen« bildet und sich dieses nach sieben Nächten in ein »Bläschen« verwandelt … Im Anschluss an Samen und Blut entsteht das »Kalala«, genannt »Flöckchen«, aus dem ein »Bläschen« entsteht, das dann zum »Fleischstückchen« heranwächst, aus dem sich Schritt für Schritt die Glieder et cetera entwickeln.[47]

Lampeter wundert sich, dass schon in frühgeschichtlicher Zeit die ersten Embryonalstadien detailliert und korrekt beschrieben wurden, obgleich in jener frühen Zeit keine Mikroskope zur Verfügung standen. Vielleicht, so spekuliert er, haben jene Ärzte mit geschliffenen Kristallen gearbeitet. Aber selbst wenn schon die Inder des ersten vorchristlichen Jahrtausends

Die alten Berichte

über Brennlinsen verfügten, erklärt dieses Hilfsmittel nicht die erstaunlich »fortschrittlichen« Kenntnisse der altindischen Genetiker. Erklärlich wird dies erst, wenn man akzeptiert, dass es sich bei den fortschrittlichen Leistungen der Genetiker jener frühen Zeit um die Leistungen von »Göttern« gehandelt hat. Götter, nicht Menschen, waren es, die diesen Embryotransfer einst durchführten!

Verschiedene altorientalische Texte lassen das Wissen um die Bedeutung der Essenz des Blutes bei der Fortpflanzung und bei der Genmanipulation erkennen. In der heutigen Reproduktionsmedizin dient Blut-Agar als Nährboden oder Kulturmedium. Seine Zusammensetzung variiert; auf 27 verschiedene Nährflüssigkeiten gibt es ein Patent, das nur dann erteilt wird, wenn dieses Medium nicht toxisch ist. Ob es allerdings die Entwicklung des Embryos optimal unterstützt, ist nicht gesichert. Sicher ist nur, dass die durch eine künstliche Befruchtung gezeugten Babys zu einer erhöhten Sterblichkeit neigen und die verschiedensten Defekte entwickeln.

Wie sich zeigte, fehlten in den Kulturmedien natürliche Wachstumsfaktoren, wie zum Beispiel der Wachstumsfaktor GM-CSF.[48] Obwohl eine Studie über die Sicherheit der *In-vitro*-Fertilisation in der Altersgruppe von Achtjährigen keine signifikanten Unterschiede zwischen normal gezeugten und künstlich gezeugten Kindern ergab, kann die Möglichkeit einer langfristigen negativen Auswirkung nicht ausgeschlossen werden, so der *New Scientist*.[49]

In den sumerischen Texten lesen wir von Fehlschlägen für die Genetiker, die zum Teil groteske Missgeburten hervorbrachten. Kramer bezeichnet die fehlgeratenen Kreaturen als *»imperfect types«*, die kein normales Leben führen konnten, denn ihnen fehlte es an körperlicher und geistiger Kraft.

Gehören solche Mischwesen ein für alle Mal der Vergangenheit an? Wohl nicht. Das U. S. Patent and Trademark Office gab 1987 bekannt, dass es künftig auch für »vielzellige, lebende Organismen« Patentschutz gewähren würde, sofern diese auf einem Programm aufgebaut seien, welches in der Natur nicht vorkommt.[50]

Es wird wohl nicht mehr allzu lange dauern, bis Designerkreaturen geschaffen werden können. Der Mischling aus Schaf und Ziege existiert bereits, und andere werden folgen. Die Genforscher sind auf dem besten Weg, in die Fußspuren von Adams Ahnen zu treten. Eine neue Generation von genmanipulierten Lebewesen steht schon bereit – in den Köpfen der Genetiker.

Heute wissen die Genforscher, dass sie das Rüstzeug dafür haben, Genmanipulationen durchzuführen, derer Ergebnis eines Tages menschliche genmanipulierte Lebewesen sein werden. Noch ist es aber nicht so weit. Noch stehen uns die Kenntnisse nicht zur Verfügung, die in der Früh- und Vorgeschichte offenbar schon in die Praxis umgesetzt wurden.

Ich frage mich, welches wohl das erste Ziel der Genforscher sein wird, wenn sie eines Tages in der Lage sind, ganz nach Belieben Genmanipulationen am Menschen vorzunehmen. Ob es unter bestimmten Umständen dann nicht erneut attraktiv sein wird, einen duldsamen, dummen, durablen Arbeiter zu erschaffen, der keine Fragen stellt und seinen Lebenszweck darin sieht zu arbeiten? So wie die Sumerer, die Diener der Götter?

Werden die Genetiker einen »umnebelten« Menschen erschaffen, von dem die sumerischen »Götter« im Gilgamesch-Epos (I,44) sprechen, wenn sie sich auf den neuen Erdenmenschen beziehen? Für die höheren Intelligenzen waren die ersten Menschen »umnebelt«, weil sie ihre geistigen Fähigkeiten nicht zu nutzen wussten. Oder weil sie noch nicht die Gabe der

Erkenntnisfähigkeit besaßen. Haben wir sie heute? Oder ist unser Bewusstsein weiterhin »umnebelt«? Wurde der kleine Mensch von den Höheren Intelligenzen so programmiert, dass er sein geistiges Potenzial nicht nutzt oder nutzen kann?

Der Tag ist nicht mehr fern, an dem Genetiker die Möglichkeit und Verantwortung haben werden, menschliche Gene zielgerichtet zu manipulieren. Davon werden sie sich nicht von Ethikkommissionen oder Gesetzen abhalten lassen.

Am renommierten *Massachusetts Institute of Technology* (MIT) in Cambridge/USA gelang es Har Gobind Khorana schon 1968, ein Gen in der Retorte zu synthetisieren und in eine lebende Zelle einzusetzen, wo es sich wie ein natürliches Gen weiterentwickelte. Für die Leistung erhielt er den Nobelpreis für Medizin. Danach aber hörte die Öffentlichkeit recht wenig über die Anwendung dieses sensationellen Forschungsergebnisses. Wollte man die Menschheit nicht beunruhigen mit den neuen Möglichkeiten, die sich den Genetikern von da an boten? Wollten die Wissenschaftler sich nicht dazu bekennen, dass sie allmählich das Rüstzeug dazu haben, den Menschen weitreichend zu verändern?

Die Leistung des MIT-Wissenschaftlers, ein künstliches Gen in die DNS einzubringen, sodass die derart manipulierte DNS sich weiter – wie es ihre Art ist – verdoppelte und damit das neue, künstlich geschaffene Programm ablaufen ließ, war ein großer Erfolg. Er wurde allerdings schon wenige Jahre später am Institut für Molekularbiologie an der Universität Zürich von Charles Weissmann überboten, indem er Erbanlagen gezielt veränderte. 1975 richtete der britische Chemiekonzern ICI das erste Spezialabor für Genmanipulation ein. Dort wird das Erbgut von Zellen hochentwickelter Organismen auf Bakterien übertragen, wodurch die einzelligen Lebewesen einen genetischen Code erhalten, mit dem sie organische Materialien produzieren können.

An der Universität Hohenheim in Baden-Württemberg unternahm man erfolgreich den Versuch, aus isolierten Protoplasten fortpflanzungsfähige Pflanzen zu ziehen, indem die DNS bestimmter Gattungen unmittelbar in den Zellinhalt der Protoplasten eingesetzt wurde.[51]

Ein schöner Erfolg, aber wohl nicht das eigentliche Ziel der wissenschaftlichen Bemühungen unserer Genetiker. Sobald sie erkannt hatten, dass eine gezielte künstliche Mutation möglich wird, wenn ein spezifisches Gen eines bestimmten Chromosoms in die DNS eingefügt wird, stand der nächste Schritt wohl auch schon fest: Auch der Mensch soll vervielfältigt oder genetisch verändert werden. Dieses Ziel werden die Wissenschaftler eines Tages erreichen.

Warum gehe ich auf all diese kleinen Schritte der heutigen Genetiker ein? Weil ich auf die großen Schritte der prähistorischen Genetiker verweisen möchte. Die alten Texte informieren über die Erschaffung eines Menschen, der den Göttern die Arbeit erledigen sollte. Durch eine Genmanipulation war das neue Lebewesen ganz zielgerichtet geschaffen worden. Wohl nicht zufällig wird heute davon gesprochen, Genetiker »spielten Gott«. Im Verständnis der Sumerer spielen sie nicht Gott, sie *sind* Gott. Die Höheren Intelligenzen sind den Sumerern nicht nur Lehrmeister, sie wurden von ihnen als Götter verehrt. Sie hatten ihre guten Gründe, wenn sie ihre Schöpfer als Götter bezeichneten! Wissenschaftliche Erkenntnisse der Molekulargenetiker vermitteln uns erst heute eine Ahnung davon, was schon prähistorische Genetiker zu leisten verstanden.

Die alten Berichte

Schicksal, Bestimmung und freier Wille

Auch in diesem Kapitel soll es um Götter und Gene gehen, da sich gerade auf dem Gebiet der Genetik faszinierende Parallelen ergeben zwischen dem prähistorischen Wissen und unserem heutigen Wissensstand.

Es geht im Folgenden um »Götter und Gene«, die bei einer metaphysisch-philosophischen Betrachtung von »Schicksal« und »Bestimmung« gleichsam zu Synonymen werden. Die Sumerer lebten mit der Gewissheit, ihr Schicksal liege in der Hand der Schöpfergötter, denen die Menschen zu dienen hätten. Die Götter bestimmten das Schicksal des Menschen – von seiner Geburt bis zu seinem Tod. Ein freier Wille des Menschen war in diesem Schöpfungsplan nicht vorgesehen. Die Anwesenheit der Schöpfergötter unter den Erdenmenschen brachte es mit sich, dass diese Gewissheit nicht in »religiöser« Spekulation, sondern in einer realen Erfahrung begründet lag.

Die folgende Passage eines sumerischen Textes umschreibt die Rolle der sumerischen Schöpfergötter: »Du, Aruru, erschufest den Menschen. Jetzt aber erschaffe, so wie er (Anu) es befiehlt! ... Da erschuf sie ... Anus Befehl.«[52] »The great gods, the fifty of them, *the fate-decreeing gods* ...«[53]

Die 50 großen Schöpfergötter entschieden das Schicksal – nicht aber die Bestimmung des Menschen. Die sumerische Sprache macht zwischen den Begriffen »Schicksal« und »Bestimmung« einen kleinen, aber feinen Unterschied. *Nam*, die »Bestimmung«, war der vorbestimmte Lauf der Dinge, auf den der Mensch keinen Einfluss hatte. *Nam-Tar* war das »Schicksal«, der vorherbestimmte Lauf der Dinge, auf den der Mensch aber doch einwirken konnte. Wörtlich bedeutet »tar« »schneiden« oder »ändern«. Der Schicksalsfaden kann also vom Menschen geschnitten werden – eine geradezu lyrische Umschreibung der menschlichen Hoffnungen.[54]

Die Sumerer waren davon überzeugt, dass die Bestimmung des Menschen im Himmel festgelegt wurde, wo auch die Planeten ihren festen Bahnen folgen. Die Bestimmung eines Menschen stand von Anbeginn an fest. Nicht einmal die Schöpfergötter konnten die Bestimmung eines Menschen ändern!

Auch das Schicksal des Menschen liegt – nach sumerischer Vorstellung – in der Hand der Götter. Aber Gebete und Bitten der Menschen können die Götter erhören – oder auch nicht! Somit bleibt der Mensch der göttlichen Willkür oder Entscheidung ausgeliefert. Der Mensch hat folglich keinen freien Willen.

Die Diskussion um den freien Willen hat seit einigen Jahren eine große Aktualität für die Neurowissenschaftler und die Bewusstseinsforschung. Wolf Singer und John-Dylan Haynes, zwei der bedeutendsten Hirnforscher unserer Tage, kamen zu der Erkenntnis: »Wir sind nicht frei zu wollen, was wir wollen. Der Freie Wille ist eine Illusion!«

Benjamin Libet war der Erste, der Ende des 20. Jahrhunderts empirisch nachweisen konnte, dass der Mensch keinen freien Willen hat. Mehrere Sekunden bevor sich der Mensch über seine Absicht zu handeln bewusst wird, trifft das Gehirn schon die Vorbereitungen für diese Handlung. Das Bereitschaftspotenzial ist lange vor der Handlung messbar – nur der Mensch ist sich darüber nicht bewusst.[55] Eine irritierende Vorstellung! Wer oder was trifft unsere Entscheidungen, wenn nicht wir selbst?

Die alten Berichte

Der Sumerer stellte derartige Fragen nicht, wie uns die alten Texte wissen lassen. Er akzeptierte sein Schicksal, das ihm von den Göttern bestimmt worden war.[56] Er wusste, ein freier Wille ward dem Menschen nicht bestimmt.

Seit die Hirnforscher uns die Ergebnisse ihrer Forschung übermittelten, wissen auch wir: Der Mensch hat keinen freien Willen. Zu dieser Einsicht kamen Wissenschaftler durch den Einsatz von bildgebenden Verfahren und anderen modernen technischen Hilfsmitteln. Aber woher hatten die Sumerer ihr Wissen, dass der Mensch keinen freien Willen hat? Aus welchen Quellen schöpften sie ihr Wissen um die Neurologie? Erfahrungswerte können es nicht gewesen sein, denn denen verweigert sich der Mensch – auch heute noch! Der Tatsache ins Gesicht zu sehen, dass der Mensch keinen freien Willen hat, läuft der menschlichen Natur völlig zuwider. Das Wissen der Sumerer muss auf der Wissensvermittlung durch die Höheren Intelligenzen basieren!

Die Götter boten dem Erdenmenschen die Hoffnung, aufgrund seiner an sie gerichteten Bitten würden die Götter das Schicksal des Menschen abändern. Auch zu dieser vorgeschichtlichen Vorstellung bietet die moderne Hirnforschung genaueste Parallelen. Der Mensch kann sein Schicksal – seine Gene – ändern durch Werke und Gedanken! Noch im 20. Jahrhundert wurde leidenschaftlich diskutiert, ob der Mensch vor allem durch seine Gene oder doch eher durch die Lebensbedingungen geprägt wird. Im Englischen lautet die Kurzfassung dieses Disputs: »*nature or nuture*«.

Mithilfe der Erforschung von eineiigen Zwillingen gelang es in den letzten Jahren, Licht zu bringen in die festgefahrene Diskussion »Gene oder Umwelt«. Die Forscher untersuchten Tausende von Zwillingspaaren, die sehr früh in ihrem Leben voneinander getrennt wurden und folglich unterschiedlichen Lebenssituationen ausgesetzt gewesen waren. Das Ergebnis der umfassenden Befragungen und Analysen war überraschend: Die unter unterschiedlichen Lebensbedingungen aufgewachsenen Zwillingspaare ähnelten sich in allen wesentlichen Punkten genauso sehr wie Zwillinge, die ihr Leben lang zusammengelebt hatten.

Aufgrund dieser Forschungsergebnisse war nun davon auszugehen, dass die Lebensumstände kaum einen Einfluss auf die Prägung des Menschen haben. Es sah (vorübergehend) so aus, als sei der Mensch allein durch seine Gene geprägt. Lag der Lebensweg des Menschen zum Zeitpunkt seiner Geburt tatsächlich unabänderlich vor ihm? Das Ergebnis der Zwillingsforschung schien das zu bestätigen.

Für den Sumerer war das Schicksal aber ja gerade nicht unabänderlich. Er konnte es verändern durch die richtige Ansprache seiner Götter. Zu dieser sumerischen Auffassung ergab sich wiederum eine Parallele zu neuesten wissenschaftlichen Erkenntnissen: Auch wir können heute unseren Lebensweg verändern – durch Beeinflussung unserer Gene!

Diese Erkenntnis brachte uns die Epigenetik, das neue Spezialgebiet der Biologie und Genetik. Es revolutioniert zurzeit die Vererbungslehre, nachdem sich herausgestellt hat, dass die Gene eines Menschen bei der Zeugung nicht endgültig fixiert sind, sondern sich im Laufe des Menschenlebens verändern – durch Lebensbedingungen, durch jede Art von Erfahrung und selbst durch unsere Gedanken!

Epigenetische Phänomene bestimmen, ob Gene aktiv sind oder nicht.

Es geht in der Epigenetik um Genregulation durch so genannte »*switches*«. Seit sie als regulatorische Sequenzen erkannt wurden, wird ihnen ein hoher Stellenwert in der Genetik zuerkannt. Über die *switches* können alle erdenklichen Facetten des menschlichen Lebens verändert werden. Folgt daraus, dass der Mensch nun doch sein Schicksal verändern kann? Sogar durch Taten und Konzentration der Gedanken?

Diese Vorstellung entspräche dann genau der sumerischen Vorstellung von einer Veränderung des Schicksalslaufs durch Taten, Gedanken und Bitten – Bitten an die Götter, die das Schicksal in den Händen halten. Wenn der Sumerer Einfluss nimmt auf seinen vorbestimmten Lebensweg, indem er sich auf das Wohlwollen der Götter konzentriert, findet das eine Entsprechung in den Gesetzen der Epigenetik.

Der Vergleich zwischen Gestern und Heute lässt Folgendes erkennen:

Der Sumerer nimmt Einfluss auf seinen Lebensweg, indem er die Götter beeinflusst. Wir selbst nehmen Einfluss auf unseren Lebensweg, indem wir unsere Gene beeinflussen! Götter und Gene werden in diesem Zusammenhang zu Synonymen!

Bei der Suche nach Parallelen zwischen dem Kenntnisstand der Sumerer und unserem eigenen Wissen um Genetik und Epigenetik helfen noch einmal die neuesten Forschungsergebnisse: Für die Frage, ob der Mensch einen freien Willen hat und sich selbstbestimmt loslösen kann von dem für ihn vorbestimmten Lebensweg oder sein Schicksal, ist die Antwort letztlich: Nein! Der Sumerer kann seine Schöpfergötter zwar bitten, aber er bleibt von deren Willkür abhängig.

Parallelen zu diesen ehernen Gesetzen bieten die neuesten Forschungsergebnisse der Epigenetik: Der Mensch hat Einfluss auf die Aktivität seiner Gene, aber welcherart und welcher Intensität diese epigenetischen Veränderungen sind, ist – genetisch bestimmt! Genetische Veränderungen unterliegen also nicht dem Willen des Menschen! Diese äußerst bedeutsame Entdeckung, die Hans Bjornsson von der Johns Hopkins University in Baltimore vor kurzem machen konnte, ist eine konsequente Fortführung der Parallelen im Wissensstand von gestern und heute.

In einer Gegenüberstellung von Schicksal, Bestimmung und freiem Willen – gestern (a) und heute (b) – soll die Verkettung noch einmal verdeutlicht werden:

1. Der Mensch hat keinen freien Willen, denn
    1(a) die Götter bestimmen das Schicksal des Menschen,
    1(b) die Hirnforschung beweist den freien Willen als Illusion.
2. Der Mensch scheint den vorbestimmten Weg ändern zu können, denn
    2(a) die Götter lassen sich beeinflussen durch die Bitten des Menschen,
    2(b) die Gene lassen sich verändern durch Werke und Gedanken.
3. Der Mensch hat aber dennoch keinen freien Willen, denn
    3(a) der Mensch bleibt von der Willkür der Götter abhängig,
    3(b) der Mensch hat zwar Einfluss auf die Aktivität seiner Gene, aber welcherart und welcher Intensität die epigenetischen Veränderungen sind, ist genetisch bestimmt.

Fazit: Schon der Sumerer wusste, was wir selbst erst heute durch die Bewusstseinsforschung und Epigenetik erfahren haben: Der Mensch hat keinen freien Willen.

Genetische Fehlversuche, Roboter und Transhumane

Es gibt verschiedene Darstellungen aus sumerischer Zeit, auf denen ein Nebeneinander von riesenhaften Wesen und dem neu geschaffenen kleinen Menschen gezeigt wird. Auf anderen Darstellungen erkennt man eine Vielzahl von absolut gleichförmigen kleinen Menschen, die den Eindruck vermittelt, als handele es sich bei ihnen um Klone, um identische Lebewesen.

Die neu geschaffenen Menschen werden in den sumerischen Texten stets als »Schwarzköpfe« bezeichnet. Die Götter hingegen sind »hell«. Auch ihre Augen sind hell (*bright-eyed*).[57] Der kleine dunkle Diener zeigt offensichtlich das Erbgut des Wesens, das in der »Tiefe« Afrikas existierte und dem dann – im Rahmen einer Genmanipulation – das genetische »Bild der Götter umgehängt« wurde. Hierzu gibt es bildliche Darstellungen:

Auf einem sumerischen Rollsiegel sieht man eine Göttin in einer Art Labor. Ostentativ werden allerlei Flaschen und Reagenzgläser entlang der Wand zur Schau gestellt, bei denen es sich durchaus um Requisiten einer gentechnischen Arbeit, vielleicht sogar um eine In-vitro-Fertilisation handeln könnte, denn die anwesende Geburtsgöttin trägt am Handgelenk als ihr Erkennungszeichen eine Schere, mit der die Nabelschnur durchtrennt wurde.[58]

Die gentechnische Prozedur wird durch die Szene auf einem anderen Rollsiegel ergänzt, bei der es sich ganz offensichtlich um den Moment nach der Geburt eines Kindes handelt. Der

Lebensbaum hinter der jungen Mutter hilft dem Betrachter, die Szene zu lesen: Die Geburtsgöttin streckt dem Betrachter mit erhobenen Armen ein Kind entgegen, bei dem es sich um etwas ganz Außergewöhnliches handeln muss – wie etwa um das erste Retortenbaby Adam.[59]

Eindeutiger könnte die Bedeutung des Ereignisses nicht herausgestellt sein.

Zur Ikonografie einer Geburt gehörte in Mesopotamien sicher nicht, das Kind unmittelbar nach der Geburt triumphierend emporzuhalten. Der Augenblick der geglückten Geburt des von ihnen geschaffenen Mischlings war für die Götter aber wohl so bedeutsam, dass sie hier eine Ausnahme machen wollten. Das Kind wird gezeigt, voller Stolz – auf die eigene Leistung!

Aber nicht alle gentechnischen Versuche gelingen problemlos. In der *Chaldaen Genesis* des George Smith werden viele Missgeburten und Fehlversuche der göttlichen Genetiker beschrieben: »Männer mit Körpern von Vögeln, Menschen mit Gesichtern von Raben – solche Wesen schufen die Götter«, heißt es dort.[60] Natürlich können diese beschriebenen und oft bildlich dargestellten Zwitterwesen auch der Fantasie von Künstlern entsprungen sein. Aber die ausdrückliche Erwähnung misslungener Versuche der göttlichen Wissenschaftler spricht dafür, dass es diese bedauernswerten Kreaturen wohl tatsächlich gegeben hat.

Bei den Mischwesen handelte es sich offenbar zunächst um Kreuzungen zwischen zwei verschiedenen Tierarten, denen die Götter eine Funktion als Diener der Götter zugedacht haben mögen. Dafür sprechen die außerordentlich anschaulichen literarischen Schilderungen und auch die Abbildungen der Monstren.

Das wohl bekannteste Mischwesen aus Mensch und Tier ist die Sphinx, deren Löwenkörper einen Menschenkopf trägt.

Die alten Berichte

Zwei Darstellungen, die beide auf dem schwarzen Obelisken des Herrschers Salamasar II. im *British Museum* zu sehen sind, zeigen zwei großgewachsene Menschen oder Götter, die an einer dicken Leine zwei Mischwesen mit Tierkörpern und Menschenkopf darstellen. Auf einem der beiden Reliefs erscheinen die Mischwesen fast doppelt so voluminös wie ihre Bändiger. Dass die Mischwesen auf zwei Beinen zu gehen scheinen, betont ihren »menschlichen« Anteil – und macht den Betrachter betroffen.

Ähnlich verstörend wirken die Roboterwesen, die ihren festen Platz in den alten Texten haben und damit etwas vorwegnehmen, was in unserer Zeit zunehmend Teil unserer technisierten Welt geworden ist. Diese Roboterwesen werden beschrieben als a-sexuell oder gelegentlich auch als bi-sexuell.[61] Der Beschreibung nach handelt es sich um Androide, also um künstliche Wesen in Menschengestalt. In den alten Texten wird ausdrücklich betont, dass diese »Todesengel« keine Nahrung zu sich nehmen und noch nicht einmal Wasser trinken; sie seien nicht aus Fleisch und Blut, sie hätten keine Mutter und keinen Vater.[62] Zudem waren die künstlichen Kreaturen praktisch unbesiegbar. Sie hatten Zugang zum »Land ohne Wiederkehr«, dem Reich des Todes, der ihnen als Unsterbliche nichts anhaben konnte.

Die Schilderungen solcher nicht organischer, blutleerer und künstlicher Wesen erinnern an unsere heutigen Roboter oder Drohnen, die fliegenden Kundschafter. Heute existieren bereits Roboter in Menschengestalt, die den Menschen schon vielerorts ersetzen oder ihm als Hilfskraft dienen. Sie zeigen erstaunliche Parallelen zu den Schilderungen in alten Texten und belegen, wie es scheint, einen hohen Wissensstand und beeindruckende technische Errungenschaften der Ahnen Adams. Wir sind offensichtlich nicht die Ersten, die Roboter in Menschengestalt erschaffen.

Bei Enkidu, dem Begleiter des Gilgamesch, muss es sich um eine künstliche Kreatur gehandelt haben, wenn man der Beschreibung seiner Erschaffung folgt.[63] Aus Gründen, die in diesem Zusammenhang keine Rolle spielen, bedarf der Held und Halbgott Gilgamesch eines großartigen Begleiters. So bekam die Göttin Aruru den Auftrag, einen solchen Begleiter zu erschaffen: »Da wusch sich Aruru die Hände … In der Steppe erschuf sie Enkidu, den Helden, den Sprössling der Stille.«[64] Wie auch immer diese Passage zu verstehen ist, es bleibt die Feststellung, dass der Held Enkidu von einer Göttin »erschaffen« und nicht von einer Mutter geboren wird. Die Göttin programmierte auch seine Eigenschaften: Enkidu war stark, heldenhaft, mutig, ausdauernd und verlässlich.

Mit Erstaunen, aber auch mit Beklemmung müssen wir feststellen, dass die Wissenschaft unserer Tage derartige zielgerichtete Programmierung wieder zum Gegenstand der Forschung macht. Die Forschungsarbeit der *Transhumanists* läuft seit mehreren Jahrzehnten vor allem an der *University of California* in Los Angeles auf vollen Touren. 1992 wurde die Forschung umbenannt in »Humanity +«.[65] Es geht den Forschern darum, das menschliche Potenzial intensiver zu nutzen, den Menschen dadurch zu verändern – und letztlich zu einem transhumanen Zwitter aus biologischer Substanz und technologischem Design zu machen.

Seit es ihm (wieder) möglich ist, will der Mensch die Kontrolle über seine Evolution selbst übernehmen. Dazu nutzt er die Nanotechnologie, Biotechnologie, Informationstechnologie und *Cognitive Science* (NBIC), aber auch die Erforschung simulierter Realität, die künstliche Intelligenz, *Cryonics* und das *mind loading*. Da die wissenschaftlichen Erkenntnisse auf diesen Gebieten exponentiell anwachsen, schätzen Transhumanisten, dass schon in 50 Jahren die Natur des Menschen fundamental verändert sein wird.

Der rasante technologische Fortschritt kann es sehr bald möglich machen, nicht nur den Körper, sondern auch das menschliche Gehirn zu transformieren. Als Nebeneffekt soll sich dadurch ergeben, dass der Mensch veränderte Bewusstseinszustände besser kontrollieren und nutzen wird. Die Transhumanisten haben bereits das große Potenzial erkannt, das aus den veränderten Bewusstseinszuständen erwächst.

Raymond Kurzweil ist für die Transhumanisten nicht nur ein Vordenker, sondern auch ein Mann der Praxis. In seinem Verständnis ist der Mensch bereits heute eine Maschine – ein Computer. Kurzweil entwickelte Computerprogramme, die den Menschen »ergänzen«, indem sie die Technik zu einem Teil des Menschen werden lassen. In seinem Buch *The Age of the Spiritual Machine* sagt er voraus, dass die Computer eines Tages den besten menschlichen Hirnen überlegen sein werden.[66] Nicht nur für Kurzweil, sondern auch für alle anderen Futurologen ist der transhumane »Mensch« ein wichtiges Thema.[67]

Die künstlich erschaffenen Helden aus den alten sumerischen Texten erscheinen wie Blaupausen für die heutigen Schöpfer von »Transhumanen«!

Auch die Langlebigkeit oder Unsterblichkeit der Menschen und der zukünftigen biologischen Roboter ist Gegenstand der Forschung. Das Thema ist aus dem Gilgamesch-Epos nur allzu gut bekannt. Auch da geht es um die Unsterblichkeit, die der Held Gilgamesch für sich zu erlangen sucht. Für seinen künstlich erschaffenen Gefährten Enkidu war das Schicksal durch die Götter bereits bestimmt. Zwar sprechen die alten Texte davon, dass die künstlich geschaffenen Wesen grundsätzlich unbesiegbar und unsterblich gewesen seien. Für Enkidu aber gilt es nicht. Er stirbt.[68]

Enkidu ist nicht das einzige »künstlich« erschaffene Wesen im Gilgamesch-Epos. Auch von Humbaba wird in einer Weise gesprochen, die nur als die Beschreibung eines Roboters verstanden werden kann. Von den Göttern eingesetzt dient er als Bewacher der heiligen Zedernwälder im (heutigen) Libanongebirge. Dafür benötigt er seine übermenschlichen Kräfte. Die fünfte Tafel des Gilgamesch-Epos erzählt, wie der Halbgott Gilgamesch gemeinsam mit seinem künstlich erschaffenen Freund Enkidu das Monster Humbaba angreift. Dieser erliegt der Übermacht der Angreifer!

Künstlich erschaffene, menschenähnliche Wesen werden nicht nur in den alten sumerischen Keilschrifttafeln erwähnt. Das Thema scheint nahezu weltweit bekannt gewesen zu sein. So kennen die Mythen Mittelamerikas eine solche Figur, und auch die Mythen der Zulus in Zimbabwe erzählen davon, dass die Goldminen einst ausgebeutet wurden von den »Sklaven, die von den ersten Menschen künstlich geschaffen wurden aus Fleisch und Blut. Die Sklaven zogen in den Krieg mit den Affenmenschen.[69]

Die Erkenntnis, dass heutige Wissenschaftler in ihren Versuchen, einen biologischen Roboter zu erschaffen, den Spuren der Ahnen Adams folgen, wirft auf die Berichte längst vergangener Zeiten ein völlig neues Licht. Was bisher als Fantasie und Mythos abgetan wurde, sollte heute als glaubwürdige Überlieferung gelesen werden. Noch sind wir zwar weit davon entfernt, einen biologischen Roboter zielgerichtet so zu kreieren, dass er den Menschen ersetzen könnte. Aber unseren Wissenschaftlern wird gelingen, was einst Adams göttlichen Lehrmeistern gelang.

Die alten Berichte

Das Paradies

Die neu geschaffenen kleinen Diener der Götter entstanden in Afrika, in Südostafrika, wie die Paläoanthropologen präzisieren. Welche Art von Arbeit mögen die kleinen Arbeiter für die Götter dort erledigt haben? Wurden sie für den Abbau des Goldes in den Minen Südostafrikas eingesetzt? Gold wurde schon in der Anfangszeit der Sumerer als Statussymbol geschätzt und genutzt, wie verschiedene Passagen der sumerischen Keilschrifttexte belegen. Im mesopotamischen Flachland konnte das Gold zunächst in den Flüssen gewonnen werden. Später nutzten die Sumerer die Minen in den Bergen um Aratta, wie uns die Texte berichten.[70] Aber eine viel ergiebigere Ausbeute boten die Goldlager im südlichen Afrika. Diese Tatsache kann den Sumerern nicht unbekannt geblieben sein. Sie kannten Afrika und auch den Süden Afrikas, sie kannten den »Abzu«, das heißt die »Tiefe« (des Kontinents).

Die Frage, seit wann im Süden Afrikas Bergbau betrieben wird, behandelte Thomas Krassman in seinem Vortrag auf dem 3. Internationalen Bergbauworkshop 2007, bei dem es um das Thema *Altbergbau in Afrika* ging. Da Afrika nach dem heutigen Stand der paläoanthropologischen Forschung die Wiege der Menschheit ist, gehe auch die Rohstoffgewinnung auf diesem Kontinent in eine sehr viel frühere Zeit zurück als auf anderen Kontinenten, erklärte Krassmann.

Sehr alte Spuren des afrikanischen Bergbaus fanden sich in Zimbabwe. Aber im heutigen Swaziland werden die vielleicht ältesten Spuren eines urzeitlichen Bergbaus sogar auf ein Alter von 43.000 Jahren datiert.

Im Jahr 1964 führte die *Anglo-American Corporation for Mining in South Africa Ltd.* eine Suche nach alten, stillgelegten Goldminen im südlichen Afrika durch. In Swaziland entdeckten die Forscher dabei einige besonders alte Bergwerke. Die Vorgehensweise bei ihrer Suche veröffentlichten sie in der Fachzeitschrift *Optima:* In den Stollen fanden sich organische Stoffe wie Federn und Zweige, aber auch Steinwerkzeuge aus einer sehr frühen Zeit.

Die Archäologen Raymond Dart und Adrian Boshier datierten diese Funde auf mindestens 60.000 Jahre, schlossen aber nicht aus, dass die Technologie der Goldgewinnung auch schon vor 100.000 Jahren bekannt war.[71] Kenneth Oakley, Anthropologe und ehemaliger Leiter des Naturhistorischen Museums in London, zog sogar in Erwägung, dass die Gegend der südafrikanischen Goldminen die Geburtsstätte des *Homo sapiens* gewesen sein könnte.

Faszinierend ist, wie sich hier wieder einmal die Erkenntnisse der modernen Wissenschaft mit Aussagen der sumerischen Texte treffen. Der Mensch von heute tut sich schwer, uralten Überlieferungen die Glaubwürdigkeit zuzugestehen, die sie verdienen. Hingegen akzeptiert er leichter, was ihm heutige Wissenschaftler als Ergebnis ihrer Forschungsarbeit vorlegen. Wenn aber die Aussagen in alten Texten bestätigt werden durch moderne wissenschaftliche Forschungsergebnisse, dann zeigt der Mensch doch eine gewisse Bereitschaft, die Urgeschichte unter einem neuen Blickwinkel zu betrachten. Bei offensichtlicher Übereinstimmung von prähistorischen und zeitgenössischen Angaben und Fakten ist er gelegentlich sogar bereit zum Umdenken.

Die alten Berichte

Was bedeutet die Entdeckung der vorgeschichtlichen Goldminen für unser Geschichtsbild, für unser heutiges Weltbild? Es bedeutet nicht mehr und nicht weniger, als dass die Wissenschaft heute bestätigen kann: Auf diesem Planeten hat bereits vor mehreren Zehntausenden von Jahren Bedarf an Gold bestanden – bei Höhere Intelligenzen, Titanen, Göttern, Engeln oder Giganten.

Aber zurück zu den neuen Menschen. Sie wanderten aus ihrer afrikanischen Heimat aus, verteilten sich im Laufe der Zeit über den Kontinent und kamen dann später nach Mesopotamien. Hier erlebten sie das «Paradies», das die so genannten Götter dort geschaffen hatten. Wie der große Sumerologe Kramer schreibt, findet die biblische Paradiesgeschichte ihre Entsprechung in den Keilschrifttafeln. Auch bei den Sumerern geht es in dem Zusammenhang um »verbotene Früchte«. Hier sind es ihrer acht, dort ist es ein einzelner verbotener Apfel. Die Parallelen sind dennoch offensichtlich.[72]

In seinem eindrucksvollen Buch *History begins at Sumer* wies Kramer auf zahlreiche Parallelen zwischen den Keilschrifttafeln und der Bibel hin. Sie alle machen deutlich, dass die Bibel Anleihe genommen hat bei den sehr viel älteren Texten aus Sumer, dem Land, aus dem der biblische Patriarch Abraham stammte! Der Bibel entnehmen wir, dass Gott vor 4000 Jahren dem Stammvater der Israeliten und Mohammedaner gebot, seine Stadt Ur zu verlassen und nach Kanaan umzusiedeln. Abraham nahm nicht nur seine Sippe, sondern wohl auch das sumerische Gedankengut mit sich!

Wenn auch die alten sumerischen Texte wegen des großen Zeitunterschieds keinen unmittelbaren Einfluss auf die Hebräer ausgeübt haben können, weil das Reich der Sumerer längst untergegangen war, als die Hebräer dort auf den Plan traten, wirkten Weltbild und Überlieferungen der Sumerer offenbar fort. Die weitgehenden Übereinstimmungen lassen einen anderen Schluss nicht zu.

Auch die Idee von einem Paradies stammt aus Sumer. Kramer glaubt, der paradiesische Garten habe im Südwesten von Persien gelegen.[73] Warum nicht in Mesopotamien? Das gesegnete Fleckchen Erde nennen die alten Texte »das Land der Götter« oder »das Land der Unsterblichen«. Menschen werden in diesem Zusammenhang nicht erwähnt. Dennoch: Der sumerische Paradiesgarten brauchte Pflege, und die Götter hatten sich gerade nützliche kleine Arbeiter erschaffen, die im Paradiesgarten hilfreich sein konnten.

Wie wir gesehen haben, begann alles mit der südostafrikanischen Ur-Eva vor rund 250.000 Jahren. Nicht nur Genetiker, auch Anthropologen, Paläontologen und Geologen kamen auf ganz verschiedenen Wegen zu dieser Datierung. Tat der neue Mensch nach seinem Einsatz in Südostafrika auch Dienst im Paradiesgarten? Ich glaube schon. Jedenfalls kannten die kleinen Erdenmenschen den Paradiesisgarten der Götter. Und sie fanden ihn »paradiesisch« schön. Warum ich diese Meinung habe? Weil ich es mit meinem geistigen »Auge« in tiefer Trance »gesehen« und »erlebt« habe:

In das Mikrofon des mich begleitenden Arztes sagte ich 1994:

> *»Die Absicht der Kräfte des Universums (gemeint sind die Höheren Intelligenzen) gegenüber dem Planeten sind positiv ... gleichsam, als wollte man etwas Wunderschönes erschaffen ... Die Idee war, ein Paradies ... zu erschaffen ... Ich spreche von der Zeit vor 230.000 Jahren ...«*[74]

Die alten Berichte

Ich finde es wahrlich erstaunlich, dass der Mensch im so genannten holotropen, i. e. auf die Ganzheit des Universums gerichteten Bewusstseinszustand urgeschichtliche Daten erfassen kann. Es ist auch deswegen so erstaunlich, weil diese vorgeschichtliche Zeit und dieses von mir in Trance genannte Datum »230.000 vor der Zeitrechnung« zur Zeit meiner Regressionssitzung im Jahr 1994 noch kein Thema war, da die Wissenschaft dieses Datum noch nicht erarbeitet und publiziert hatte.

Die alten Zeichen

Urgeschichtliche Steinkreise als astronomische Kalender

Vor zwei Jahrzehnten wurde die Datierung – 250.000 – auch noch in einem ganz anderen Zusammenhang genannt: Der Pilot Johan Heine entdeckte bei einem Blick aus seinem kleinen Flugzeug 120 Kilometer landeinwärts von der südafrikanischen Hafenstadt Maputo rätselhafte Kreisformationen am Boden. Er teilte seine Entdeckung dem Journalisten Michael Tellinger mit, und beide zusammen unternahmen es, diese Kreisformationen zu erkunden. Inzwischen steht fest, dass es sich bei diesen Kreisen um Ruinen von Steinbauten handelt, die sich über eine Fläche von mindestens 10.000 Quadratkilometern erstrecken. Über zwei Millionen Steinkreise wurden bisher gezählt. Möglicherweise sind es aber noch wesentlich mehr.

Sollten die (uralten) Ruinen einst als Fundamente einer groß angelegten menschlichen Ansiedlung gedient haben, dann hätten die kreisförmigen bis zu zwei Meter hohen Mauern jeweils auch einen »Hauseingang« erkennen lassen müssen. Aber Eingänge an den Rundbauten sind nirgends vorhanden; es handelt sich stets um geschlossene Kreise. Kein Kreis gleicht dem anderen. Jeder ist individuell ausgeprägt durch Segmente im Inneren der Kreise, durch Inneneinteilung oder durch die Art und Weise, wie der Kreis mit benachbarten Kreisen in Verbindung steht.

Untereinander sind die Kreise durch kilometerlange »Straßen« verbunden, die aber wohl kaum als Straße gedient haben können, wenn die türlosen kreisförmigen Bauten nicht als Behausung für Tier oder Mensch gedient haben.

Aber welchem Zweck könnten diese unendlich vielen Steinkreise einst gedient haben?

Die ganze Anlage der Steinkreise mit ihren kilometerlangen steinernen Verbindungen erscheint – vor allem aus der Vogelperspektive – wie ein endloses Netzwerk mit kreisrunden Knotenpunkten. Die Geomantie kennt solche streng geordneten Systeme aus Zentren und Verbindungslinien – aus Schnittpunkten von Energielinien. Die (unsichtbaren) Energielinien werden heute als Ley-Linien bezeichnet. Dort, wo diese sich schneiden, errichteten die Menschen schon in prähistorischer Zeit ihre Kultstätten, denn die Knotenpunkte in diesem energetischen Gitternetz galten seit je als »heilige« Orte. Geomantische Untersuchungen mithilfe von Rutentests ergaben, dass die Linien nicht etwa nur auf den afrikanischen Kontinent beschränkt sind, sondern vielleicht sogar Teil eines wahrlich erdumspannenden Energienetzes sind.

Ist es abwegig zu vermuten, dass die südafrikanischen Erbauer des gigantischen Kreisensembles über das Wissen um weit gespannte, energetische Kraftfelder und -linien wussten? Wer zwei Millionen Steinkreise durch steinerne Verbindungslinien geordnet in die Landschaft legt, wird in großen Dimensionen gedacht haben, in Dimensionen des Geistigen. Die Strukturen spiegeln ein hohes und uraltes Wissen wider, über das die prähistorischen Erbauer des gigantischen Kreisensembles offenbar verfügt haben.

Die alten Zeichen

Die südafrikanischen Steinkreise sind aus Dolerit gebaut, einem besonders harten Material, das oft für die ältesten uns bekannten Bauten verwendet wurde. Dolerit stammt nicht aus der Gegend der Kreisanlagen! Die Bauherren müssen das Material also über Berg und Tal transportiert haben, bevor sie es verbauten. Bei prähistorischen Bauwerken ist ein langer Transportweg des Baumaterials zwar nicht unüblich, aber die Bauwerke wurden dann stets für kultische oder rituelle Zeremonien verwendet, was den physischen Kraftaufwand in unseren Augen rechtfertigte. Welchem Zweck aber diente diese Anlage?

Und wann entstand sie? Nur die Patina auf den verbauten Steinen konnte zunächst als ein Indiz für ein sehr hohes Alter gedeutet werden. Dann aber ergab sich ein gangbarer Weg zu genauerer Datierung: Einer der Doleritsteine war einstmals zerbrochen, und die Bruchstellen der beiden Einzelteile waren am Boden liegend der natürlichen Erosion ausgesetzt gewesen. Als man die Teile kürzlich wieder aufeinanderlegte, stellte sich heraus, dass der Stein durch Erosion zirka drei Zentimeter verloren hatte. Daraus ließ sich bereits ein geschätztes Alter von mehreren zehntausend Jahren errechnen.

Einen noch erfolgreicheren Ansatz für eine genauere Altersbestimmung der Steinanlage sieht Tellinger in einem Megalithkreis, den Johan Heine 2003 in unmittelbarer Nähe der kreisrunden Steinruinen entdeckte. Die Megalithe stehen dort ausgerichtet nach den Himmelsrichtungen. Archäoastronome setzten die Positionierung der Megalithe in Beziehung zum Aufgang des Orion, genauer gesagt zum Aufgang der drei Sterne, die man gemeinhin als »Gürtelsterne« des Orion bezeichnet. Dabei berücksichtigen sie die Präzession und bestimmten den Zeitpunkt, an dem die drei Gürtelsterne flach über dem Horizont erschienen. Wann diese Sterne am Himmel gleichsam das Spiegelbild der Megalithformation auf dem südafrikanischen Boden bildeten, wurde 2009 errechnet: Es war vor 160.000 Jahren, wie Michael Tellinger schreibt.[75]

Tellinger ist es auch, der auf rätselhafte Phänomene hinweist, die er im Inneren der Steinruinen feststellte: Die Steine tönen! Schwarze Steine, die von Menschenhand bearbeitet und in eine ganz spezielle Form zugeschnitten wurden, erzeugen Töne – sehr hohe oder weniger hohe Töne. Die Frequenzen liegen zwischen 200 und 16.500 Hertz. Tellinger ist davon überzeugt, dass diese schwarzen Steine gerade deswegen für den Bau ausgewählt wurden, weil ihre akustischen Eigenschaften dem Verwendungszweck der Kreisbauten dienten, Töne, Tonsequenzen und Rhythmen bei rituellen Zeremonien einzusetzen.

Joachim Koch, dessen profunde astronomische Kenntnisse in seinen Büchern *Vernetzte Welten* und *Die Antwort des Orion* deutlich werden, kommentiert den Bericht über die prähistorische Stadt in Südostafrika mir gegenüber wie folgt: »Es ist zwar immer ein Wagnis, Steinsetzungen mit astronomischen Konstellationen in Verbindung zu bringen. Aber allein die Tatsache, dass Steine in Verbindung mit terrestrischen Sichtungen und Stern- oder Planetenkonstellationen errichtet wurden, ist eine Sensation. Die etablierte Archäologie lehnt solche frühen Zeugnisse menschlicher Intelligenz allerdings ab – und die außerirdische Intelligenz erst recht.«[76]

Klaus Dona, Experte für prähistorische Phänomene und Artefakte, erforschte zusammen mit Michael Tellinger die Positionierung der kreisförmig aufgestellten Megalithe.[77] Mir gegenüber bekundete er seine Überzeugung, dass den gewaltigen Steinen dieselben astronomischen Kenntnisse zugrunde liegen wie dem Steinkreis in Stonehenge, den die etablierte Wissenschaft als einen »astronomischen Kalender« anerkannt

Die alten Zeichen

hat. In Anlehnung daran taufte Tellinger den sicher sehr viel älteren südafrikanischen Steinkreis *Adam's Calendar*.

Ihn mithilfe der C-14-Methode zu datieren war bisher ein Problem, denn es fand sich kein organisches Material, das für die Altersbestimmung als Probe verwendet werden konnte. So basiert Tellingers Datierung »160.000« letztlich nur auf der kreisförmigen Anordnung der Megalithe zu einem astronomischen Kalender.

Die Datierung der Steinkreise ist wichtig. Wichtig aber auch ist in diesem Zusammenhang die Erkenntnis, dass die Steinkreise offenbar weltweit nach demselben Schema gebaut wurden. Joachim Koch belegt die Globalisierung der Kreisidee mit dem Hinweis auf annähernd 900 Steinkreise, die man in England heute noch sehen oder zumindest erahnen kann. »Vor 5000 Jahren waren es noch viel mehr, und daneben (gab es) noch Tausende von einzeln stehenden Steinen, Hügeln und länglichen oder kreisförmigen Aufschüttungen, die alle in einem System miteinander verbunden waren«, schreibt Joachim Koch.[78]

Die Globalisierung des Konzepts der untereinander verbundenen Steinkreise erlaubt die Vermutung, dass es sich um die Umsetzung geomantischer Vorstellungen handelt. Bemerkenswert ist, dass Adams Ahnen die energetischen Strukturen der Erde offenbar erkannt hatten und in weltumspannenden Dimensionen umsetzten.

Quarzkristalle im in der Frühzeit oft verbauten, besonders harten Granit, Andesit und Dolerit, aber auch im weicheren Sandstein können auf das Bewusstsein des Menschen eine Wirkung ausüben, die ihn den Bereich des Irdischen überschreiten lässt. Quarzkristalle leuchten oder bündeln Licht und reagieren sogar auf Schallwellen. Zu den Kulthandlungen unserer Vorväter gehörte es, spezielle Tonfrequenzen und Rhythmen auf das Bewusstsein wirken zu lassen und dem Menschen damit den Zugang zu den Sphären des Übersinnlichen zu ermöglichen. Nichts anderes dürfte in Südafrikas Steinkreisuniversum praktiziert worden sein. Der Mensch bearbeitete die schwarzen Steine in der Absicht, den Steinen Töne zu entlocken, mit deren Hilfe er Kontakt zu den Höheren Welten bekam.

Um einen schwarzen Stein drehte sich (m)ein Leben vor 37.000 Jahren. In das Mikrofon des mich begleitenden Arztes sagte ich:

> »*Die Emanation des schwarzen Steins ist nicht wie bei den anderen Steinen ... Der schwarze Stein hat eine Kraft, die mir fremd ist ... sie ist irritierend ... wie elektrisch ... sie transformiert mich. Seine Schwingungen gehören zu nichts, was ich kenne ... Über den schwarzen Stein habe ich Kontakt zu den fremden Besuchern der Erde ... Wir erhielten von den Fremden den Befehl, uns auf sie zu konzentrieren.*«[79]

Es hat den Anschein, dass unsere Vorväter sich in der Technologie der Schall- und Lichtwellen auskannten und verstanden, mit der Kraft der Steine, mit Quarzen und Kristallen zu arbeiten. Angesichts der heutigen Kenntnisse über die Kraft der Quarze und Kristalle sind diese Themen von neuer Aktualität.

Die moderne Computertechnik setzt heute Kristalle ein unter anderem bei Stimmerkennungssystemen (»*voice recognition devices*«). Dabei werden verbale Schallwellen in *bits* aufgeteilt, in Zahlen umgesetzt und dann vom Rechner verarbeitet. Das ist nur eines der vielen Beispiele für die Nutzung des Siliziums, für die Nutzung des Steins in der heutigen Technik. Es scheint, als stünden wir noch am Anfang eines Wissens, das unsere frühesten Vorfahren schon sicher beherrschten. Sie müssen wahrlich großartige Lehrmeister gehabt haben!

Auf vielen sumerischen Darstellungen sind großfigurige, geflügelte Gestalten zu sehen, bei denen es sich um die göttlichen Lehrmeister der südafrikanischen Steinkreisnutzer handeln kann. In der linken Hand tragen viele von ihnen ein kleines »Henkeltäschchen«, auf das ich im Kapitel »Kristallschädel – Wunderwerke der Technik« noch genauer eingehen werde. In der erhobenen rechten Hand aber halten die geflügelten »Lehrmeister« gelegentlich ein konisch geformtes, faustgroßes Objekt. Auch dieses pyramidenförmig zugespitzte Gerät muss für seine Besitzer von großer Wichtigkeit gewesen sein. Darauf weist die Ikonografie des jeweiligen Götterabbilds hin. Dass die Nutzer dieser Geräte »Götter« und nicht Menschen waren, macht das Flügelpaar, gelegentlich auch ein doppeltes Flügelpaar, deutlich. Die Flügel sind dabei nicht als ein physisches Detail des Erscheinungsbildes dieser »Götter« zu verstehen, sondern als ein Verweis darauf, dass diese Wesen »von oben« kamen.

Warum verweise ich mit solchem Nachdruck auf das kleine, konisch geformte Objekt in der Hand der »Götter«? Weil es genau dem entspricht, was die Wissenschaft vor wenigen Jahren »erfunden« hat. Für die Herstellung eines Supercomputers benutzte der Computerwissenschaftler David Shaw anstelle von enorm starken, parallel geschalteten Prozessoren viele kleine konisch geformte Prozessoren. Er vernetzte diese kleinen Pyramiden zu einem Kommunikationssystem, indem er die Spitze der Pyramide mit Hochleistungsprozessoren ausstattete.[80] Es gibt also heute ein modernes Kommunikationsgerät in derselben konischen Pyramidenform, wie sie vor Jahrtausenden dargestellt wurde – auf einem assyrischen Relief aus dem Palast des Assurbanipal.[81] In der erhobenen Hand trägt der geflügelte »Gott« ein »modernes« Kommunikationsgerät!

Globalität der ältesten Kulturen

Gerundete Grundrisse sind charakteristisch für die ältesten Steinbauten der Erde. Die Steinkreise Südostafrikas nehmen daher keine Sonderstellung ein, wenngleich die dortigen Dimensionen der vernetzten Kreisstrukturen bisher einzigartig sind.

Am ehesten kann vielleicht im anatolischen Göbekli Tepe von einem vergleichbaren Kreiskonzept gesprochen werden. Erst 1994 wurde dort eher zufällig ein weites Feld von Kreisen entdeckt, die nebeneinander oder ineinander, einzeln oder im Verbund angeordnet liegen. Bisher sind zwar erst weniger als zehn Prozent der bebauten Fläche ausgegraben, aber schon jetzt offenbart die Anlage eine unerhört weite Ausdehnung. 13 der sechs Meter hohen und 20 Tonnen schweren Steinpfeiler stehen bereits frei, aber rund 200 Pfeiler warten noch darauf, ausgegraben zu werden – vom Deutschen Archäologischen Institut, wenn es ihm auch in Zukunft erlaubt sein wird, dort zu arbeiten!

Wenngleich die Funktion von Göbekli Tepe bisher offiziell nicht definiert ist, interpretiert Klaus Schmidt als leitender Archäologe die weit gespannte Kreislandschaft als ein »Bergheiligtum«.[82] Mich selbst lassen die hoch geordneten Strukturen der Kreisanlagen an die »Blume des Lebens« denken, an dieses uralte Kreissymbol, das als geometrische Form allem

Die alten Zeichen

Lebendigen im Universum zugrunde liegen soll. Das Feld der ineinander verschlungenen Kreise in Göbekli Tepe erscheint als ein steingewordenes Abbild der »Blume des Lebens«. Hierauf gehe ich im Kapitel »Der Torus – kosmische Energie – Zahlenmystik« näher ein.

Geophysikalische Untersuchungen haben gezeigt, dass in Göbekli Tepe zu den heute bereits freigelegten noch 16 weitere Steinanlagen hinzukommen. Ihr Aussehen ist bereits bekannt: Die Pfeiler sind positioniert in Kreisen von 30 Metern Durchmesser. Jeder Pfeiler ist aus einem einzigen Block herausgeschlagen und absolut perfekt bearbeitet. Wahrhafte Meisterwerke – Erstlingswerke! Denn älter als Göbekli Tepe ist nach herrschender Lehre keine der bisher bekannten Megalithanlagen auf der Erde. Es wurde inzwischen auf 12.000 Jahre datiert! Aber diese Zeitangabe kann im Laufe weiterer Forschungen durchaus noch weiter zurückdatiert werden, denn die Grabungen haben bisher die untersten Schichten noch nicht erreicht.[83]

Auf den Golanhöhen oberhalb vom See Genezareth entdeckten israelische Luftwaffenpiloten 1967 eine uralte Kreisanlage, die aus vier konzentrischen Kreisen besteht. Sie sind zum Teil durch radial verlaufende Steinwälle parzelliert – genau wie so viele der südostafrikanischen Steinkreise! Mit einem Durchmesser von rund 170 Metern ist das Steinrund auf den Golanhöhen sehr beeindruckend – allerdings nur noch aus der Luft. Denn die kreisrunden Wälle aus lose aufeinandergetürmten Steinen sind heute stark verfallen. Den Weg dorthin zu finden ist gar nicht leicht, denn kein einziges Hinweisschild macht auf die archäologische Sehenswürdigkeit inmitten der Golanhöhen aufmerksam. Ist dieser »Stein der Riesen« (hebräisch: *Gilgal Refaim*) vielleicht »zu alt« für israelische Archäologen, deren Land so überreich gesegnet ist mit archäologischen Zeugnissen aus der Zeit der jüdischen Geschichte?

Jonathan Mizrahi vom Anthropologischen Institut der Harvard-Universität hat sich intensiv mit dem »Kreis der Riesen« auseinandergesetzt und erkannte in der Anordnung der Steinkreise eine riesige astronomische Uhr! Er berechnete, dass der Besucher der Anlage vor 5000 Jahren vom Zentrum aus am 21. Juni, dem Tag der Sommersonnenwende, durch das nordöstliche Tor die ersten Strahlen des Tages sehen konnte, während zur selben Zeit durch das Südosttor der Siriusstern sichtbar wurde. Die Zeitangabe »5000 Jahre« ist als ein »*terminus ante quem*« zu werten. Die Zeiger der astronomischen Uhr auf dem Golan wiederholen ihre Runde – wie jede andere Uhr. Der Steinkreis kann also auch sehr viele »Runden« älter und damit um vieles älter als 5000 Jahre alt sein. Aber eines ist sicher: Die Anlage diente eindeutig astronomischen Zwecken – wie nahezu alle anderen Steinanlagen der frühesten Zeit.[84] Ich habe den »Kreis der Riesen« im Juni 2012 selbst besucht und war beeindruckt von diesem Monument vorzeitlicher Architektur und dem dort in Stein dokumentierten astronomischen Wissen seiner Erbauer.

Der wohl bekannteste Kreis aus Megalithen liegt im englischen Stonehenge. Als »Sonnentempel« ist Stonehenge ausgerichtet auf den Sonnenaufgang zur Sommersonnenwende – vor 4000 Jahren, so lautete bisher die offizielle Lehrmeinung. Neuere wissenschaftliche Untersuchungen aber zeigten, dass dieser Sonnentempel erheblich älter sein kann. Genauso wie der »Kreis der Riesen« auf den Golanhöhen ist auch das Alter des englischen Stonehenge bisher nicht endgültig – und bisher wohl zu jung datiert.

Wer diese tonnenschweren Steine einst in Stonehenge aufstellte und wie sie über eine Entfernung von 400 Kilometern

Die alten Zeichen

transportiert werden konnten, bleibt trotz aller scheinbar logisch klingenden Erklärungsversuche ein Rätsel. Aber Rätsel bleiben dem Forscher nicht nur in England! Offene Fragen ergeben sich auch für alle anderen Megalithbauten der Welt. Da die Baupläne eine Globalisierung der zugrunde liegenden Konzepte erkennen lassen, ergeben sich auch global dieselben Fragen zur Konstruktion der Steinkolosse.

Aber es gibt auch Unterschiede. Was Stonehenge von anderen kreisrunden Kultstätten unterscheidet, ist seine Verwendung als Mondobservatorium. 1963 demonstrierte Cecil A. Newham in seinem Buch *The Enigma of Stonehenge*, dass sich die vier Positionen des »Mondstillstands« während des 19 Jahre andauernden Mondzyklus an den Steinstrukturen von Stonehenge ablesen lassen. Alle 19 Jahre nehmen Sonne und Mond wieder die gleiche Stellung am Firmament ein, was ganz offensichtlich schon vor 5000 Jahren bekannt war und in Stonehenge mithilfe eines in Stein gehauenen astronomischen Kalenders ablesbar gemacht wurde.[85]

Die Zahl 19 ist in der »Blume des Lebens« das formgebende Element. Es muss als sicher angenommen werden, dass die 19 nicht zuletzt wegen ihrer astronomischen Bedeutung integriert wurde in das kreisrunde Symbol der »Blume des Lebens«, das auf einigen der ältesten Kultbauten der Erde bedeutungsvoll aufscheint. Wenn aber die Zahl 19 in der Zahlenmystik schon zu einer so frühen Zeit Bedeutung erlangte, dann muss auch schon bekannt gewesen sein, dass Sonne und Mond alle 19 Jahre dieselbe Stellung am Firmament einnehmen.

Diese Erkenntnis weist dann erneut auf ein fast unerklärlich »fortschrittliches« Wissen unserer Ahnen hin, das sich über die Jahrtausende wieder verloren hat und heute von uns erneut »entdeckt« wird.

Auch die organisch gerundeten Tempelbauten in Malta gehören in das globale Konzept der gigantischen Kreisbauten. Gleich 23 Tempelanlagen wurden dort dereinst mehr oder weniger zeitgleich gebaut. Wann genau sie entstanden, ist umstritten. In paläolithischer Zeit jedenfalls möchten die meisten Experten die Tempel nicht gebaut wissen. Sie halten die Tempel für jünger, obgleich es dort Indizien für ein Kulturschaffen auch schon im Paläolithikum gibt. Ich nenne nur eines dieser Indizien:

1987 führte das Smithsonian Institute in Washington Farbanalysen an den Wandmalereien im Hypogäum von Malta durch. Dabei wurde festgestellt, dass für die Zeichnung eines Bisonbullen eine schwarze Farbe aus Mangandioxid verwendet wurde – und nicht die Ockerfarbe, die im späteren Neolithikum benutzt wurde. Die schwarze Farbe ist charakteristisch für das frühe Paläolithikum. Und was für die Datierung auch wichtig ist: Der Bulle mit seinem Höcker zwischen den Schultern starb bereits im Paläolithikum aus. Es ist daher unwahrscheinlich, dass dieses Tier noch im Neolithikum dargestellt wurde – mit einer Farbe, die nur für das Paläolithikum typisch ist. Es sprechen also zwei gewichtige Gründe dafür, dass diese Umrisszeichnung im Hypogäum in das Paläolithikum zu datieren ist.

Aber eine solch frühe Datierung war bei den Vertretern der Lehrmeinung in Malta unerwünscht. Das führte schließlich dazu, dass der Museumsdirektor einem Angestellten den Auftrag erteilte, die schwarze Umrisszeichnung des Bisonbullen von der Wand – abzuwaschen! Ich habe den Mann, der die Säuberungsaktion durchzuführen hatte, ausfindig gemacht, und er hat mir persönlich bestätigt, dass er an der Beseitigung des unerwünschten Beweisstücks mitgewirkt habe. An der Richtigkeit seiner Aussage kann leider nicht gezweifelt werden!

Die alten Zeichen

Aber die Chronologie ist hier nicht Thema, denn es geht in diesem Kapitel um die Globalität von Vorstellungen, Konzepten und deren Gestaltung als riesige Steinkreisarchitektur.

Nach den Steinkreisen in Südafrika, Anatolien, England und auf Malta sollen nun noch kreisrunde Steinanlagen in Südamerika erwähnt werden. Die älteste Steinanlage Amerikas wurde vor wenigen Jahren im peruanischen Caral entdeckt – auch sie ist kreisrund, und auch ihr Alter wird auf zirka 5000 Jahre datiert. Zwei tief gelegte Kreisflächen bilden dort den Kern der Anlage, in der dreieinhalb Meter hohe Granitmonolithe aufgerichtet standen. Und wie an so vielen anderen kreisrunden Kultstätten wurden auch hier die härtesten Steinarten verbaut.

Wer waren die Erbauer dieser sensationellen Kreisstrukturen? Woher hatten sie ihr fortschrittliches Wissen und ihre erstaunlichen Kenntnisse? Hatten sie untereinander Kontakt? Tauschten sie sich aus, bevor sie die Kultstätten entwarfen? Und wenn ja, wie fanden sie zueinander? Wie überwanden sie die Meere zwischen Amerika, England, Mittelmeer, Südafrika und Anatolien?

An dieser Stelle möchte ich kurz auf den Diffusionismus eingehen, der sich scharf von der Theorie des Isolationismus abgrenzt. Die Diffusionisten sind davon überzeugt, dass Ähnlichkeiten von weit voneinander entfernten Kulturen durch reale Kontakte der Kulturschaffenden zu erklären sind, während die Isolationisten der Meinung sind, es hätte eines realen Kontakts unter den Kulturvölkern nicht bedurft, weil die Natur des Menschen rund um den Erdball die gleiche ist. Daraus folgt für die Isolationisten, dass die weltweiten Übereinstimmungen des Kulturguts in der Vergleichbarkeit der Vorstellungen und Möglichkeiten des Menschen begründet liegen.

In diesem Buch stelle ich mich an die Seite der Diffusionisten. Die offensichtlichen Übereinstimmungen des kulturellen Schaffens gehen meines Erachtens zurück auf – Kontakte!

Aber die Kontakte, um die sich Diffusionisten und Isolationisten streiten, betreffen die frühgeschichtliche Zeit. In diesem Buch geht es jedoch um Kontakte in vorgeschichtlicher Zeit. Gerade die ältesten Kulturleistungen deuten auf Kontakte unter den Kulturheroen hin. Der Kulturaustausch führte zu einer Globalisierung des technischen Wissens und dessen formaler Umsetzung.

Mobilität der Höheren Intelligenzen durch Fluggerät

Soll nicht der Zufall für einen Erklärungsversuch herangezogen werden, so muss man der Tatsache ins Gesicht sehen: Die frühen Baumeister – oder deren Lehrmeister – verfügten über fortschrittliche Transportmittel. Es ist nicht denkbar, dass überall auf unserer Erde mit denselben Verfahren Vergleichbares erschaffen wurde, ohne dass die Schöpfer der Bauwerke, der Kunstwerke, der literarischen Texte und der wissenschaftlichen Leistungen untereinander einen Austausch pflegten. Wenn aber die Schöpfer der großartigen Errungenschaften weltweit miteinander in Kontakt standen, dann ist die rätselhafte Globalität der vielseitigen Schöpfungen bedeutend weniger rätselhaft.

Es geht im Folgenden um die Globalität des Kulturschaffens, um die weltweite Vernetzung und um die Frage, wie die Kontakte

Die alten Zeichen

unter den Kulturschaffenden bewerkstelligt wurden. Hier stellt sich die Frage, wie wir uns die Mobilität – zumindest die Mobilität der Kulturheroen prähistorischer Zeit – vorzustellen haben.

Mobilität über weite Entfernungen garantieren dem Menschen wohl nur Fahrzeuge – solche auf dem Boden, auf oder unter dem Wasser und in der Luft. Es scheiden aber Kontakte zu Land im präkolumbianischen Amerika aus, denn das Rad wurde dort nicht verwendet! Da sind sich die Fachleute einig. Räder hätten allerdings bei einem Transatlantiktransfer der frühen Kulturen ohnehin nicht viel geholfen. So bleibt denn nur die Lösung: Die (göttlichen) Kulturträger oder Kulturbringer hatten Schiffe oder Flugobjekte zur Verfügung, mit denen sie die tiefsten Meere und die höchsten Berge überwinden konnten.

Ich erwarte nicht von jedem meiner Leser, dass er sich von mythologischen Texten beeindrucken lässt oder gar deren Kernaussagen als reale Begebenheiten anzuerkennen bereit ist. Dennoch möchte ich einen kurzen Streifzug durch die Sagenwelt der Alten und der Neuen Welt wagen, um damit zumindest den Versuch zu unternehmen, Mythen, die von Begegnungen mit »fliegenden Schiffen« erzählen, als gelebte Geschichte zur Diskussion zu stellen.

Die altamerikanischen Indios wie die Hopi, die Navajos, die Zuni und die Chippewas erzählten von den »weißen Göttern«, die auf Schilden zur Erde geflogen kamen und den Menschen das Wissen und die Kultur brachten. Heute noch verehren die Hopi-Indianer nichtirdische Wesen in Gestalt von Kachina-Puppen. Ihre göttlichen Lehrmeister kamen einst nicht etwa über das Meer, wie es andere alten Völker berichten, sondern sie kamen »aus einem fernen Sonnensystem« zur Erde.

Zu bestimmten Feiertagen kleideten sich die Indios in voluminöse Hüllen aus geflochtenem Stroh. In dieser Gestalt wollten sie ihren Göttern aus dem All ähnlich sein, die in einer Kleidung, die mit heutigen Raumanzügen vergleichbar ist, eine ähnlich amorphe Gestalt angenommen hatten wie die indianischen Erdbewohner in ihrer ausladenden »Festtagskleidung«.[86]

In einer der 40 Rückführungen beschreibe ich meinen optischen Eindruck von dem Erscheinungsbild der fremden Besucher der Erde und deren Übereinstimmung mit der Form der von uns Erdenmenschen behauenen aufrecht stehenden Megalithe:

> *»Ja, wir geben den Steinen eine ganz besondere Form. Die Form ist eine Art ... Hommage an die Wesen, die größer sind als wir und die auch anders aussehen als wir ... die eine Silhouette haben, die ... amorph ist, weil sie den Körper verstecken in Anzügen ... in weiten Overalls mit Kopfhelmen ... Darunter kann man die Form ihres Körpers nicht erkennen ...«*[87]

Mit diesen in tiefer Trance gemachten Aussagen bestätigt es sich, dass die fremden Besucher der Erde »größer« waren als Erdenmenschen, dass sie eine Art Schutzkleidung trugen und dass die aufrecht stehenden Megalithe eine Art »Auftragsarbeit« der Höheren Intelligenzen an die kleinen Menschen waren!

Im 19. Jahrhundert entdeckte man bei Ausgrabungen in Theben auf einem Papyrusfragment den Bericht aus den königlichen Annalen des Pharao Thutmosis III. (1486–1425 v. Chr.), der die Erscheinungen von fliegenden Objekten über Theben

Die alten Zeichen

erwähnt. Der Text spricht von einem himmlischen Feuerkreis mit einem geschätzten Durchmesser von 45 Metern. Das Feuerschiff sei »lautlos« geflogen. Dieses Detail der Beschreibung von Flugobjekten ist ein globales und auch ein durchaus aktuelles Phänomen. Überall werden die am Himmel vorbeiziehenden »unbekannten« Fluggeräte (auch heute) ausdrücklich als lautlos beschrieben; das sollte hellhörig machen, denn realiter gibt es keine wirklich lautlosen Flugzeuge. Dass auch in unserer Zeit die gesichteten UFOs als lautlos beschrieben werden, erörtere ich im Kapitel »Holografische Projektionen von fliegenden ›Objekten‹«.

Wenn ich hier ausführlich von den »fliegenden Himmelsbooten« spreche, dann mit der Absicht darzulegen, dass die ganz offensichtliche Globalisierung des Geschehens auf diesem Globus nicht ohne ein effizientes Transportmittel denkbar ist. Es geht hier nicht mehr darum, ob es Himmelsboote tatsächlich gab, sondern darum, dass sie die Internationalität aller Vorkommnisse in der vor- und frühgeschichtlichen Zeit begleiteten und ermöglichten.

Die »Himmelsboote« finden vor allem in biblischer Zeit häufige Erwähnung. Faszinierend ist der Bericht des biblischen Patriarchen Henoch, der detailliert seinen Flug zum Himmel beschreibt, wo ihm das gesamte »Wissen der Welt« in die Feder diktiert wurde. Wie durch ein Wunder sind seine Notizen bis heute erhalten geblieben. 1947 fanden sich Fragmente des apokryphen Henoch-Buchs in den Qumranhöhlen 1, 4 und 11.[88]

In biblischer Zeit tauchen die fliegenden Schilde auch am Himmel über Tyros auf. Im Zusammenhang mit den kriegerischen Auseinandersetzungen zwischen Alexander dem Großen und den vorderorientalischen Phöniziern im vierten vorchristlichen Jahrhundert berichten die Geschichtsschreiber von ebenjenen Flugobjekten. Die kreisrunden Objekte sollen in Dreiecksformation geflogen sein und Lichtblitze ausgesandt haben gegen die Stadtmauer von Tyros.

Selbst in deutschen Landen will man Luftfahrzeuge gesichtet haben. So wird berichtet, dass Karl der Große Luftfahrzeuge im Formationsflug erlebt habe. Als das Volk bei diesem Anblick in Panik geriet, seien die »Luftwesen« auf der Erde gelandet und hätten einige Menschen an Bord geholt, um diese von ihrer Gutartigkeit zu überzeugen. Es heißt, die »Mitfahrer« seien mit einem neuen Wissen zur Erde zurückgebracht worden. Das aber war bei den Repräsentanten der Kirche höchst unerwünscht. Die Wissenden wurden zum Schweigen verurteilt – oder aber sicherheitshalber verbrannt, wovon der Abt von Villars teils mit einem gewissen Verständnis, teils aber auch mit spürbarem Bedauern berichtet.[89]

Von den fliegenden Schiffen über der Alten Welt soll das Augenmerk nun auf die in Südamerika gelandeten Götter gerichtet werden. Ihre Landeplätze scheinen sie mit Vorliebe in den Hochtälern der Anden gewählt zu haben, wo plan angelegte Plateaus aus gewaltigen Monolithen durchaus die erforderliche Traglast für Fluggeräte geboten haben könnten. Im peruanischen Chavin de Huantar und Caral, in Puma Punku bei Tiahuanaco und in Sacsayhuaman bei Cusco liegen diese beeindruckenden Steinanlagen und erinnern wiederum an die altweltlichen Steinplateaus von Gizeh, Baalbek, Jerusalem und Kaschmir. All diesen Plätzen ist gemein, dass sie aus kolossal großen Steinen gebaut wurden, von denen der größte – im libanesischen Baalbek – sogar 1200 Tonnen schwer ist.

In Südamerika liegen diese Plätze in unwirtlicher Höhe von 3000 bis 4000 Metern. Mit einem Eselskarren oder gar zu Fuß lassen sich solche Hochgebirgsregionen nur unter größtem

Kraftaufwand erreichen. Es macht daher Sinn anzunehmen, dass die (göttlichen) Kulturbringer in Südamerika nicht auf primitive Fortbewegungsmittel angewiesen waren, sondern über technisch ausgereiftes Fluggerät verfügten.

Ohne Fluggerät wäre den Erbauern der fantastischen Megalithstrukturen wohl kaum in den Sinn gekommen, ihre Kultstätte in den höchsten Höhen des südamerikanischen Kontinents anzulegen, wo doch ausreichend gutes Bauland in Perus fruchtbarem Tiefland zur Verfügung stand. Deshalb ist schon allein die Positionierung der Megalithbauten auf den Höhen der Anden ein Hinweis darauf, dass die Erbauer dieser Anlagen über Fluggerät verfügten.

Die gigantischen Megalithbauten der Anden sind denen der Alten Welt ebenbürtig, wenn sie nicht in einigen Details sogar eine noch unglaublichere Perfektion offenbaren. Die Frage nach den Erbauern dieser großartigen Meisterwerke in Südamerika ist bei dieser Sachlage von rein rhetorischer Natur, denn die Antwort ist bereits bekannt: Die Erbauer der steinernen Wunderwerke in der Neuen Welt sind dieselben wie in der Alten Welt. Und das ist durchaus wörtlich gemeint.

Die Steinformation, deren Stilelemente, deren Bauart und deren übereinstimmend perfekte Ausführung sind ein deutlicher Hinweis darauf, dass die Erbauer in Ost und West identisch waren oder zumindest in Kontakt miteinander standen. Wenn die Götter über Fluggeräte verfügten, dann war es für sie kein Problem, den Atlantik zu überqueren. Und es war auch kein Problem, die Bodenschätze in beiden Hemisphären systematisch abzubauen. Der Bergbau konnte mithilfe der zur Verfügung stehenden Fluggeräte koordiniert und transatlantisch strategisch organisiert werden.

Gibt es auch real existierende Indizien für die Existenz von Flugschiffen? Gibt es bildliche Hinweise darauf, dass auf unserer Erde bereits vor Tausenden von Jahren Flugzeuge existierten? Ja, es gibt Abbildungen! Und das ist Gold wert, denn sie besitzen mehr Überzeugungskraft als tausend Worte. Hier seien zunächst die Darstellungen auf einem Gesims unter der Decke des ägyptischen Sethostempels in Abydos genannt, dessen früheste Spuren in vordynastische Zeit zurückgehen. Nebeneinander und übereinander erkennt der aufmerksame Betrachter – durchaus realistisch dargestellt – einen Hubschrauber, einen Jagdbomber, einen Starfightertypus und ein behäbiges Frachtflugzeug.

Diese Bilder sieht man nicht etwa auf des Tempels Fußleiste, sondern auf dem Gesims des Deckenbalkens, wo sie – als Fluggerät – hingehören! Alles ist überdeutlich. Die Darstellungen lassen keinen anderen Schluss zu, als dass es sich bei den fünf dargestellten Objekten um Fluggerät handelt! Aber die etablierte Wissenschaft sieht das erwartungsgemäß anders.

Um mich nicht unnötig der Kritik auszusetzen, die Argumente der Skeptiker unberücksichtigt zu lassen, zitiere ich als *pars pro toto* den Kommentar einer Expertin für ägyptische Kunst, Katherine Griffis-Greenberg, Mitglied des *American Research Centre in Egypt, International Association of Egyptologists, University of Birmingham*:

»*There is a simple explanation for the famous Abydos helicopter mania: There is no mystery here ... it's just a coincidence.*« Zu Deutsch also: Die fünf auf dem Deckenbalken im Abydos-Tempel dargestellten Flugmaschinen erscheinen zwar wie Flugmaschinen, aber das ist nach Meinung der Ägyptologin ein reiner Zufall (»*coincidence*«). Solche Argumentation macht sprachlos!

Es gibt natürlich mehr als die eine, oben erwähnte Darstellung prähistorischer Flugobjekte. Erwähnt sei noch ein Fels-

Die alten Zeichen

relief, auf dem ein Gott in einer geflügelten Scheibe über den Himmel reist. Gefunden wurde es im heutigen Nordiran, in der Stadt Behistun. Eine andere Darstellung zeigt einen vorderorientalischen König – und am Himmel erscheint ein Flugobjekt, das er wie folgt besingt: »Der göttliche Sin, Herr der Götter, der am Himmel weilt, kam vom Himmel hernieder – vor die Augen des Königs von Babylon.«

Eine sumerische Hymne begleitet die Darstellung eines »Himmelsbootes« mit folgenden Worten: »Wenn Nannar, der Vater von Ur, dessen Ruhm das heilige Himmelsboot ist ... Wenn er im Himmelsboot aufwärts steigt ... wenn er im heiligen Boot über Ur aufsteigt ...«

Im selben Sinn wird die Himmelsreise des biblischen Propheten Elias gepriesen:

»Siehe, da erschien ein feuriger Wagen mit feurigen Rössern ... Und Elias fuhr zum Himmel in einem Wirbelwind.«[90]

Die Bibel betont ausdrücklich, Elias sei **vor** seinem Erdentod von Gott gen Himmel gehoben worden, um von dort eines Tages wieder zur Erde zurückzukehren. 500 Jahre später fragt Jesus seine Jünger: »Was sagen die Menschen, der ich sei?« Und die Jünger antworten: »Sie sagen, Du seist der Elias oder der Propheten einer.«[91] Das Echo der wunderbaren Himmelfahrt des Elias hallt also auch in christlicher Zeit noch nach. Die Textstelle belegt aber auch, dass den Menschen der Zeitenwende die Vorstellung von einer Reinkarnation durchaus vertraut war. Wie sonst wäre zu verstehen, dass Christus der Elias sein soll, der schon 500 Jahre tot war, als Christus seine Frage an die Jünger stellte?

Den frühgeschichtlichen Menschen waren die Erzählungen von wundersamen, glänzenden Flugobjekten wohlbekannt. Allein davon zu hören war alarmierend genug, aber ein solches Flugobjekt auch selbst zu erleben, hatte einen ganz anderen

Stellenwert. Das Staunen, ja die Ehrfurcht vor diesen Himmelsbooten klingt in all jenen Beschreibungen an, die einen direkten Kontakt mit einem solchen göttlichen Flugobjekt schildern.

Ein eindrucksvolles Beispiel ist die Schilderung der Begegnung, die der Prophet Hesekiel gehabt hat. Ausführlich erzählt das Alte Testament von der Begegnung des Hesekiel mit einem »Gott« oder Piloten in einer Flugmaschine (Hesekiel, Kap. 40 – 48). Einen großen Teil der Geschichte nimmt dabei die Beschreibung des Himmelsfahrzeugs ein, in dem Gott vor dem Propheten erscheint. Ich werde die ausführliche Geschichte etwas kürzen und dennoch alle wichtigen Aspekte wiedergeben: In einer betörend glänzenden »Herrlichkeit« sieht Hesekiel einen Himmelswagen mit Rädern, auf denen wiederum Lichter glänzen. Um Hesekiel wird es lichthell. Erstarrt blickt er in die Räder und Flügel des Gefährts, das ihm aus leuchtendem, glatt poliertem Erz zu sein scheint. Das verwirrende Schauspiel wird begleitet vom Geräusch eines brausenden Windes.

Die Beschreibung des Flugobjekts zieht sich über mehrere Kapitel hin und macht eines deutlich: Der kleine Mensch hat solch ein furchteinflößendes Objekt noch niemals zuvor gesehen. Er war voller Ehrfurcht – vor allem vor dessen göttlichem Piloten im metallisch leuchtenden (Raum-)Anzug. Dennoch steigt Hesekiel in dieses Raumschiff ein zu einem Engel, der aussah »wie Erz«. Während des Fluges empfindet der Prophet ein Gefühl der Beklemmung, das erst schwindet, als die (Flug-)Geräusche verstummen und er auf einer Leiter wieder zur Erde herabsteigen kann. Genauer kann die Beschreibung eines Fluges in einem Himmelboot kaum sein!

Die Bibel erzählt, wie der Prophet Hesekiel auf einen hohen Berg gebracht wird, worauf »so etwas wie der Bau einer Stadt gen Süden« steht. Diesen Steinbau muss Hesekiel auf Anwei-

Die alten Zeichen

sung seiner himmlischen Begleiter akribisch vermessen. Der Prophet notiert deshalb alle Maße und Angaben zum Bau: Pfeiler, Torwege, Schwellen, Gemächer, Vorhallen, Erker, Fensteröffnungen, Stufen und schließlich die Tempelhalle.

Wozu dienen diese genauen Angaben? Warum diese Präzision? Warum ist der Hesekiel-Text so genau? So könnte man vielleicht fragen. Aber interessanter ist noch die Frage: »Wo steht dieser Bau, der uns dank der biblischen Beschreibung so klar vor Augen geführt wird?«

Die Bibelexegese versteht den von Hesekiel vermessenen Bau als eine »Vision des zukünftigen Jerusalemer Tempels«. Der Erste Jerusalemer Tempel war im Jahre 586 vor Christus zerstört worden, als Nebukadnezar die Juden in die babylonischen Gefangenschaft führen ließ. Auch Hesekiel lebte danach für 70 Jahre im babylonischen Exil. Nach der Rückkehr ins Land ihrer Väter erbauten die Juden ihren (Zweiten) Tempel in neuer Pracht.

In einer meiner 40 Regressionssitzungen lebe ich im vierten Jahrhundert vor der Zeitrechnung im Heiligen Land. Vor meinem geistigen Auge sehe ich die Fassade des (Zweiten) Jerusalemer Tempels:

> »Ich sehe die großen Quadersteine der Mauer des Tempels ... Der Tempel glänzt.«[92]

Der Geschichtsschreiber Josephus Flavius beschreibt die Fassade des Zweiten Tempels als von großen *goldenen Platten* bedeckt, welche »die Sonnenstrahlen reflektieren«.[93] Genau so hatte ich den »leuchtenden« Tempel im veränderten Bewusstseinszustand gesehen! Von der goldenen Fassade des Tempels hatte ich zuvor nie etwas gehört.

Die Juden hatten in der babylonischen Gefangenschaft ihren Jerusalemer Tempel mit Sicherheit nicht vergessen. Jedes Detail wird ihnen auch im fernen Exil vor Augen gestanden sein. Warum sollte es dann notwendig gewesen sein, den Tempel in all seinen Einzelheiten in Erinnerung zu rufen? Wenn es tatsächlich um den Zweiten Tempel gegangen wäre, dann stünde ja eines mit Sicherheit fest: Der neue Tempel würde auf den Grundmauern des zerstörten Tempels errichtet werden. Warum soll dann aber alles so genau vermessen werden? Dafür muss es eine logische Erklärung geben, zumal dem Propheten von seinem himmlischen Begleiter aufgetragen wurde, alles, was er notiert hat, »dem Hause Israel zu verkündigen«, zu notieren (Hes 40, Vers 4).

Handelt es sich bei dem von Hesekiel so gründlich vermessenen Bau vielleicht gar nicht um den Tempel in Jerusalem? Wie sind die in der Bibel genannten geografischen Angaben zu werten, wenn sie gar nicht mit dem Terrain des Ersten (und Zweiten) Jerusalemer Tempels übereinstimmen? Es geht hier nicht um Bagatellen oder Interpretationsmöglichkeiten. Es geht hier um grundsätzliche, gravierende Unterschiede zwischen der Beschreibung im Bibeltext und den tatsächlichen Gegebenheiten in Jerusalem. Das gilt vor allem für den »Fluss, der direkt unter der Schwelle des Tempels herausfließt« und »die vielen Bäume« vor dem Tempelbau. Einen Fluss gibt es in Jerusalem bekanntlich *nicht*! Und auch eine reiche Vegetation ist in Jerusalem nicht zu verzeichnen. Es kann also nicht Jerusalem sein, wohin Hesekiel mit dem Himmelwagen geflogen wurde.

Eher bietet sich eine andere Lesart an: Seit ungefähr 1000 vor der Zeitrechnung gab es im peruanischen Chavin de Huantar im Hochland der Anden eine steinerne Plattform mit einer großen Steinanlage, deren Maße relativ gut den im Hesekiel-Text genannten Maßen entsprechen. Auch verschiedene andere

Details der Andenanlage stimmen mit den Angaben in der Bibel überein. Das gilt auch für die erwähnte »Wasserquelle, die unter der Schwelle des Tempels hervorquillt« und auch für die üppige Vegetation.

Der Theologe Walter-Jörg Langbein wundert sich in seinem Buch *Geheimnisse der Bibel* über den Hinweis, Hesekiel sei zu einem Berg gebracht worden, auf dem ein »Bauwerk wie eine Stadt« gelegen sei. Jerusalem aber muss keinem Juden beschrieben werden und besonders nicht in der vorliegenden Form: ein Bauwerk wie eine Stadt. Das machte damals so wenig Sinn wie heute.

Auch das spricht gegen Jerusalem.[94]

Handelt es sich bei dem biblischen Text um die Beschreibung der ältesten südamerikanischen Steinanlage? Wurde Hesekiel auf den Landeplatz in Chavin de Huantar geflogen? Das große Steinplateau im Zentrum dieser Anlage könnte die Vermutung bestätigen. Allerdings sind derartige Plattformen für die sehr alten Kulturen Südamerikas – aber auch für Indien, den Vorderen Orient und Ägypten – charakteristisch.

Auch wenn auf den vorhergehenden Seiten Chavin de Huantar exemplarisch als möglicher Landeplatz der Götter und ihres Schützlings Hesekiel vorgestellt wurde, so kommt doch dieser prähistorischen Megalithanlage keineswegs eine Sonderstellung zu, da auch auf anderen Kontinenten und in anderen Kulturkreisen vergleichbare, im Hochgebirge gelegene Steinkonstruktionen mit einer zentral angeordneten kolossalen Plattform zu Hesekiels Zeit existierten.

Das trifft auch zu bei der Tempelanlage von Parhaspur im indischen Kaschmir. Dort lassen sich sowohl die im Hesekiel-Text aufgeführten Baumaße, die Gebäudeteile und auch die geografischen Merkmale aufzeigen. So sind dort die im Bibeltext erwähnten hohen Berge, die üppige Vegetation und der kleine Fluss in unmittelbarer Nähe der Anlage vorhanden – die in Jerusalem fehlen. Wurde der Prophet nach Indien geflogen?

Letztlich führt die ganze Diskussion um den Hesekiel-Tempel nicht weiter. In diesem Buch geht es nicht um eine Bibelexegese. Es geht um die eindrucksvollen Hinweise darauf, dass Höhere Intelligenzen in prähistorischer Zeit die Erde mit Fluggerät überflogen haben müssen. Und das wird vor allem in den bedeutend älteren sumerischen Texten immer wieder betont. Samuel Kramer übersetzt eine besonders aufschlussreiche Passage aus einem sumerischen Keilschrifttext, in dem es um den Flug einer Göttin geht, um eine Reise über den Himmel und über die Erde: »*One day, my queen, after crossing heaven and after crossing earth, Inanna, after crossing Elam and Shubur ...*«[95] Wenn die Reise »durch Himmel und Erde« von der Göttin offenbar problemlos bewältigt wurde, dann kann hier nur von einer Flugreise die Rede sein.

Geheimwissen um den Thronwagen Merkaba entschlüsselt

Das Himmelsfahrzeug, mit dem Jahwe vor Hesekiel und wenigen anderen auserwählten Menschen erschien, trug die hebräische Bezeichnung *Merkaba,* zu Deutsch: *Thronwagen.* Im Buch *Hesekiel* des Alten Testaments wird der Thronwagen deutlich und detailliert als ein glänzendes, lärmendes Fluggerät mit mehreren Rädern beschrieben. Ein Engel in silberglänzendem Anzug fungiert als Pilot, der Hesekiel an Bord des Fluggeräts holt.

Die alten Zeichen

Merkaba wurde zu einem der wichtigsten Begriffe in der jüdischen Mystik, der *Kabbala*. Die Bedeutung des göttlichen Thronwagens *Merkaba* kann gar nicht hoch genug angesetzt werden. Darauf nimmt auch der Text der *Mischna*, die Niederschrift religiös-gesetzlicher Überlieferung des rabbinischen Judentums, bedeutungsvoll Bezug: »Es ist verboten, auch nur eine Person in der Einleitung des Buches Hesekiel zu unterrichten, sofern dieser Schüler nicht weise und fähig ist, den Text selbst zu verstehen.«[96]

Das ist eine sensationelle Bestimmung! Besagt sie doch, dass das Wissen um die *Merkaba* nicht für das gemeine Volk bestimmt war, sondern den »Eingeweihten« vorbehalten bleiben sollte. Das Wissen um die *Merkaba* galt als Geheimwissen!

Maimonides, der große jüdische Philosoph des Mittelalters, qualifizierte das Verbot, über die *Merkaba* zu Nichteingeweihten zu sprechen, als »bindende *Halacha*« – als bindendes Gesetz. Auch in seinen Augen war das Wissen um den »himmlischen Thronwagen« und dessen »allmächtige Insassen« den Eingeweihten vorbehalten. Deshalb blieb der glänzende Himmelswagen ein »geheimes Wissen für den inneren Kreis« – so die eigentliche Bedeutung des heute (zu oft) verwendeten Begriffs »Esoterik«.

Den Auserwählten wurde das Erscheinen Gottes in einem Fluggerät gleichsam zum Schlüssel für das Tor zur Erkenntnis – es kam einem »Gottesbeweis« gleich. Der Mensch, der die *Merkaba* erschaute, hatte Gott geschaut!

Die Autoren der biblischen Texte haben dieses göttliche Schauspiel stets getreu notiert. Jede Abschrift vermittelte buchstabengetreu, was die Auserwählten einst gesehen und erlebt haben. Der Kreis der Auserwählten ist klein: Moses, Elias, Hesekiel und Henoch sind die aus der Bibel bekannten Augenzeugen. Auch die sumerischen Texte erwähnen mit Adapa einen Auserwählten, der von den Göttern eingeladen wird zu einem Flug in den »Himmel«.

Sumerische Texte wie das Schöpfungsepos *Enuma Elish*, aber auch andere Keilschrifttexte sind voll von Berichten über die fliegenden Götter, die vom Himmelsboot aus die Menschen auf der Erde überwachten.

Auch die Ägypter wurden vom »Himmel« aus überwacht – von den *Neter*, was nicht nur mit »Gott«, sondern auch mit »Wächter« übersetzt werden kann. Die *Neter* haben eine ähnliche Funktion wie die sumerischen *Anunnaki* und die hebräischen *Nephilim*, »die, welche von oben herabkamen«. Und alle benötigten für ihren Besuch auf der Erde Himmelsboote!

Moses begegnete auf dem Berg Sinai seinem Gott, der in einem »Kabod« zum Berg herunterkam. Dieser Begriff wird in der Bibel mit »Glanz« oder »Herrlichkeit« übersetzt. Die »Strahlkraft des Kabod« ist zu verstehen als ein *pars pro toto*, als eine Umschreibung eines Flugobjekts durch eines seiner Teile, nämlich die für einen Flug notwendigen Scheinwerfer!

Die Autoren der Heiligen Schriften mögen selbst nie einen Himmelswagen zu Gesicht bekommen und die Schilderung eines Fluggeräts deshalb wohl auch nicht wirklich verstanden haben. Aber ihre Beschreibungen der himmlischen Fahrzeuge besitzen eine erstaunliche Präzision. Seit wann wissen wir das?

Seit wir selbst derartiges Fluggerät kennen! Erst seit wenigen Jahrzehnten können wir in den vorgeschichtlichen Beschreibungen der Himmelswagen unsere modernen Flugzeuge wiedererkennen.

In den detaillierten Beschreibungen der frühgeschichtlichen Geräte erkennen wir auch die Flugeigenschaften unserer modernen Fluggeräte. Geräusche und Windentwicklung begleiten (auch heute) den An- und Abflug. Und selbst die einstmals

Die alten Zeichen

bestaunte Silberfarbe des Fluggeräts und der Pilotenanzüge kennen wir heute (wieder). Sogar die sich ineinander drehenden Räder werden in der Bibel realistisch beschrieben. Realistischer und genauer als im Hesekiel-Text der Bibel konnte die Beschreibung eines Flugzeugs wahrlich nicht sein!

Der fromme Mensch akzeptierte über die Jahrhunderte, dass ihm der Bibeltext von einer außerordentlichen Wichtigkeit der Himmelsboote berichtete – aber er verstand es nicht als etwas Reales. Und es wurde ihm auch nicht erklärt. Das Wissen um die fliegenden Götter blieb als esoterisches Wissen einem kleinen Kreis von Eingeweihten vorbehalten. Nur dieser kleine Kreis verstand die fantastisch anmutende Schilderung der silberfarbenen Himmelsboote als einen Tatsachenbericht. Dieses esoterische Wissen durfte nur unter Wissenden, unter Eingeweihten, besprochen werden.

So wurde die *Merkaba* zum zentralen Thema der mystischen Geheimlehre der Juden. Erst im 20. Jahrhundert hob sich der Schleier des Geheimnisvollen, mit dem die *Kabbala* den göttlichen Thronwagen verhüllt hatte. Die Entwicklung der Technologie unserer Zeit lässt uns die Geschichte vom Thronwagen als eine realistische Schilderung verstehen.

Das müsste letztlich das Ende des »Geheimwissens« sein, wenn nicht der heutige Mensch eine gewisse Scheu hätte, sich dem wahren Hintergrund einiger Bibelgeschichten zu öffnen. So bleibt alles beim Alten. Auch der hohe Wiedererkennungswert der fliegenden Maschinen kann daran nichts ändern.

Es ist wahrlich ein unerklärliches und dazu ein frustrierendes Phänomen, wie sehr der Mensch mal ängstlich, mal arrogant an Lehrmeinungen festhält und seine Augen vor der Wahrheit verschließt.

Vedisches Wissen um Waffen

Bisher sind die göttlichen Himmelsboote vor allem in einem positiven Zusammenhang erwähnt worden. Das ändert sich mit dem folgenden Kapitel. Hier geht es nun um den kriegerischen Einsatz von Himmelsbooten, von denen uns einige aufschlussreiche Abbildungen aus vor- und frühgeschichtlicher Zeit überliefert wurden. So gibt es eine Darstellung aus pharaonischer Zeit, die aus dem Grab des Gouverneurs Hui im Sinai stammt. Es ist faszinierend, wie genau dieses vielteilige Bild dem Querschnitt eines unterirdischen Raketensilos entspricht. Unschwer erkennt man unterhalb der Erdoberfläche eine Rakete mit ihren Kabeln, Leitungen, Hebeln, verschiedenen Kammern – und zwei Piloten. Oberhalb des Raketensilos zu ebener Erde stehen Palmen und ein kegelförmiges Steuerungsmodul.[97]

Mit dem Wissen um heutige Waffen erkennt man hier die Abschussrampe einer Rakete, die ähnliche Elemente aufweist wie ein Raketensilo aus moderner Zeit. Der begleitende Text spricht von einem »Adler«, der in einer »Grube« gefangen ist. Entsprechend werden die fliegenden Götter als Adlermenschen mit doppeltem Flügelpaar dargestellt.

Auf einer sumerischen Darstellung erkennt man eine fliegende Kapsel, die ihre Antennen in alle Richtungen ausgefahren hat. Sie erscheinen wie ein Solargitter, mit dem Sonnenenergie in Elektrizität umgesetzt werden kann.

In verändertem Bewusstseinszustand »sehe« ich ein solches Fluggerät und sage in das Mikrofon des mich durch die Regressionssitzung leitenden Arztes:

Die alten Zeichen

> »Welch eine seltsame (Flug-)Maschine! Sie hat Spiegel auf der Oberfläche, die das Licht reflektieren ... wie Antennen, die wenig später nicht mehr da sind, weil sie vor dem Abflug eingezogen werden ... In welcher Zeit ich mich befinde? ... Ich sehe die Zahl 58.000 ... vor 58.000 Jahren.«[98]

Aus den *Veden*, den altindischen Weisheitsbüchern, lässt sich vieles zitieren, was Aufschluss gibt über die Hochkultur im alten Indien, über das hohe Wissen ihrer weisen Philosophen – und über die Hochtechnologie ihrer Waffen und ihre kriegerischen Auseinandersetzungen.

Wie alt die vedischen Texte sind, ist nicht sicher zu bestimmen. Auf nur wenige Jahrtausende werden sie im Allgemeinen datiert. Das trifft vielleicht auch zu – auf die schriftliche Fixierung der Texte. Ihre Inhalte aber müssen älter sein. Sehr viel älter. Das erschließt sich aus dem Wissen der vedischen Weisen, die in Dimensionen dachten und rechneten, die auf diesem Globus einmalig sind. Sie schreiben von den Uranfängen auf dieser Erde, von den großen, ewigen Zyklen auf der Erde und im Kosmos, von den Göttern und den ersten Menschen. Die Frage, woher sie dieses Wissen hatten, lässt sich wohl wieder einmal nur mit dem Hinweis auf nichtirdische Lehrmeister beantworten.

Die moderne Technik hat viel geholfen, Hinweise auf das wahre Alter des schriftlich fixierten vedischen Wissens zu ermitteln. Ein Beispiel sind Satellitenbilder, die in den 1980er-Jahren über Indien aufgenommen wurden. Darauf zeigte sich ein sehr breites, ausgetrocknetes Flussbett, das partiell eine Breite von zehn Kilometern hat. Wissenschaftler stellten fest, dass es sich um das Flussbett des einstmals so berühmten Flusses Saraswati handelt.

Der Saraswati wird im Rigveda-Text als der heilige, prächtige, lebenspendende Strom gepriesen, den die Inder leidenschaftlicher besangen als die Deutschen ihren Vater Rhein.

Vom Saraswati stand geschrieben, dass er von den Bergen des Himalaya kommt und sich in das Arabische Meer ergießt. Einen solchen Fluss aber gibt es in Indien heute nicht. Also hielt man diese Geschichte – wie so viele andere – für eine fantastische Sage, bis die Satellitenaufnahmen die Wahrheit an den Tag brachten.[99] Die moderne Technik hatte den Mythos vom Saraswati in die Realität von heute zurückgeholt – ein eindrucksvolles Beispiel dafür, dass Mythen als historische, realistische Erfahrungsberichte zu verstehen sind, die uns von unseren Ahnen überliefert wurden.

Die Geologen gingen der Frage nach, wann der Saraswati ein prächtiger Strom gewesen sein kann. Ihre Forschungen ergaben dann eine Zeit vor rund 10.000 Jahren. Das entspricht mit beachtlicher Präzision den Daten, die über die Periode der letzten Eiszeit zur Verfügung stehen: Bis vor 10.000 Jahren hatte der einst mächtige Fluss die nacheiszeitlichen Ströme der Schmelzwasser von den Bergen ins Meer geleitet. Als der Prozess des Abschmelzens vor 10.000 Jahren abgeschlossen war, trocknete der Fluss aus.

Wenn aber die Veden vom prächtigen Saraswati erzählen, dann müssen die altehrwürdigen Texte mindestens ein so hohes Alter haben wie der Fluss. Das Wissen in den alten Schriften muss also vor mindestens 10.000 Jahren erworben worden sein! Wenn auch die Mythen zunächst jahrtausendelang nur mündlich überliefert und erst vor etwa 4000 Jahren schriftlich fixiert wurden, so geht doch das in ihnen gespeicherte Wissen und die Weisheit ihrer Verfasser in eine ferne Vergangenheit vor der Sintflut zurück, in die Zeit der Titanen. Es ist ein Glück, dass so viele Texte erhalten geblieben sind, die uns zurückleiten können in die längst vergangene Zeit unserer Urgeschichte – in die Zeit der Ahnen Adams.

»Fliegende Wagen« sind in den Veden ein ständig wiederkehrendes Thema und verdienen eine etwas ausführlichere Erwähnung. Ich beziehe mich im Folgenden auf die Texte des indischen Sanskritgelehrten und Historikers V. R. Ramachandra Dikshitar. Als er 1944 sein Buch *Warfare in Ancient India* veröffentlichte, waren viele der von ihm geschilderten altindischen Waffen noch nicht (wieder) erfunden und erschienen dem modernen Menschen lediglich als »fantastisch«. Das hat sich inzwischen geändert, weil auch wir heute derartige Waffen erdacht, gefertigt und zum Teil auch eingesetzt haben: Das *Vimana* ist wohl das am häufigsten genannte Fluggerät; es flog vor allem in Erdnähe. Die so genannten *Puras* sind mit Raumschiffen in Raketenform zu vergleichen. Die *Sabbhas* entsprachen als riesige Flugobjekte einem heutigen Mutterschiff oder einer Raumstation.[100] Und was ihre Verwendung betrifft: Die altindischen Flugobjekte dienten nicht etwa als Beförderungsmittel, sondern scheinen vor allem für kriegerische Auseinandersetzungen gebaut worden zu sein.

Das altindische *Mahabharata*-Epos schildert einige faszinierende Fähigkeiten der «göttlichen» Fluggeräte, die im Kampf gegen die Feinde auch mit Kälte- und Hitzeschock gearbeitet haben sollen. Zum altindischen Waffenarsenal gehörte auch der *Vyyroopya-Darpana*-Spiegel, eine Defensivwaffe, mit deren Hilfe dem eigenen Fluggerät eine Art Tarnkappe gegeben wurde, sodass es für den Feind unsichtbar wurde. Das hört sich an wie eine Beschreibung des modernen Stealth-Bombers!

Auch Skalarwellen scheinen in prähistorischer Zeit bekannt gewesen zu sein. Wie Hatcher Childress schreibt, berichten die Veden von Skalarwellen, die durch die Erde hindurchgehen und den Gegner in einer weit entfernten Region vernichten können.[101] Unerwähnt darf auch die *Sudarshan*-Waffe nicht bleiben, von der es in den alten Veden heißt, ihre Verwendung habe das Risiko einer globalen Vernichtung in Kauf genommen. Wir kennen heute solche Instrumente des Schreckens unter dem Begriff »Massenvernichtungswaffen«.

Zum Abschluss folgt nun eine besonders beeindruckende Parallele zwischen den Beschreibungen prähistorischer Waffen und den heute in der Entwicklung stehenden Waffen: Das altindische *Mohanastra* wird als eine Waffe von ungewöhnlicher Schlagkraft beschrieben, denn sie verfügte über den »Pfeil der Bewusstlosigkeit«, durch den das Bewusstsein des Feindes manipuliert worden sein soll. Hier nun die erschreckende Parallele zur heutigen Zeit:

Seit den 1980er-Jahren wird in Alaska das HAARP-Projekt (*High Active Auroral Research Project*) betrieben, das 1996 von Raytheon, dem weltweit größten Rüstungskonzern, übernommen wurde. Nach offiziellen Angaben handelt es sich bei HAARP allerdings um ein rein ziviles, wissenschaftliches Projekt, bei dem es um die »Erforschung« der Ionosphäre geht, die in einer Höhe von 80 bis 800 Kilometern über der Erde liegt. Der Konzern Raytheon, dessen Name sich mit »göttliche Strahlen« übersetzen lässt, befasst sich vordringlich mit »*non-lethal waepons*« und mit »*non-explosive weapons*«, mit Strahlenwaffen also, die keine tödliche, aber dennoch eine äußerst verhängnisvolle Wirkung haben.

Mittels seiner 180 Sendemasten erhitzt HAARP die Ionosphäre. Das ist unbestritten. Aber die Konsequenzen dieser Maßnahmen werden nicht offiziell bestätigt, sie scheinen sogar »streng geheim« zu sein. Wissenschaftlich fundierte Einschätzungen beunruhigen die Welt aber trotzdem oder gerade deswegen.

»Es ist vorstellbar, elektromagnetische Energiequellen zu entwickeln, die so gepulst sind und gezielt eingesetzt werden können, um in einer Art und Weise mit dem menschlichen Körper in Wechselwirkung zu treten, die es ermöglicht, unabhängige Muskelbewegungen zu verhindern, die Gefühle (und damit auch die Handlungen) zu kontrollieren, Schlaf zu erzeugen, Suggestionen zu übertragen und Einfluss sowohl auf das Kurzzeit- als auch auf das Langzeitgedächtnis zu nehmen.« Diese Information gab das *USAF-Scientific-Advisory Board, New World Vistas* 1996 heraus. Das Zitat entnehme ich dem Vortrag »Die Büchse der Pandora«, den Joachim Koch 2010 zum Thema »*HAARP-Projekt*« hielt.

Eine derartige Einflussnahme auf sein Bewusstsein, auf seine Handlungen und sein Verhalten befürchtet der Mensch wohl zu recht. HAARP sendet elektromagnetische Wellen zur Ionosphäre; ELF-Wellen (*Extreme Low Frequency*) werden reflektiert und können mithilfe von Plasmaspiegeln auf jede gewünschte Region der Erde gelenkt werden. Die immer wieder geäußerte Vermutung, das HAARP-Projekt habe weitgehend unbekannte und möglicherweise verheerende Auswirkungen auf den Menschen und seine Umwelt, wird wie folgt begründet: Die ELF-Wellen mit ihrem extrem niedrigen Frequenzspektrum sind sowohl mit der Erde als auch mit den menschlichen Gehirnwellen resonanzfähig. Sie können durch die Erde hindurchdringen, wobei sich stehende Wellen ausbilden, die geophysikalische Auswirkungen haben und durchaus zu Naturkatastrophen führen können.

Die menschlichen Gehirnströme liegen im selben Bereich wie die ELF-Wellen. Mit 0,5 bis 40 Hertz beziehungsweise 1 bis 100 Hertz nutzen beide dieselben sehr niedrigen Schwingungsmuster! An der Justus-Liebig-Universität in Gießen sind in

Experimenten Wechselwirkungen zwischen Gehirnströmen des Menschen und den ELF-Wellen nachgewiesen worden, die eine reduzierte Aktivität beim Menschen ergaben. ELF-Wellen verändern das Muster der menschlichen Gehirnfrequenz, wenn sie sich in Resonanz setzen zu den Gehirnwellen.[102] ELF-Wellen funktionieren als Trägerwelle, der eine Information aufmoduliert wird und so übertragen werden kann auf die Gehirnwellen. Mit einer Manipulation der Gehirnwellen kann erreicht werden, dass Individuen – aber auch ganze Bevölkerungsgruppen – ein verändertes Verhaltensmuster zeigen.

Professor Dr. Elisabeth Rauscher, Direktor des *Technical Research Laboratory* in San Leandro, wies in Laborversuchen nach, wie der Rhythmus der Gehirnwellen bei Affen im Laufe des Versuchs phasengleich wurde mit dem Schwingungsmuster der ELF-Wellen. Indem HAARP auf denselben Frequenzen sendet, die auch das menschliche Gehirn verwendet, lassen sich nachweislich sowohl Gedanken als auch Gefühle über das Hirnwellenmuster übertragen.

Der Mediziner Matthias Heiliger schreibt über ein Gerät namens LIDA, das in der Sowjetunion mittels ELF-Wellen menschliches Verhalten manipuliert und ganze Bevölkerungsgruppen in einen »tranceähnlichen, gleichgültigen Zustand« versetzte.[103] Der Mensch wird damit kampfunfähig! Und es gibt (bisher) keine Waffe, mit der ein Angriff der psychotronischen Waffen abgewehrt werden könnte.

Wer die ELF-Wellen gegen Feinde einsetzen möchte oder muss, kann den Bewusstseinszustand des Menschen verändern und die für ihn normale Aktivität abändern in Antriebslosigkeit, Müdigkeit oder Trägheit, aber auch in Todesmut und Aggression. Damit ist die Kontrolle über den Menschen gesichert, unbemerkt und lautlos. Mit dem »Pfeil der Bewusstlosigkeit« ist kein Blutvergießen mehr nötig.

Wenn in altindischen Texten davon geschrieben wird, dass in Kriegen der »Pfeil der Bewusstlosigkeit« eingesetzt wurde, dann können wir das als die durchaus realistische Schilderung einer prähistorischen Erfindung verstehen, denn unsere Wissenschaftler haben sich heute ebenfalls die gezielte Manipulation des Bewusstseins zum Ziel gesetzt. So jedenfalls muss vermutet werden. Das HAARP-Programm ist keineswegs ein offenes Buch, in dem jedermann nachlesen kann, worum es bei diesem höchst aufwendigen Projekt im Alaskaeis wirklich geht.

Radioaktivität, Reaktoren und Wüstenglas

Das 5. Buch des altindischen *Mahabharata*-Epos beschreibt in bedrückender Eindringlichkeit und erschreckender Aktualität die Wirkung von Massenvernichtungswaffen: »Die Waffe ist wie ein strahlender Blitz, ein verheerender Todesbote, der die Körper zu Asche zerfallen lässt. Die verglühten Körper waren unkenntlich geworden. Den Überlebenden fielen Haare und Nägel aus. Keramik zerbricht ohne ersichtlichen Grund. Nach ein paar Stunden sind alle Nahrungsmittel infiziert. Um diesem Feuer zu entkommen, werfen sich die Menschen in die Flüsse.«[104] Es ist, als läsen wir einen Bericht über die Wirkung der Bomben von Hiroshima und Nagasaki. Sogar die »ausgefallenen Fingernägel und Haare« können wir zuordnen, weil wir die Berichte über die Folgen der ersten Atomexplosionen kennen.

Ausdrücklich wird im *Mahabharata* davon gesprochen, dass sich die Menschen in den Flüssen *waschen* müssen, wenn sie nach der Explosion der giftigen Wolke ausgesetzt waren. Gemeint ist ganz offensichtlich nicht eine Kühlung durch das Wasser, sondern eine rettende Reinigung nach einer Kontamination durch – Radioaktivität! Wie heute!

In tiefer Trance rede ich davon, mich waschen zu müssen, nachdem ich bei der Landung der fremden Besucher der Erde in der Nähe ihres Fluggeräts meine Handlangerdienste für die fremden Besucher der Erde beendet hatte. Vor meinem »geistigen Auge« sehe ich ihre bizarren Flugmanöver, die betörend helle Lichtemanation und die befremdlichen Wesen in ihren metallenen Anzügen. Ich erwähne hier eine ihrer Anweisungen an mich:

> »*Ich soll fünfmal schlafen nach dem Abflug der Fremden, das heißt, ich soll fünf Tage auf dem Felsplateau bleiben. Erst danach habe ich das Recht, den Ort zu verlassen. Dann muss ich mich waschen unter einer Kaskade. Ich muss es machen. Es ist nicht, dass ich es tun wollte, es ist, als ob es gut für mich wäre, mich zu waschen nach der Arbeit, die ich in der Nähe ihres Flugzeugs getan habe.*«[105]

Was ich nie zuvor gehört hatte, spreche ich hier wie selbstverständlich in das Mikrofon des Arztes: Das Waschen ist nötig. Die radioaktive Kontamination kann mit Waschen des Körpers (weitgehend) unschädlich gemacht werden! Dieses Wissen muss mir als kleinem Erdenmenschen einst von den fliegenden Göttern telepathisch vermittelt worden sein!

Die alten Zeichen

Als Robert Oppenheimer, der »Vater der Atombombe«, im Jahre 1952 anlässlich eines Vortrags in der Rochester-Universität gefragt wurde, ob die Atombombe in Alamogordo/New Mexiko die erste gewesen sei, die je gezündet wurde, gab Oppenheimer nach einigem Zögern die kryptische Antwort: »Ja, die erste Nuklearexplosion – in *unserer* Zeit.«

(»*Well, yes, in modern times, of course.*«)[106]

Oppenheimers Äußerungen sollten jedem zu denken geben, besagen sie doch, dass der Atomphysiker die Existenz von Nuklearwaffen auch schon in einer sehr frühen Zeit der Menschheitsgeschichte für eine Realität hielt. Er wird seine Kenntnisse den prähistorischen vedischen Texten entnommen haben, die er nachweislich studierte und aus denen er oft zitierte.

In einer Sendung der NBC zum Thema *The Decision to Drop a Bomb* zitierte Oppenheimer Krishna, die Inkarnation des Gottes Vishnu, mit einem Satz aus der *Bhagavad-Gita*: »Ich wurde zum Tod, zum Zerstörer der Welt.«[107] Oppenheimer verglich das Ergebnis seiner wissenschaftlichen Arbeit offenbar mit dem Wirken des Weltenzerstörers Vishnu, von dem berichtet wird, seine Waffen seien »furchtbar« gewesen. Nicht nur, dass Oppenheimer die vedischen Texte las – er las sie als geschichtliche Berichte mit realem Hintergrund.

Als Experte verstand Oppenheimer die alten Texte, in denen es um »furchtbare Waffen« geht, nur zu gut, und er hielt den militärischen Einsatz von Atombomben vor Jahrtausenden für mehr als eine theoretische Möglichkeit.

Er konnte wohl besser als jeder andere beurteilen, welch hoher Realitätsgrad den detailliert geschilderten altindischen Waffen tatsächlich zuzuschreiben ist. Oppenheimers Äußerungen sollten diejenigen zum Umdenken veranlassen, die eine

Verwendung von Nuklearwaffen in prähistorischer Zeit für unmöglich halten.

Wenn es diese klaren Parallelen zu unserem heutigen Waffenarsenal nicht gäbe, wäre sicher so mancher versucht, die altindischen Texte *in toto* als fantastisch abzutun. Während die Inder selbst ihre Veden und das *Mahabharata*-Epos stets auch als eine Art der Geschichtsschreibung verstanden haben, war es in den Ländern des »aufgeklärten« Westens bis vor wenigen Jahrzehnten üblich, die altindischen Weisheitsbücher lediglich als große literarische Werke zu werten, was sie in der Tat ja auch sind. Aber sie sind eben so viel mehr.

Dass die altindischen Schriften außerhalb Indiens noch vor 100 Jahren als reine Mythen galten und wenig Aufmerksamkeit fanden, mag auch darin begründet sein, dass außerhalb Indiens kaum jemand die heilige Sanskritsprache, in der die alten Texte verfasst sind, verstehen oder lesen konnte. Das hat sich inzwischen entscheidend verändert. Die einstmals distanzierte Haltung gegenüber den ehrwürdigen Sanskrittexten ist einer größeren Aufgeschlossenheit und tieferem Verständnis gewichen. Bei der Lektüre der Berichte über das altindische Waffenarsenal erkennen wir heute deren Nähe zu unserer heutigen Realität. Auch erkennen wir in ihnen unsere eigenen Aggressionen und Ambitionen wieder.

Die geschilderten Instrumente des Grauens werden noch überboten von gewissen Passagen in den *vedischen* Schriften, in denen es um die Atlanter geht. Ihr Waffenarsenal sei um ein Vielfaches gefährlicher gewesen als ihr eigenes, so die alten Inder. Raumschlachten zwischen den verschiedenen Göttergruppen, an denen auch die Erdenmenschen beteiligt waren, werden dort recht realistisch geschildert.[108] Die ganze Hochtechnologie der Frühzeit diente offenbar der Kriegführung einer göttlichen Elite, der die Kriegstechnik als Geheimwissen galt. Kriege waren die Sache der Titanen. Der Kenntnis- und Entwicklungsstand des einfachen Erdenmenschen dürfte hingegen auf einem weitaus niedrigeren Niveau gewesen sein. Eine zivilisatorische Homogenität gab es wohl damals so wenig wie heute.

Liest man die Berichte aus längst vergangenen Zeiten als realitätsnahe Beschreibungen vergessener Hochtechnologien, die von Höheren Intelligenzen zur Erde gebracht und auch genutzt wurden, dann gewinnt die Warnung von Steven Hawking vor einer Suche nach Kontakten zu Exo-Wesen an Aktualität, an Realität und an Dramatik.

Sind die Folgen von vor- oder frühgeschichtlichen Nuklearkriegen heute noch nachzuweisen? Einiges spricht dafür. Hier zunächst ein Hinweis der besonderen Art: 1996 fand sich im Quaidam-Becken in der westchinesischen Provinz Qinghai eine Reihe von rätselhaften Metallröhren. Chinesische Wissenschaftler befassen sich seit Jahren intensiv mit der Frage, was es mit diesen Röhren auf sich haben könnte. Als Quintessenz all dieser Bemühungen meldete die staatliche chinesische Nachrichtenagentur *Xinhua* 2006: »In der einsamen Region Qinghai haben sich Außerirdische Start- und Landebahnen für ihre Raumschiffe gebaut.«[109] China ist offensichtlich freier und aufgeschlossener in der Akzeptanz rätselhafter Phänomene als die westliche Welt.

Worum aber handelt es sich tatsächlich in Qinghai? Drei pyramidenförmige, künstlich errichtete Bauten von 70 Metern Höhe enthalten in ihrem Inneren einzelne Metallröhren, von denen die größten einen Durchmesser von 40 Zentimetern, die kleinsten von nur einem Zentimeter haben. Ein sinnvolles, uns verständliches System in der Anordnung der Röhren ist nicht zu erkennen.

Über die Zusammensetzung des Metalls können ebenfalls keine befriedigenden Aussagen gemacht werden. In dem renommierten chinesischen Labor der Schmelzwerke *Xitiesham* führte der Ingenieur Liu Shaolin chemische Untersuchungen an diesem Metall durch. Es stellte sich heraus, dass rund acht Prozent des Metalls nicht identifizierbar sind. Ansonsten ergab die chemische Analyse: 30 Prozent Eisenoxid mit einem hohen Anteil an Siliziumdioxid und Kalziumoxid.[110]

Aufgrund des hohen Alters der Metallröhren und der Erosion durch Wind und Wetter ist das Metall der Röhren mit dem umliegenden Gestein eine Verbindung eingegangen, was bedeutet, dass nicht die ursprünglichen Bestandteile der Metallröhren chemisch untersucht werden konnten, sondern ihr heutiger Zustand!

2004 gelang es dem privaten Forscher Dietmar Schrader aus Hannover, in Qinghai Proben zu beschaffen und nach Deutschland zu bringen. Das Freiburger Institut für Geochemie und Mineralogie führte an zwei dieser Proben analytische Untersuchungen durch und stellte einen sehr hohen Gehalt an Selen und Vanadium fest. Sowohl Selen als auch Vanadium sind heute für die Raumfahrt wichtig. Selen findet vor allem in der Halbleitertechnik und in Fotozellen Verwendung. Vanadium kommt wegen seiner hohen Korrosionsbeständigkeit gegenüber Alkalien, Schwefel- und Salzsäuren zum Einsatz. Auch Vanadium wird für Titanlegierungen in der Raumfahrt verwendet.[111]

Der Nachweis dieser Materialien ist allein noch kein Beweis dafür, dass diese chinesischen Metallröhren einst für die Raumfahrt genutzt wurden. Das sagten sich die chinesischen Wissenschaftler wohl auch und ließen deshalb nichts unversucht, einen überzeugenden Ansatz für die Datierung dieser Metall-

Die alten Zeichen

röhren zu finden. Und ihre Bemühungen waren erfolgreich. Zwar variieren die Ergebnisse ihrer Messungen stark, aber eines wurde deutlich: Die Röhren sind kein geologisches Phänomen – und sie wurden nicht von einem *Homo sapiens sapiens* gefertigt, denn die chinesischen Metallröhren sind älter als der intelligente Mensch, sie sind 100.000 Jahre alt! Bei den Erbauern und Nutzern der rätselhaften Röhren kann es sich folglich nur um die Titanen aus dem All gehandelt zu haben!

Genauso interessant wie die Legierung und Datierung von Metallen ist die Einstellung der Chinesen zu »unerklärlichen Phänomen«. Chinesen zeigen deutlich weniger Scheu vor einem Blick in die ferne Vergangenheit als westliche Länder – vor allem aber als Deutsche und US-Amerikaner. Die Russen sind wie die Chinesen stärker aufgeschlossen und haben längst damit begonnen, die Ergebnisse der Erforschung »paranormaler« Phänomene in vielerlei Weise zu nutzen!

Metalle, deren Legierung heute als »unidentifizierbar« gilt, gibt es nicht nur in China. Auf einem Platz in der nordindischen Stadt Kulu steht ein 18 Meter hoher Eisenpfosten, der seit Jahrtausenden nicht rostet.[112] Könnten wir diese Legierung heute herstellen, dann wären wir in der Metallurgie einen großen Schritt weiter!

Zum Thema *Radioaktivität und Reaktoren in alten Zeiten* hat sich 1972 eine sensationelle Tür aufgetan. Bei einer Routineuntersuchung der Isotopen einer angelieferten Uranerzprobe aus dem westafrikanischen Staat Gabun in der südfranzösischen Isotopentrennanlage Pierrelatte wurde ein Gehalt von 0,7171 Atomprozent ^{235}U statt des üblichen Gehalts von 0,7202 Atomprozent festgestellt. Eine Abweichung von nur 0,4 Prozent, die dem Chemiker Henri Bouzigues aber sogleich auffiel. Er veranlasste, die Herkunft dieses anormalen Urans festzustellen. So verfolgte man das Uran über die Zwischenprodukte bis zum Uran-Roherz und konnte auf diese Weise das Uranerzlager identifizieren: Das Uran stammte aus der Uranerzgrube Oklo in Gabun. Hartwig Hausdorf hat sich in seinem Buch *Nicht von dieser Welt* detailliert mit diesem spektakulären Fall auseinandergesetzt. Ich beziehe mich hier und in den folgenden Absätzen auf die Recherchen von Hausdorf.[113]

Als mögliche Erklärung für die Anomalie des Urans wurde sehr bald ausgeschlossen, dass sie zurückzuführen ist auf einen Fehler bei der Verarbeitung des Natururans zu Uranhexafluorid. Auch geochemische Isotopeneffekte wurden ausgeschlossen. Intensivierte Recherchen ergaben aber dann, dass die afrikanische *Compagnie des Mines d'Uranium de Franceville* (*CUMUF*) dem von ihr verarbeiteten Uranerz einen größeren Anteil an Material aus uranreichen »Linsen« auf dem Gelände der Oklo-Minen zugemischt hatte. In diesen im Ganzen sechs »Linsen« war der Anteil an Uran 235 signifikant geringer als normal.

Aus diesen Abweichungen schlossen Fachleute, dass es sich bei den Fundstätten um fossile Kernreaktoren handeln musste. Das führte zu der Frage: Wie war es möglich, dass im Herzen Afrikas einst eine nukleare Kettenreaktion stattgefunden hat – im afrikanischen Oklo und an keinem anderen Ort der Erde?

Natürlich versuchte man es auch hier mit der einfachsten Erklärung, nämlich dem »Zufall« – hier in Gestalt einer »Laune der Natur«. Es wurde also ein natürlicher Ursprung der nuklearen Kettenreaktion angenommen. Aber diese Erklärung konnte letztlich niemanden überzeugen. Zu viele Faktoren hätten zusammenkommen müssen, um einen natürlichen Kernspaltungsprozess zu bewirken.

Unvoreingenommene Querdenker unter den Atomphysikern räumten ein, dass ein »natürlicher« Reaktor eine geradezu unglaubliche Kette von Zufällen zur Voraussetzung gehabt haben müsste. Deshalb suchten sie die Erklärung für das Oklo-Phänomen auf einer ganz anderen Ebene und verwiesen auf die linsenförmigen Verfärbungen im Gestein, die erkennen lassen, dass dort einstmals eine Kettenreaktion mit einer enorm hohen Energieausbeute abgelaufen ist. Dies spricht mehr für eine ausgereifte Hochtechnologie als für puren Zufall oder für eine bloße Laune der Natur, so Hartwig Hausdorf, der davon ausgeht, dass die frühen Erbauer der Kraftwerke ungleich weiter fortgeschritten waren als unsere (heutigen) Ingenieure.

Auch der Geologe Johannes Fiebag hält einen künstlichen, technogenen Ursprung der Oklo-Reaktoren für weitaus wahrscheinlicher und bezweifelt die Möglichkeit für eine eigenständige Zündung des Urans, zumal erst in einer Tiefe von 11.000 Metern die Druckverhältnisse herrschen, die für die Auslösung einer nuklearen Kettenreaktion erforderlich gewesen wären. Solche geologischen Verhältnisse aber gab es im Tagebau des Oklo-Reaktors nicht.[114]

Alles spricht also dafür, Oklo als einen Nachweis dafür anzuerkennen, dass auf der Erde bereits in prähistorischer Zeit Kernreaktoren in Betrieb waren.

Das Phänomen Oklo dürfte ein Indiz dafür zu sein, dass die Ahnen Adams in vorgeschichtlicher Zeit Kenntnisse gehabt haben vom Atom und seinen Möglichkeiten – von seiner Nutzung und seinem Missbrauch.

Es war im Jahr 1922, als Sir John Marshall im Indus-Tal unter meterhohen Ablagerungen zunächst die lang vergessene Stadt Mohenjo Daro und später auch Harappa entdeckte. Mit ihren geometrischen, schachbrettartig angelegten Grundrissen, ihren Wasserleitungen, Badeanlagen, breiten Straßen, großzügigen Plätzen und mehrgeschossigen Häusern sind diese Städte rätselhaft »modern«. Wann die Städte entstanden, ist unbekannt – genauso unbekannt wie der Grund für ihren plötzlichen Untergang vor knapp 5000 Jahren. Sie gingen unter, als in Mesopotamien mit Uruk die so genannte »älteste Megacity der Erde« erst erblühte!

In den Straßen von Mohenjo Daro fand man viele Tote, die einst plötzlich vom Tod überrascht worden sein müssen, denn niemand scheint Zeit gefunden zu haben, die Toten zu begraben. Ein Vergleich mit Pompeji und Herkulaneum drängt sich auf, nur gibt es im Indus-Tal keine Vulkane. Wohl auch deshalb wird vermutet, dass der Grund für den plötzlichen Untergang der Städte eine nukleare Katastrophe gewesen zu sein scheint.

Dafür sprechen in der Tat viele Argumente, unter anderem die verglasten Steine im Zentrum der Stadt Mohenjo Daro. Sand und Steine verglasen nur unter Einwirkung einer ganz außergewöhnlich großen Hitze – von 2000 Grad.

Solche Hitzegrade kennen wir nur bei nuklearen Explosionen. Messungen im Zentrum von Mohenjo Daro ergaben verschiedene Grade von Radioaktivität. Charles Berlitz schreibt von Werten, die vergleichbar seien mit den Werten, die in Nagasaki und Hiroshima gemessen wurden.[115] Das gilt auch für die Messungen an den Skeletten im Zentrum von Mohenjo Daro. Der russische Naturwissenschaftler Alexander Gorbovsky ermittelte sogar das Fünfzigfache vom Normalwert. David Davenport war 1979 der Erste, der seine Vermutungen zum (nuklearen) Ende der Stadt Mohenjo Daro in einem Buch zusammenfasste.[116]

Vonseiten der pakistanischen Regierung werden die hohen Messwerte der Radioaktivität in der heute pakistanischen Stadt

Die alten Zeichen

nicht in Abrede gestellt, wie der pakistanische Botschafter Syed Khalid Amir Jaffry anlässlich eines Kongresses in Visiko 2011 erklärte.

Inwieweit es sich bei den zitierten Werten der Radioaktivität allerdings um verlässliche Angaben handelt, kann ich nicht beurteilen. Erstaunlich und letztlich unbegreiflich ist, warum an Messungen der Radioaktivität in den Städten des Indus-Tals kein größeres Interesse besteht. Es ist wohl wieder das schon bekannte Phänomen: Beunruhigende Forschungsergebnisse, die zum Umdenken zwingen, werden ignoriert. Sie werden totgeschwiegen. Die Verkünder unerwünschter Neuigkeiten werden lächerlich gemacht, als unseriös diskreditiert oder befehdet.

Diese Erfahrung hat auch schon Galileo Galilei machen müssen. Mit seinen astronomischen Berechnungen brachte er das tradierte Weltbild ins Wanken, denn der Mensch verlor seine zentrale Stellung im Kosmos oder doch zumindest im Sonnensystem. Nur weil er seine bahnbrechend neuen Erkenntnisse zum heliozentrischen Weltbild im letzten, entscheidenden Moment widerrief, rettete Galileo sich vor dem Tod auf dem Scheiterhaufen und durfte als Gefangener im eigenen Haus weiterleben.

Was sagen uns die Verglasungen an Steinen und Keramik – mitten in Mohenjo Daro? Mitten in der Stadt? Heißt das, die Stadt wurde gezielt zerstört? Hat ein übermächtiger Feind die Stadt vernichtet? Welche Feinde hatte die Stadt? Wissen wir überhaupt irgendetwas über ihre Geschichte und ihre genialen Architekten? Nein. Wir wissen gar nichts über sie. Auch ihre Schrift können wir bis heute nicht entziffern. So bleibt als Anhaltspunkt nur die Verglasung der Steine und Tonwaren, aus der wir Schlüsse ziehen können.

Das Phänomen der Verglasung von Steinen gibt es auch an verschiedenen anderen Plätzen der Erde – vor allem im Süden der Vereinigten Staaten von Amerika und in der Sahara. In der *New York Harald Tribune* stand am 16. Februar 1947 zu lesen:

»Als die erste Atombombe in New Mexico explodierte, verwandelte sich der Wüstensand in geschmolzenes, grünes Glas. Diese Tatsache hat zu einem Umdenken unter Geologen, Geophysikern und Archäologen geführt. Sie waren lange vor der ersten Atomexplosion in Alamogordo bei Ausgrabungen im Euphrat-Tal auf eine Schicht gestoßen, die auf eine 8000 Jahre alte landwirtschaftliche Kultur hindeutet. Als die Archäologen unter dieser Schicht weitergruben, stießen sie auf eine (natürlich ältere) Schicht, die von den Ausgräbern einer Nomadenkultur zugeschrieben wurde. Und als die Wissenschaftler dann noch tiefer gruben, kamen sie zu einer Schicht mit Überresten einer Höhlenmenschenkultur. Und schließlich – unter dieser Schicht der Höhlenmenschenkultur – stießen sie auf eine Schicht von geschmolzenem grünem Glas!«

Über einer zu Glas verschmolzenen Erdschicht entwickelte sich eine Höhlenmenschenkultur! Hatten die Höhlenmenschen wieder bei null anfangen müssen, nachdem eine Nuklearkatastrophe alles vernichtet und den Sand zu Glas verschmolzen hatte?

Viermal – so erzählen die Mythen – habe es auf unserer Erde bereits einen Neuanfang gegeben! Jedes Mal war dem Neuanfang eine Katastrophe vorausgegangen!

In welcher Frühphase der Menschheitsgeschichte konnte im Euphrat-Tal der Sand zu Glas geschmolzen sein? Wann und wie kam es hier zu einer Hitzeentwicklung von mindestens 2000 Grad Celsius? War es tatsächlich bei einer Atomexplosion, die sehr viel länger zurückliegt als 12.000 Jahre?

Gelegentlich wird von Experten die Möglichkeit eines Meteoriteneinschlags als Erklärung für die Verglasungen herangezogen, aber nirgends in der Nähe der Fundstelle finden sich Hinweise auf einen derartigen Einschlag. Dasselbe gilt für den verglasten Wüstensand in der libyschen Wüste. Auch dort finden sich keinerlei Hinweise auf eine Kraterbildung durch Meteoriteneinschlag. Dennoch liegen dort geschätzte 1400 Tonnen Wüstenglas! Eine zentimeterdicke Schicht aus grünlichgelbem Glas bedeckt die Wüste bis zum Horizont. Diese Fläche ist 130 Kilometer lang und 53 Kilometer breit! Und da, wo das Glas nicht eine geschlossene Fläche bildet, liegt es in großen Brocken, die bis zu 26 Kilogramm wiegen.

Trotz der beachtlichen Dimension der Wüstenglasfelder wurde das Glas erst 1932 und nur durch Zufall entdeckt, als ägyptische Wissenschaftler vom geologischen Vermessungsamt in der fast menschenleeren Gegend von Saad am südwestlichen Rand von Ägypten routinemäßig ihre Messungen durchführten.

Inzwischen wurde dieses seltsame Glas analysiert und man stellte fest, dass es sich bei dem Wüstenglas um ultrareines Glas mit einem Quarzgehalt von 98 Prozent handelt. 1999 beschrieb Giles Wright im britischen Magazin *New Scientist* das libysche Wüstenglas als das reinste natürlich vorkommende Quarzglas, das jemals gefunden wurde.[117]

Was wird von Wissenschaftlern als Erklärung für das so reichlich vorhandene libysche Wüstenglas angeboten? Allein wegen der räumlichen Dimensionen der Wüstenglasfelder unterlassen sie es vorzuschlagen, ein Blitzschlag sei die Ursache für die Verglasung. Der Blitz entwickelt in der Tat eine Temperatur von bis zu 3000 Grad Celsius, aber der Blitz bildet bei einem Einschlag im Sand Fulgurite aus, die wie feine Glasröhrchen aussehen. Ein Blitz kann allerdings nicht eine große Fläche mit Wüstensand zu Glas schmelzen.

Da in der Region des libyschen Wüstenglases keine Einschlagkrater eines Kometen gefunden wurden, entwickelte der Geophysiker John Wasson zusammen mit dem Impact-Spezialisten Mark Boslough die These, die Explosion eines Meteoriten habe sich nicht auf der Erde, sondern in der Erdatmosphäre ereignet. Die entstehende Hitze hätte sich bis zur Erdoberfläche ausgewirkt. Zu dieser Einsicht kamen die Wissenschaftler, nachdem sie 1994 die Explosion des Kometen Shoemaker-Levy über dem Planeten Jupiter ausgewertet hatten.

Wenn da nicht die Tatsache im Raum stünde, dass 1945 nach der ersten Atomexplosion auch in Alamogordo die Steine auf dem Versuchsgelände verschmolzen wären zu einem Glas, das ganz und gar dem Libyschen Wüstenglas entspricht, würde es weniger Schwierigkeiten bereiten, die These der Impact-Spezialisten zu akzeptieren. Aber welche anderen Möglichkeiten bieten sich an, um Temperaturen von 2000 Grad Celsius zu erklären? Keine! Das ist vielleicht auch der Grund, warum immer wieder eine Atomexplosion auf der Erde als Ursache der großflächigen Verglasung von Sand ins Gespräch gebracht wird.

Eine kleine Ergänzung zum Thema Wüstenglas: Wohl schon vor Jahrtausenden galt das Wüstenglas als eine Kostbarkeit. So trägt der tote Pharao Tutanchamun als Brustschmuck einen Skarabäus – aus Wüstenglas!

Wenn Forscher im Zusammenhang mit urgeschichtlichen Steinanlagen von Radioaktivität sprechen, die sie mit Geigerzählern messen, dann handelt es sich oft um eine »natürliche Radioaktivität«. Granit, zum Beispiel, hat aufgrund eines gewissen Anteils an Uran natürlicherweise eine Radioaktivität. Ist das aber die Erklärung für die überhöhten Werte an Radioaktivität,

Die alten Zeichen

die in den Ruinen der Tempel von Parhaspur und Marand in Kaschmir mit Geigerzählern gemessen wurden? Genaue Angaben zu den hohen Werten fehlen in den Berichten, sodass der Leser nicht feststellen kann, ob es sich um natürliche Radioaktivität handelt oder ob sich die hohen Messwerte aus einer urgeschichtlichen Explosion herleiten.

Das ganze Areal der Tempel von Marand und Parhaspur vermittelt allerdings den Eindruck, als habe dort eine furchtbare Zerstörung stattgefunden. Tonnenschwere Granitplatten scheinen herumgewirbelt worden zu sein und liegen ungeordnet über das Areal verteilt. Eine solche Zerstörung lässt wahrlich an eine nukleare Katastrophe denken.[118]

Erich von Däniken führte bei einem seiner vielen Besuche in Marand mit einem Geigerzähler Messungen der radioaktiven Strahlung durch. Weil die Ergebnisse der Messungen für dieses Buch von so großer Wichtigkeit sind, habe ich Erich von Däniken angeschrieben und ihn gefragt, wie er seine Messungen heute interpretiert. Er schrieb mir am 30. August 2011: »Ich kann Ihnen sicher bestätigen, dass wir im Tempel von Marand auf eine schnurgerade, radioaktive Linie am Boden gestoßen sind. Diese Linie lief auf einen Granitblock zu, der ebenfalls eine überhöhte Radioaktivität zeigte. Wir hatten einen Geigerzähler bei uns. In Marand waren die Werte stark überhöht und wir haben die Gegend (deswegen) rasch verlassen.«[119] Sollte es sich hier nur um eine Uranerzader gehandelt haben, deren Uranerzanteil allerdings nur im Promillebereich liegt, dann ließe sich die zerstörerische Gewalt nicht erklären, die auf dem Tempelgelände sichtbar eingewirkt hat.

Einer Messung der Radioaktivität in der verfallenen, ja furchtbar zerstörten Tempelanlage von Marand kommt eine nicht zu unterschätzende Bedeutung zu. Vor allem, weil sich Däniken immer wieder mit der Skepsis seiner Leser konfrontiert sieht, geht er in seinem Buch *Beweise* sehr präzise auf die Umstände und die Apparatur ein, mit der er die Messungen vorgenommen hat. Er schreibt: »Meter für Meter nahmen wir uns das Terrain vor. Plötzlich vibrierte der Zeiger wie närrisch. Für Sekunden dröhnte in den Kopfhörern unangenehm lautes Knistern. Ich ging mit dem Apparat an den Start zurück. Das Phänomen wiederholte sich im Voranschreiten präzise an derselben Stelle. Ich benutzte eine tragbare Monitorelektronik vom Typ TMB2.1 der Firma Münchener Apparatebau. Diese Apparatur dient zur Messung von Alpha-, Beta-, Gamma- und Neutronenstrahlung. Ich reduzierte die einfallende Strahlenmenge pro Fünfzigstelsekunde. Es änderte sich wenig. An bestimmten Stellen jedoch verharrten die Zeiger am Ende der Skala.«[120]

Wie Däniken schreibt, nahm er auf demselben Gelände auch Messungen vor an Granitquadern von vielen Tonnen Gewicht. Die gewaltigen Quader erregen Staunen, weil sie mit ihrer perfekten Präzision heutigem Betonguss ähneln. Das gibt Anlass zur Vermutung, es könne sich hier nicht um das Werk von vor- oder frühgeschichtlichen Menschen handeln. Ohne den Einsatz von (modernen) Maschinen ist die Ausführung dieser Präzisionsarbeit an härtestem Gestein einfach nicht vorstellbar! Wurden vielleicht Hilfsmittel eingesetzt, die wir heute nicht (mehr) kennen?

An den Granitquadern von Marand erhielt Däniken besonders hohe Messwerte der Radioaktivität. Auch an einem Steinquader im benachbarten Parhaspur ließ sich eine ungewöhnlich hohe Radioaktivität messen.

Von einem Granitquader mit einer besonders intensiven energetischen Strahlung rede ich in einer meiner 40 Regressionssitzungen:

Die alten Zeichen

> *»Es ist meine Aufgabe, auf dem großen Stein zu sitzen … Die Fremden brauchen mich dort … Es scheint mir, als hätte dieser Stein eine Form, die nicht von der Natur gemacht ist … ein regelmäßiger Quader … Er ist anders als andere Steine … und ich glaube, dass es wegen der Energien so ist, mit denen er aufgeladen ist …«*[121]

Auf Radioaktivität weisen auch verschiedene sumerische Darstellungen hin.

Sie machen »gefährliche Strahlung« dadurch sichtbar, dass die Emanation von Strahlen durch gezackte Blitze angedeutet wird. Gegenstände, Menschen und Götter »strahlen«. Ein strahlendes Wesen hält eine Steinsäge in der Hand, die nur eine Deutung zulässt: Aus dem Gestein, das im Hintergrund sichtbar wird, bauen die Menschen radioaktives Material ab. Dass es sich um gefährliche Strahlung handelt, wird auch durch mannshohe Schutzwände verdeutlicht, hinter denen sich die Helfer des Arbeiters verschanzen.[122]

Wohl jedermann ist die biblische Geschichte von Sodom und Gomorra bekannt, die häufig im Zusammenhang mit einer nuklearen Zerstörung genannt wird. Die Bibel schildert recht ausführlich Grund und Art der Zerstörung. Verständlich allerdings wird die Geschichte damit nicht. Zwei »Engel« seien gekommen und hätten Abraham vor der Katastrophe gewarnt, die über die beiden Städte hereinbrechen würde. Bei dem Versuch, die Geschichte zu interpretieren, stellen sich die alles entscheidenden Fragen: Woher wussten die Engel von der bevorstehenden Katastrophe? Wer waren sie? Sind die Engel identisch mit den sumerischen *Anunnaki* und den biblischen *Nephilim*, die in menschlicher Gestalt unter den Menschen wandelten und deren Schicksal regelten oder, besser gesagt, bestimmten?

Auf der Flucht vor der Katastrophe dürfen sich Lot und seine Frau nicht umdrehen – aber die Frau des Lot kann der Versuchung nicht widerstehen, sich das Bild der spektakulären Vernichtung ihrer Stadt anzusehen. Und so wurde sie zur »Salzsäule«, wie die uns geläufige Übersetzung dieser Bibelstelle berichtet. Diese Übersetzung berücksichtigt aber nicht, dass das hebräische Wort »Nimur« nicht nur »Salz«, sondern auch »Dampf« bedeutet. Frau Lot wurde nicht zur Salzsäule, sondern zur Dampfsäule. Durch die von einer Atomexplosion verursachte Hitzewelle ist die Frau verdampft!

»Engel« – also nichtirdische Wesen – kamen, um Abraham zu warnen. Sie wussten folglich von der bevorstehenden Katastrophe. Woher? Hatten sie vielleicht selbst ihre Hand im Spiel? Dann müssen sie überlegene wissenschaftliche Kenntnisse gehabt haben! Wer waren sie wirklich? Stehen sie in einer zeitlichen oder sachlichen Verbindung zu den Vorkommnissen im Indus-Tal, wo Mohenjo Daro und Harappa genau wie Sodom und Gomorra plötzlich untergegangen und wo die Steine zu Glas verschmolzen sind?

Wann kann sich die Vernichtung von Sodom und Gomorra ereignet haben?

Abraham wurde 2000 Jahre vor der Zeitrechnung in Ur im Land Chaldäa geboren; so errechneten wir nach den Angaben im Alten Testament, dem wir auch entnehmen, dass Abraham später auf Gottes Geheiß über Harran zum Land Kanaan gewandert sei, um dort zu siedeln. Die Vernichtung von Sodom und Gomorra erlebte Abraham in seinen späten Jahren. Die (atomare) Vernichtung von Mohenjo Daro ereignete sich im selben Zeitrahmen! Zusammenhänge zwischen diesen Ereignissen im heutigen Pakistan und im Vorderen Orient scheinen offensichtlich zu sein. Auch in größeren Zusammenhängen gilt: Die Titanen waren »Global Player«.

Tunnelsysteme – Großtat der ersten Architekten

Um ein globales Phänomen handelt es sich auch bei gigantischen, weitläufigen Tunnelsystemen. Dutzende dieser unterirdischen Megalithkonstruktionen sind bereits bekannt, und nun haben die Chinesen vor wenigen Jahren auch das Tunnelsystem in Huangshan für die Besichtigung freigegeben.[123] Es handelt sich um ein Labyrinth noch unbekannten Ausmaßes. Bisher ist nur der kleinste Teil zugänglich, der größte Teil steht noch unter Wasser. Auf zwölf Quadratkilometern wird die Ausdehnung der vielleicht 36 ineinander verschachtelten Grotten geschätzt. Die Höhe der Kavernen beträgt an einigen Stellen 18 Meter, und die Stützpfeiler sind bis zu zehn Meter hoch.

Nirgends in diesem verwirrenden Labyrinth haben sich (bisher) Schriftzeichen gefunden. Allerdings sind viele der Wände mit sehr regelmäßig gewinkelten Strichlinien bedeckt. Ein derartiges geometrisches Muster war bisher unbekannt.

Anhaltspunkte für eine mögliche Datierung der Tunnelanlage ergeben sich vielleicht aus der Tatsache, dass die gigantische Steinanlage unter Wasser steht. Wurde sie von den Schmelzwassern nach der letzten Eiszeit überflutet? Dann wären die Bauten mindestens 12.000 Jahre alt. Zu dieser frühen Zeit entstand (auch) das gigantische und perfekt gearbeitete

Göbekli Tepe in Anatolien. Die Tunnelanlage von Huangshan jedenfalls lässt mit ihren kolossalen Dimensionen und einer absolut perfekten Ausführung und Durchführung der Konstruktionen eine große Übereinstimmung mit dem anatolischen Göbekli Tepe erkennen.

Da selbst der moderne Mensch unserer Tage nicht in der Lage wäre, ein Tunnelsystem wie dasjenige in Huangshan zu bauen, müssen die Erbauer in einer weit zurückliegenden, prähistorischen Zeit gesucht werden. Aufschlussreich ist, dass der Ort, an dem dieses Megalithlabyrinth gefunden wurde, nach dem »Gelben Kaiser« Huangshan benannt wurde. Er lebte 2650 vor der Zeitrechnung und wird von den Chinesen verehrt als »göttlicher Lehrmeister« und als der »Begründer der chinesischen Zivilisation«! Das gibt zu denken!

Die Chinesen selbst sind aufgeschlossen genug, um den Besuchern der Tunnelanlage auf einem Schild gleich neben dessen Eingang folgende Information zu geben: »Manche Menschen glauben, dass Besucher aus dem Weltall die Anlage in prähistorischer Zeit errichtet haben.« Für die Dokumentation dieser sensationellen unterirdischen Megalithanlage, die ein Projekt der *World Heritage Protection* wurde, zeichnet Youbo Zhuang von der Pekinger Tsinghua-Universität verantwortlich.

Im bolivianischen Puma Punku nahe Tiahuanaco, einer weiteren so genannten »ältesten Stadt der Welt«, aber auch in Cusco, in Hay Marco und unter vielen anderen südamerikanischen Monumenten verlaufen lange unterirdische Gänge unterhalb gigantischer Steinkonstruktionen. Im peruanischen Chavin de Huantar gibt es sogar ein besonders komplexes Tunnelsystem. Seine Wände sind absolut glatt poliert und öffnen sich hier und da zu schmalen Schlitzen.

Die alten Zeichen

Ob es Sehschlitze sind für die Beobachtung des Sternenhimmels oder ob es sich um die für eine Behausung notwendigen Fenster handelt, ist unbestimmt.

Wozu benötigten Menschen oder Götter Tunnel mit kilometerlangen Gängen? Und warum hatten die Tunnel so überaus wehrhafte Zyklopenmauern? Waren die Tunnel gedacht als Schutzräume? Oder dienten die Tunnel gar als Schutzraum für Weisheitsbücher, die auf jeden Fall eine mögliche, alles vernichtende Katastrophe überstehen sollten? Wollten oder mussten sich Menschen oder Götter vor einer real existierenden Gefahr schützen? Suchten sie unter der Erde Sicherheit in Luftschutzbunkern? Drohte ihnen Beschuss aus Fluggerät von Feinden? Schützten sie sich unter der Erde vor radioaktivem *fall-out*, dem Lebewesen nur hinter den Mauern eines unterirdischen Schutzwalls aus meterdicken Steinen entgehen konnten?

Wieder geben uns die altindischen Veden wichtige Hinweise, wenn sie von der Bedrohung aus der Luft während der Luftgefechte der Götter am Himmel schreiben. Es bereitet dem heutigen Menschen keine Schwierigkeiten, sich vorzustellen, wie die Bewohner der Erde vor der Bedrohung durch Flugmaschinen in den unterirdischen Tunnelräumen Schutz suchten. Die Kriege der »Götter« wurden zwar am Himmel ausgetragen, aber ihre Auswirkungen reichten bis auf die Erde. Vielleicht auch deswegen waren Schutzräume vonnöten.

Tunnel und ebenerdige Plateaus finden sich oft dicht nebeneinander oder gar übereinander. Die Vermutung liegt nahe, dass es sich bei diesen Plateaus um Landeplätze für Fluggeräte handelte. Aber genau wie die Nutzung der Tunnel nicht belegt ist, so bedarf auch die Verwendung der Steinplattformen der Interpretation. Dass diese gewaltigen Steinflächen stets nur aus härtesten und äußerst schwer zu bearbeitenden Materialien wie

Granit, Andesit und Diorit gebaut wurden, könnte darauf hindeuten, dass die Plätze einer hohen Beanspruchung ausgesetzt wurden und gleichzeitig von großer Wichtigkeit für ihre Nutzer waren. Nur so lassen sich die ungeheuren Anstrengungen bei der Bearbeitung der extrem harten Steine erklären. Vielleicht aber bedeutete die Bearbeitung der Steine für die Erbauer letztlich gar keine »Anstrengung«, weil sie über »fortschrittliche« technische Hilfsmittel und größere physische Kräfte verfügten als der damalige – oder der heutige – Mensch.

Es spricht einiges dafür, dass die frühesten Steinmetzarbeiten nicht vom kleinen Adam, sondern von seinen überragend fähigen und in der Hochtechnologie erfahrenen göttlichen Lehrmeistern ausgeführt wurden. Wir bearbeiten heute Granit, Andesit und Diorit mit Diamant oder Laser. Wir verfügen über ein hohes Wissen in der Hochtechnologie, wir kennen Hartstahlfräsen, Kernlochbohrung, Schleif- und Poliergerät – seit wenigen Jahrzehnten. All diese Techniken aber müssen einmal bekannt gewesen und schon vor Jahrtausenden angewendet worden sein!

Wir verfügen über Lastkräne, die schwerste Lasten transportieren können. Schwerste Lasten? Monolithe von der Größe und dem Gewicht der Kolosse, wie sie Adams Ahnen zugeschnitten und transportiert haben, können Lastkräne unserer Zeit erst seit weniger als einem Jahrzehnt heben. Europas größter Gittermastkran schafft eine Traglast von 1100 Tonnen. Ein Teleskopkran erreicht Traglasten bis zu 1200 Tonnen. Dafür werden hydraulischer Antrieb, elektronische Proportionalventile und hydraulisch teleskopierbare Stahlkonstruktionen verwendet. Waren auch Adams Ahnen auf solche Hilfsmittel angewiesen, oder standen ihnen Techniken zur Verfügung, die heute nicht (mehr) bekannt sind? Sicher ist: Das Wissen der Ahnen Adams war wahrlich »fortschrittlich«!

Die alten Zeichen

Wer erstaunt ist darüber, dass schon die ältesten Steinmonumente der Erde eine Hochtechnologie dokumentieren, denkt sicher an den »Zufall«. Eine andere wohlfeile Erklärung bietet sich dem Skeptiker ja nicht an. Würden aber die in allen Teilen der Erde bekannten Berichte über Kontakte mit Exo-Wesen als realistische Schilderungen genommen, dann gäbe es auf nahezu alle noch offenen Fragen zur Urgeschichte eine überzeugende Antwort.

Das gilt auch für die monumentalen Steinplatten. Sie als Landefläche für Fluggerät und die Tunnel als Schutzräume anzuerkennen ist die einzig wirklich logische Interpretation und entspricht dem, was den alten Texten und bildlichen Darstellungen nur zu deutlich zu entnehmen ist.

Faszinierend ist das Tunnelsystem unter der Tempelterrasse im libanesischen Baalbek. Dort liegen die größten monolithischen Steinquader, die je zugeschnitten und verbaut wurden. Der größte wiegt 1200 Tonnen und mehrere andere je 800 Tonnen. Zusammen wurden diese Giganten zu einer Plattform verarbeitet, die seit 2000 Jahren als Basis eines römischen Jupitertempels dient.

»Archäologen, Vermessungsingenieure, Geologen, Wasserbauingenieure und Steinbruchspezialisten sind an einem Projekt beteiligt, das Rätsel der Riesenquader zu entschlüsseln«, so schreibt Klaus Rheidt von der Brandenburgischen Technischen Universität in Cottbus.[124] Es beruhigt zu hören, dass sich die Experten wenigstens darüber Gedanken machen, wie es möglich war, derartig gewaltige Quader zu bearbeiten und zu transportieren. Dass aber diese Experten oft zu dem Schluss kommen, die gigantischen Quader seien in römischer Zeit hergestellt, entbehrt nicht einer gewissen Komik, denn die Römer verfügten keineswegs über eine bessere Technologie als unsere heutigen Techniker, die den Transport solch monumentaler Quader heute nicht bewerkstelligen können. Der Jupitertempel wurde von den Römern erbaut. Das ist keine neue Erkenntnis. Aber die gigantische Plattform, auf der er steht, ist nicht das Werk der Römer. Sie datiert in eine prähistorische Zeit, in der es noch möglich war, solche Arbeiten zu vollbringen, weil ganz andere, heute vergessene Hilfsmittel zur Verfügung standen.

Auch unter dem Jerusalemer Tempelbezirk gibt es ein Tunnelsystem, das aus politischen und religiösen Gründen weitgehend unzugänglich ist. Aber der unterirdische Gang entlang der Westseite neben der so genannten »Klagemauer« an der Außenseite des Plateaus ist seit einigen Jahren für das Publikum geöffnet. Ein Gang durch den unterirdischen Tunnel dauert ein bis zwei Stunden und vermittelt das Gefühl, die Geschichte habe dort früher begonnen als andernorts.

Tief unter dem Straßenniveau werden kolossale monolithische Quader sichtbar, deren Gewicht mit bis zu 570 Tonnen angegeben wird. Sie liegen nebeneinander und bilden die Basis für eine meterhohe Wand, die aus bedeutend kleineren Quadern gebaut wurde. Wie hat es der Mensch geschafft, 570 Tonnen schwere Steine auf den Felsen zu transportieren und dort mit anderen gigantischen Quadern zu einer Mauer aufzureihen?

Der auf alle anderen Fragen der Touristen vorbereitete jüdische Fremdenführer in Jerusalem gab mir die ehrliche Antwort: »Wir wissen es nicht.« Aber ein gebildeter und wohl auch frommer Palästinenser aber hatte auf meine Frage nach diesen Steingiganten eine plausible Antwort: »Es waren die Engel des Herrn, die hier die Steine bearbeiteten.« Und da dürfte er recht haben!

Unterirdische Konstruktionen der besonderen Art fanden sich auch in Derinkuyu in der heutigen Türkei. Die Anlage aus Höhlen und Gängen verteilt sich auf acht verschiedene Ebenen. Das Ganze zeugt von einer durchdachten Infrastruktur, von planerischer Qualität und neuzeitlichen Methoden der Belüftung und Kanalisation. Luftschächte sorgen für Zirkulation, Brunnen für eine perfekt geplante Wasserversorgung, und unterirdisch geführte Tunnel schaffen Verbindung – zu anderen unterirdischen Wohnsilos. Im Ganzen hat man 14 dieser Katakombenstädte gezählt, in denen insgesamt über eine Million Menschen beherbergt werden konnte. Wahrlich eine Großtat der frühen Architekten, von denen wir heute noch lernen können!

Spekulationen um ein Tunnelsystem unter den großen Monumenten in Gizeh, um geheime Kammern unter dem Gizeh-Plateau und um Gänge und Säulenhallen im Inneren der Sphinx wollen nicht verstummen. Dabei tat der ehemalige Chefarchäologe des Landes, Dr. Zahi Hawass, alles, um intensiveren Forschungen vor Ort Steine in den Weg zu legen. Aber die Untersuchungen der Experten gehen weiter. Das *Stanford Research Institute* schickte Experten nach Gizeh, um Bohrungen an der Sphinx vorzunehmen, und immer wieder wurden Radaruntersuchungen durchgeführt, die Hohlräume und Kammern in der Sphinx entdecken sollten. Obgleich der erwartete Erfolg bisher offenbar ausblieb, werden weiterhin Bohrungen vorgenommen, denn die Fachleute scheinen vom Sinn solcher Untersuchungen überzeugt zu sein.

Im Jahr 1945 hat der große Seher Edward Cayce für Ende des 20. Jahrhunderts das Wiederauffinden der Weisheitsbücher und Geheimschriften in unterirdischen Kammern unter dem Gizehplateau geweissagt. In den vergangenen Jahren arbeitete Cayces Sohn zusammen mit Dr. Hawass, der als leitender Ägyptologe im Allgemeinen Genehmigungen für Grabungs- und Forschungsprojekte in seinem »Hoheitsgebiet« ablehnte oder zumindest zu erschweren suchte. Es ist interessant, dass er mit dem jungen Cayce eine Ausnahme machte. Was genau die beiden bei ihren (geheimen) Grabungen, Sondierungen oder Radaruntersuchungen in Erfahrung gebracht haben, wäre sicher eine interessante Information!

Tunnelsysteme wurden nahezu weltweit gefunden – so gibt es unter dem Death Valley in den USA, unter einigen südamerikanischen Ländern und unter Oak Island vor der Ostküste Neuschottlands kilometerlange Tunnel. In den meisten der sehr alten Tunnellabyrinthe wollen Besucher seltsame Lichtphänomene und verwirrende Geräusche erlebt haben. Das zu verifizieren, war mir nicht möglich.

Auch von Malta gibt es Berichte über ein geheimnisvolles Tunnelsystem, das die ganze Insel unterhöhlt, mysteriöse Sinneserfahrungen vermittelt und obendrein noch eine »Gefahr« für jeden Eindringling darstellen soll. Ganze Schulklassen samt Lehrer hätten sich in Maltas Tunnellabyrinth verirrt und seien nie wieder aufgetaucht, heißt es. Das hört sich sehr fantastisch an. Für die hier zur Debatte stehende Thematik ist allerdings nur wichtig, dass die Berichte über Tunnel weltweit nahezu identisch sind.

Nicht nur die Existenz der Tunnel ist ein globales Phänomen, auch die Gründe für die Errichtung äußerst komplexer Tunnelanlagen werden allerorten dieselben gewesen sein. Nirgends sind sie so beindruckend gigantisch und kolossal wie gerade unter den ältesten Steinkonstruktionen, die entstanden, als die göttlichen Lehrmeister noch Hand ans Werk legten.

Glimmer, Lithium und Gold

An vielen vor- und frühgeschichtlichen Stätten trifft man auf die Verwendung von Glimmer *(vitrium muscoviticum)*. In der präkolumbianischen Tempelanlage von Teotihuacan, dem »Ort der Götter«, wie sie die Mexikaner heute noch nennen, existiert ein unterirdischer Raum, der bis heute Rätsel aufgibt. Er ist so klein, dass sein Verwendungszweck bisher von niemandem überzeugend definiert werden konnte.

Die Wände des Raums sind mit dicken Schichten von Glimmer ausgeschlagen.

Glimmer ist ein glänzendes Gestein, das bis 800 Grad hitzebeständig und resistent ist gegen organische Lösungsmittel. Auch ist es elastisch, von hoher Zugfestigkeit, lichtbogenfest, und es isoliert Kriechstrom genauso wie elektrische Entladungen. Und Glimmer schirmt vor schnellen Neuronen ab.

In unserer Zeit wird Glimmer für die Isolation von Fernseh- und Radioröhren und für Transformatoren, für Radaranlagen und für eine Vielzahl von elektronischen Geräten genutzt.[125]

Warum kam dieses Material in der spektakulären Tempelanlage von Teotihuacan im alten Mexiko zum Einsatz? Und dort in einem unterirdischen Raum? Warum wurde Glimmer aus entfernten Landen nach Mexiko gebracht, um dann in einem lichtlosen Raum als Wandbelag verwendet zu werden? Einem rein dekorativen Zweck diente die Aktion sicher nicht, denn der unterirdische Raum war wegen seiner Enge wohl weder für den Kult noch für Ansammlungen von vielen Menschen geeignet.

Es muss aber einen guten Grund für die Verwendung von Glimmer gegeben haben. Wurde der Raum vielleicht eingerichtet, damit dort unter der Erde mit Strahlung gearbeitet werden konnte? Sollten die Glimmerwände zur Abschirmung gegen Strahlung dienen? Dann aber müssen die Erbauer der Tempelanlage ausgereiftes technologisches Wissen gehabt haben und mit einigen der vielseitigen Verwendungsmöglichkeiten des Glimmers vertraut gewesen sein. Wieder stellt sich die Frage, wie sich solch ungewöhnlich fortschrittliches technologisches Wissen in der Frühzeit der amerikanischen Kultur erklären lässt.

Nicht nur Glimmer, auch Lithium wird in der prähistorischen Phase auf Interesse der Bewohner dieses Planeten gestoßen sein. Die bereits erwähnten Metallröhren im chinesischen Quaidam-Becken und auch die monumentalen Steinbauten in bolivianischen Tiahuanaco weisen beide auf prähistorische Nutzung durch fremde Intelligenzen hin. Und in beiden Regionen gibt es große Lithiumvorkommen. Sie finden sich sowohl im chinesischen Toson-Salzsee als auch im bolivianischen Uyuni-See. Das Metall Lithium wird dort in gelöster Form gefunden, was die Gewinnung besonders ertragreich macht. Bolivien träumt heute davon, durch die Vermarktung des Lithiums die Rolle des ärmsten Landes in Lateinamerika bald ablegen zu können. Seit 2008 gibt deshalb die Regierung Boliviens der Gewinnung von Lithium nationale Priorität.

Lithium ist auch für die Herstellung leistungsfähiger Elektrobatterien, unentbehrlich. In vielen elektronischen Geräten, auch in der Autoindustrie, findet es Verwendung. Es gilt heute als der Rohstoff der Zukunft. Wenn Höhere Intelligenzen in der Frühzeit unserer Geschichte Fluggeräte verwendeten, dann müssen sie für ihre elektronischen Geräte auch Lithium benötigt haben.

Gerade dort, wo die Titanen Lithium gewinnen konnten – im bolivianischen Uyuni-See und im chinesischen Toson-See –, sind ihre Spuren überaus gut sichtbar. Das berechtigt zu dem Schluss, dass sie den so wertvollen Rohstoff sowohl in China als auch in Bolivien abbauten, um ihn für ihre Hochtechnologie einzusetzen.

In dieser Aufzählung der wichtigen Metalle darf das Edelmetall Gold nicht unerwähnt bleiben. Aus den verschiedensten Gründen war es schon in prähistorischer Zeit von großer Wichtigkeit für die Bewohner der Erde. Und weiterhin ist es wichtig für die Menschen – neuerdings auch für die Raumfahrt. Für das *Columbia Space Shuttle* wurden über 40 Kilogramm Gold benötigt. Die NASA schützt ihre Astronauten und die Außenhülle des Raumschiffs vor der gefährlichen atmosphärischen Strahlung – mit Goldstaub. Eine solche atmosphärische Strahlung ist keine neue Gefahr. Sie bedrohte Raumfahrer auch schon vor Tausenden von Jahren.

Stellen wir diese Verwendungsmöglichkeit des Goldes in einen Zusammenhang mit der Entdeckung vorgeschichtlicher Goldminen in Südafrika und den Hinweisen im Gilgamesch-Epos auf die Erschaffung des *Homo sapiens* in dieser Region, dann spricht einiges dafür, dass Nichtirdische auf der Erde nach diesem für sie so wichtigen Metall gesucht haben. Sie fanden es sowohl in Südafrika als auch in Südamerika, wo sich die Spuren ihrer Aktivitäten besonders deutlich aufzeigen lassen (vgl. Kapitel »Der *Homo sapiens* entsteht in Afrika«).

Vom Goldland Afrika wurde in einem anderen Zusammenhang bereits gesprochen. Der von dem Altorientalisten Stefan M. Maul übersetzte Begriff »in der Tiefe« wurde von mir als

»Afrika« verstanden, das aus der Sicht der Sumerer »unten« auf der Erdkugel liegt.[126] Daraus folgt: Der neu erschaffene Mensch und seine Lehrmeister kannten Südostafrika – und sicher auch seine Goldminen .

Die Idee, in den südostafrikanischen Minen Gold abzubauen, geht wohl kaum auf den frühen Erdenmenschen selbst zurück. Die Vorstellung, er hätte sich, kurz nachdem er erschaffen wurde, als Erstes der mühsamen Aufgabe gewidmet, Gold abzubauen, erscheint absurd. Warum hätte der so genannte intelligente Mensch Gold besitzen wollen? Für Eitelkeiten und goldenen Schmuck war es noch zu früh in seiner Geschichte. Zu früh auch für die Verwendung des Goldes in der elektronischen Industrie und in der Raumfahrt, wo das Gold heute unentbehrlich ist. Aber wenn sich gleichwohl stillgelegte Goldminen finden, die vor 60.000 Jahren in Betrieb waren, dann ist das als Hinweis auf die Existenz von Höheren Intelligenzen auf dieser Erde zu werten.

Der neu erschaffene Mensch hatte vor 100.000 Jahren für Gold noch keine Verwendung – aber seine göttlichen Lehrmeister! Sie hatten auch die für die Gewinnung des Goldes notwendigen Kenntnisse in der Metallurgie oder Hochtechnologie. Gold kann also nur ein Thema für die göttlichen Besucher der Erde gewesen sein. Sie hatten sich einen nützlichen kleinen Arbeiter geschaffen, der ihnen die beschwerliche Arbeit des Goldschürfens abnehmen konnte.

Die sumerischen Texte erwähnen immer wieder, dass die Götter großes Interesse an dem Edelmetall besaßen. In einem dieser Texte spricht die Göttin von einem Boot, das – beladen mit kostbaren Schätzen aus dem Libanon – gegen fünf Minen Gold eingetauscht wird.[127] Und als Gilgamesch den Tod seines Freundes Enkidu betrauert, versucht er den eigenen Schmerz dadurch zu lindern, dass er das Grab des toten Freundes überreich mit Schätzen schmückt: »Zehn Minen Gold stellte er seinem Freund hin.«[128]

Samuel Kramer nutzt in seinem Standardwerk *Die Geschichte beginnt mit Sumer* immer wieder den Begriff »Goldenes Zeitalter«[129], wenn er von der Frühzeit des Menschen spricht. Bezieht er sich damit auf die Zeit, in der ein (glücklicher) neuer Mensch für seine Schöpfergötter Gold schürfte?

Nicht nur in Südafrika konnte ertragreich Gold geschürft werden, auch in Südamerika gab es reiche Goldminen. Sie liegen genau dort, wo auch die Spuren der frühen Astronauten deutlich erkennbar sind. Ich habe die Flugreise des Propheten Hesekiel bereits erwähnt. Die Frage war: Wohin ist er mit dem »lärmenden Fluggerät« und dessen »wie Erz glänzenden Piloten« geflogen? Die Antwort ergibt sich fast zwangsläufig, wenn man Hesekiels Flugreise mit den Lagerstätten des südamerikanischen Goldes in Zusammenhang bringt: Hesekiel flog nach Chavin de Huantar an der Grenze zwischen dem heutigen Bolivien und dem Goldland Peru.

Als Hesekiel 700 Jahre vor der Zeitrechnung seine Flugreise antrat, hatte sich Peru bereits als Goldland etabliert und erlebte die (erste?) Blütezeit seiner Metallurgie. Und nicht nur das. Es ist bekannt, dass das Gold dort auch sehr fortschrittlich verarbeitet wurde. Die Legierungsbildung Tumbago und die Technik des Vergoldens kannte man in Peru bereits zu Beginn des erstens Jahrtausends vor der Zeitrechnung.

Es spricht vieles dafür, dass die global agierenden Exo-Wesen zunächst das von ihnen benötigte Gold in den Minen von Südafrika gewonnen und in einer (sehr) viel späteren Phase die Goldminen in Südamerika genutzt haben, um ihren Goldbedarf zu decken. Für diese Abfolge spricht, dass der Mensch in

Südafrika entstand, die Kulturen in Südamerika aber erst Jahrtausende später einsetzten.

Solange der Mensch zurückdenken kann, spielt das Gold eine wesentliche Rolle. Ist es da verwegen anzunehmen, die bis zum heutigen Tag herrschende Hochschätzung dieses Metalls sei darauf zurückzuführen, dass der kleine Mensch seine Existenz auf dieser Erde damit begonnen hat, nach dem Gold zu graben? Sein Leben drehte sich gleich zu Beginn seiner Existenz um Gold – und um Götter, von denen er den Auftrag zur Goldgewinnung in den Goldminen erhielt. Das muss dem Menschen den bleibenden Eindruck vermittelt haben, Gold sei wahrhaftig von essenzieller und existenzieller Bedeutung – es sei göttlich. Es muss für Adam und seine Brüder ein so prägender Eindruck gewesen sein, dass sie genetisch geprägt zu sein scheinen und selbst heute noch mit so viel Energie und Eifer, mit Leidenschaft und List nach Gold streben.

ME, ein Sprechfunk mit »göttlicher Essenz«

Vom Statussymbol Gold komme ich jetzt zu einem Statussymbol ganz anderer Art: Es geht um ein kleines, technisches Kommunikationsgerät aus alten Zeiten, das heute in anderer Form seinen weltweiten Siegeszug angetreten hat. Unter verschiedenen Namen – Handy, Rechner, iPad, iPod oder Smartphone – hat es heute einen wichtigen Platz in unserem Leben.

Eines haben diese Produkte moderner Technologie gemein: Sie helfen, das eigene Leben zu organisieren und den Kontakt zu anderen Menschen zu pflegen. Früher, vor gar nicht allzu langer Zeit, nutzte der eilige Mensch die Postkutsche. Weniger Eilige nahmen sich Esel oder Pferd. Briefe und Mitteilungen wurden mit der Hand geschrieben und auf dem Landwege befördert. Heute können wir uns solche zeitraubende Kontaktpflege kaum noch vorstellen, denn heute erledigt sich die Kommunikation in Sekundenschnelle.

Auch hier folgen wir, ohne uns dessen bewusst zu sein, Vorläufern aus längst vergangenen Zeiten. Ich spreche von dem Vorläufer unseres tragbaren Mobilphones. Schon die Götter der alten Sumerer hatten ganz offensichtlich so ein kleines Wunderding in ihrem Besitz und trugen es stets bei sich. Es war gleichsam ein göttliches Attribut. In den sumerischen Texten spielt es eine überaus wichtige Rolle. So berichten sie davon, dass einst die Göttin Inanna dem Gott Enki das kleine Wunderding stahl, was die Aktionen des Bestohlenen nahezu zum Stillstand brachte.

Das kleine Objekt hatte als göttliches Attribut auch eine göttliche Kraft. Die Kraft dieses Gegenstands war gleichsam »weltumspannend«, denn es war ein Kommunikationsgerät! Die Sumerer nannten das tragbare Gerät ME – und mit diesem Begriff fangen die Schwierigkeiten an. Die Altorientalisten finden keine Übersetzung für das Wort ME, mit dem alles abgedeckt wäre, was das kleine Wunderding in sich vereinte. Einhundertundsechzig – 160! – verschiedene Bedeutungen für den Begriff »ME« stehen im Lexikon der Sumerologen, dem *Leipzig-Münchner sumerischen Zettelkasten*.

Ähnlich viele Beschreibungen würden auch wir heute benötigen, um einem Ureinwohner des brasilianischen Regenwaldes die vielen Funktionen unseres Smartphone zu beschreiben. Auch wenn man ihm all die recht unterschiedlichen Funktionen des modernen Computers benennen würde, so wüsste er doch nicht, was es mit dem technischen Gerät wirklich auf sich hat.

So geht es wohl auch den Altorientalisten mit dem ME. Das Problem liegt meines Erachtens darin, dass ein Professor der Altorientalistik oder selbst sein jugendlicherer Assistent es kaum jemals in Erwägung ziehen würde, dass es sich beim ME um ein technisches Gerät handelt, mit dem zur Frühzeit der Menschheitsgeschichte zwischen Göttern oder gar zwischen Himmel und Erde kommuniziert werden konnte.

Einige der 160 Übersetzungen der Experten für den Begriff »ME« seien hier genannt. Der Leser dieses Buchs wird sogleich erkennen, dass das kleine ME verwirrend vielseitig ist – wie ein modernes Handy. Die interessanteste Übersetzung von ME ist wohl »Schicksalstafel«. Bestimmt das kleine Gerät das Leben? Oder das, was man aus seinem Leben macht? Sind die Daten des (täglichen) Lebens auf ihm gespeichert? Für das moderne Smartphone jedenfalls wäre die Übersetzung recht passend. Andere Übersetzungen der Altorientalisten sind »Göttliche Essenz« und »Göttliches Attribut«. So groß ist der Unterschied nicht zu einer Beschreibung, die heute für ein kleines, technisches Allzweckgerät mit »himmlischer« Reichweite gefunden wird. »Göttlich« war das kleine »Attribut« allein schon deswegen, weil es allein den Göttern zur Verfügung stand.

Die Übersetzungen der gesamten sumerischen Keilschrifttafeln sind bei weitem noch nicht abgeschlossen. Das liegt zum Teil auch daran, dass die Tafeln noch nicht vollständig aufgefunden oder die Fragmente noch nicht aufgearbeitet werden konnten. Man schließt aus dem bisherigen Bestand, dass die Entzifferung etwa eines Drittels der Keilschrifttexte noch aussteht.

Das erhöht die Schwierigkeiten bei der Sinnfindung der Begriffe! Häufig liest der erstaunte Laie in den lexikalischen

Die alten Zeichen

Nachschlagewerken das Eingeständnis der Altorientalisten: »Übersetzung noch unklar« oder »verschiedene Bedeutungen«.

Alle von Sprachforschern bisher vorgeschlagenen Bedeutungen des Wortes »ME« lassen es – einzeln genommen – an Überzeugungskraft fehlen. Auch im Fall des kleinen ME mag die Unsicherheit in der Übersetzung an mangelnder Offenheit für das Ungewöhnliche und für das bisher Undenkbare liegen. Und dabei gibt es eine eindeutige bildliche Darstellung des Gegenstands: Auf sumerischen Tafeln werden die Götter gelegentlich dargestellt mit einem kleinen »Henkeltäschchen«. Das tragbare Etwas wird demonstrativ und ostentativ mit ausgestrecktem rechtem Arm vorgeführt. Es muss sich um ein bedeutsames Statussymbol oder um einen Gegenstand mit einer wichtigen Funktion gehandelt haben. Genauso stelle ich mir das ME der Sumerer vor: unentbehrlich, handlich, tragbar – und reserviert für die »Götter«.

Und jetzt etwas Erstaunliches: Einige Mayaherrscher auf der anderen Seite des Atlantiks tragen ein nahezu identisches Henkeltäschchen! Auf Steinreliefs sieht man die Würdenträger oder Götter mit diesem Henkeltäschchen, das in ihrer kräftigen Männerhand unerwartet zierlich wirkt. Auch in Amerika wird das Objekt mit ausgestrecktem Arm gezeigt. Die Übereinstimmung des tragbaren Gegenstands in der Alten und in der Neuen Welt ist unbestreitbar. Es handelt sich sicher nicht um eine zufällige formale Übereinstimmung! Das rätselhafte Statussymbol existierte auf beiden Seiten des Atlantiks in der Hand von Würdenträgern – und es kann nur mit diesen Würdenträgern über den Atlantik gekommen sein!

Die Experten der Altorientalistik haben bisher keine überzeugende Übersetzung des Begriffs »ME« gefunden. Mein Vorschlag – »Mobilphone« – stützt sich (auch) auf das Erscheinungsbild des so wichtigen, technisch sehr fortschrittlichen Kommunikationsgeräts, mit dem man Kontakt zum »Himmel« (!) und zu entfernten Ländern halten kann und das von »göttlicher Essenz« ist.

Natürlich ist das Gerät auch »göttlich«, denn das ME erscheint unerklärlich allwissend wie die Götter – wie ein Mobilephone. Mit ihm haben wir das multifunktionale Kommunikationsgerät ME unserer Ahnen neu »erfunden«.

Was sich die Höheren Intelligenzen vor Jahrtausenden erdachten, um mit ihresgleichen weltweit kommunizieren zu können, das halten wir nun seit seit Jahren auch in der Hand. Vielleicht aber ist unser so hochgeschätztes Handy noch lange nicht so ausgereift in seiner Funktionalität, wie es das ME einst war. Dennoch: Die Übereinstimmungen überwiegen. In den Händen der prähistorischen Götter erkennen wir unser modernes Handy!

»He that is the noble power of kingship … He who in accordance with the ME of the universe, has no rival.«[130] Auch an dieser Übersetzung Samuel Kramers wird deutlich, welch hohen Stellenwert das ME unter den Göttern hatte.

Sitchin machte es sich mit dem Begriff »ME« einfach. Er übersetzt es (nur) mit dem Wort »Wort«![131] Wie er auf diese so klug klingende Übersetzung gekommen ist, bleibt zwar unklar, sie ist aber für ein Kommunikationsgerät, das dem »Wort« dient, durchaus nicht unpassend. Die ME speicherten das Wort, Worte, Wissen. Der Verweis auf die Speicherung des »Wortes« lässt an die Speicherkapazität des Steins denken. Er besteht aus Silizium, dem Grundstoff jedes speicherfähigen Mikrochips. Speicherte der Stein den Göttern das Wissen? War das ME der

Die alten Zeichen

Stein der Weisen? In Delphi dreht sich alles um den Orakelstein. Bei den Juden waren es die *Teraphim*, die als »wissende Steine« im Kult befragt wurden.

Steinen wurde in nahezu jeder frühen Kultur eine magische Kraft zuerkannt.

Aber vergleichbar präzise Angaben zu einem Kommunikationsgerät finden sich in altamerikanischen Texten nicht. Keine Erklärung für die Abbildungen der rätselhaften »Henkeltäschchen« und keine textliche Beschreibung dieser tragbaren altamerikanischen Objekte ließen sich finden in den wenigen noch erhaltenen Codices. Die Mehrzahl der Aufzeichnungen wurde in dem berüchtigten Autodafé des Bischofs von Merida im Jahr 1562 verbrannt.

Die vier noch existierenden Schriftrollen in Paris, Madrid und Dresden verraten uns nichts über die kleinen tragbaren Objekte. Was uns bleibt, ist der optische Vergleich, und der macht deutlich: Die kleinen, tragbaren Apparate sind diesseits und jenseits des Atlantiks von absolut identischem Aussehen und werden in demselben Kontext gezeigt – als »göttliche Attribute«!

Mehr als viele andere transatlantische Übereinstimmungen fasziniert mich, dass auf beiden Seiten des Atlantiks identisch aussehende tragbare Objekte dargestellt werden, die angesichts der Würde ihrer (geflügelten) Besitzer nicht hoch genug eingeschätzt werden können. Ich halte sie für die Vorläufer unseres heutigen Mobil Phone!

Der Gott des Alten Testaments befiehlt Moses: »Nimm die Steine und lege sie in die Bundeslade zusammen mit den Tafeln des Bundes.«[132] Wenn aber Gott die Steine an einen so überaus wichtigen und sicheren Platz legen wollte wie die Bundeslade, kann es sich bei den »sprechenden Steinen« nur um etwas wahrhaft Bedeutsames gehandelt haben. Gott erklärt Moses, er wolle über die Steine Kontakt halten mit den Erdenmenschen. Hier wird also zweifellos von einem Kommunikationsgerät gesprochen, mit dem Gott mit den Menschen Kontakt halten konnte.

Über Funktion und Aussehen der Bundeslade gibt die Bibel eine sehr genaue Beschreibung. Nach göttlichen Anweisungen konstruierten die Israeliten die Bundeslade wie folgt: Einen Kasten aus Akazienholz überzogen sie mit reinem Gold. Auf der Deckplatte platzierten sie an den Enden zwei Cherubim aus reinem Gold, deren Gesichter einander zugewandt waren und deren Flügel den Deckel des Kastens bedeckten.

Das Objekt muss technisch gut durchdacht gewesen sein. Wer es unerlaubt oder unvorsichtig berührte, war in Todesgefahr. Die Bibel berichtet in diesem Zusammenhang von tödlichem Ausgang.

Dass der goldene Kasten der Kommunikation diente, geht eindeutig aus den Worten Gottes hervor, denn er spricht zu Moses: »Von dem Ort (i. e. von der Bundeslade) will ich mit Dir reden, von dem Ort zwischen den beiden Cherubim, die auf der Lade des Zeugnisses stehen, will ich mit Dir reden.«[133] Genauer kann die Beschreibung eines »Sprechfunks« wirklich nicht sein.

Geschaffen wurde die Bundeslade zu Lebzeiten des Moses – zirka 1500 Jahre vor unserer Zeitrechnung. Zur selben Zeit entstand ein anderer in seinen Ausmaßen vergleichbarer Kasten, der innen wie außen vergoldet war und mithilfe von Tragholmen transportiert wurde – genau wie die Bundeslade. Der Kasten war als »Naos« gestaltet, der in der ägyptischen Vorstellung das »Innere des Himmels« oder die »Wohnung der Götter« repräsentiert. Diesen goldenen Kasten fand man im Grab des Pharaos Tutanchamun (1332–1323 vor Christus), dem Sohn des Pharaos Echnaton, der in Ägypten den Monotheismus ein-

Die alten Zeichen

führte. Diese in den Augen seiner Priester gotteslästerliche Neuerung wurde nach Echnatons Tod zwar umgehend wieder rückgängig gemacht, dennoch wirft sie heute noch Fragen auf:

Welches Erlebnis oder welche Begegnung war diesem revolutionären Schritt hin zum Monotheismus vorausgegangen? Echnaton war nicht nur Zeitgenosse des Moses, er teilte mit diesem auch den Glauben an den All-Einen Gott. Aber welche Bedeutung hatte die goldene Lade im Grab von Echnatons Sohn? Welches waren ihr Zweck und Inhalt? Die präzise nach Gottes Angaben hergestellte Bundeslade enthielt mit den Gesetzestafeln das wichtigste Gut der Juden. War auch Echnaton von seinem Gott eine Kostbarkeit anvertraut worden, die nach dem Tod des Pharaos dessen Sohn übernahm? Stammte der goldene Kasten im Grab des Tutanchamun aus dem Besitz des Vaters Echnaton? Besaß auch Echnaton eine »Bundeslade«, über die er Kontakt hatte zu seinem Gott – zu dem Einen Gott? Die Vergleichbarkeit der beiden Objekte erlaubt diese Frage vielleicht. Ihre Beantwortung muss aber Spekulation bleiben.

1500 Jahre vor der Zeitrechnung wollte Gott über die Bundeslade mit seinem Volk reden – vor 3500 Jahren. Zu der Zeit war der wundersame »Sprechfunk« ME bei den Sumerern schon lange bekannt. Das ist alles höchst erstaunlich, wenn man bedenkt, dass wir selbst derartige Apparate für den Sprechfunk erst seit wenigen Jahrzehnten benutzen.

Von einem Sprechfunk in Gestalt eines schwarzen Steins spreche ich in tiefer Trance:

> »*Der Stein ist ein Pfand ... Die fremden Besucher der Erde haben uns den Stein hier gelassen als Zeugnis ihrer Macht. Ich stehe über den Stein in Kontakt mit den Höheren Intelligenzen. Ich habe das Gefühl, sie kon-*

trollieren und dirigieren mich mithilfe des Steins, auf den ich mich ständig zu konzentrieren habe.«[134]

Ähnlich große Rätsel wie die sumerischen ME geben uns die 716 Steinscheiben auf, die 1937 in dem entlegenen Bergdorf Baian-Kara-Ula in der chinesischen Provinz Qinghai in einer Berghöhle gefunden wurden. Sie sind einen Zentimeter dick, haben einen Durchmesser von 30 Zentimetern und in der Mitte ein Loch, von wo aus Rillen zum äußeren Rand verlaufen. Das Objekt ist einer Schallplatte nicht unähnlich.

Das Sensationelle der Steinscheiben steckt in ihren Rillen, die als fortlaufende Spirale aus winzigen Hieroglyphen eine Botschaft enthalten sollen. Dem Gelehrten Tsum-Um-Nui von der Pekinger Akademie für Vorgeschichte, so heißt es, sei es 1962 gelungen, die Steinscheiben zu entziffern.[135] Ist das glaubhaft? Wo war der Ansatzpunkt für die Entzifferung einer sehr alten und bis dahin unbekannten Sprache?

Was der entzifferte Text vermittelte, war ganz und gar überraschend – und ist es bis heute. Der Text soll berichten von fremden Astronauten, die einst in dieser unwirtlichen Region der Erde gestrandet seien – und überlebten. Ihr Schicksal hätten die Fremden auf den Steinscheiben notiert. Die Angaben sollen so detailliert und genau sein, dass sich die Zeit ihrer Landung auf der Erde errechnen lässt: vor 12.000 Jahren! Als besagter Professor Tsum Um-Nui von der Pekinger Akademie für Vorgeschichte diese von ihm erarbeiteten Forschungsergebnisse veröffentlichte, kostete ihn das seinen Lehrstuhl und seinen guten Ruf!

Die Zeit ging weiter, und die Einstellung zu paranormalen oder unerklärlichen Phänomenen veränderte sich vor allem in China sehr schnell. Die größte englischsprachige Wochen-Zeitschrift Chinas, das *City Weekend Magazine*, druckte 2002 sogar einen Artikel mit dem Titel *Außerirdische Phänomene in China*. Zuvor allerdings erfuhr die Geschichte der 716 Steinscheiben aus Qinghai verschiedene Höhen und Tiefen. Zwei (!) der 716 Steinscheiben wurden im Banpo-Museum von Xian ausgestellt, wo sie 1974 der österreichische Ingenieur Ernst Wegerer fotografierte. Die Museumsdirektorin beantwortete seine Fragen nach den Steinscheiben nur zögerlich und knapp. Diese Zurückhaltung half ihr aber nicht. Unmittelbar nach dem Gespräch mit Wegerer wurde sie aus dem Museumsdienst entlassen – und die beiden Steinscheiben verschwanden aus den Vitrinen.[136] Es spricht einiges dafür, dass diese Artefakte heute hinter Schloss und Riegel in den Kellern des Museums verstauben. So wird es weltweit gehalten, wenn Entdeckungen die Lehrmeinung in Gefahr bringen könn(t)en. Im vorliegenden Fall ist es allerdings auch möglich, dass auf die Berichte über die rätselhaften Steinscheiben nicht wirklich Verlass ist. Der Sachverhalt lässt sich schwer nachprüfen, denn China ist weit! Sollte aber dieses – oder ein anderes – der Steinchen, mit denen ich ein Mosaik zusammenstelle, das in seiner Gesamtheit ein stimmiges Gesamtbild der Frühzeit des *Homo sapiens* zu ergeben scheint, tatsächlich nicht als Steinchen in meinem Mosaik geeignet sein, so behält das Prinzip der *kumulativen Evidenz* dennoch seine Gültigkeit und Aussagekraft.

Die Sintflut der Geologen, der Astronomen und des Noah

»Shuruppak am Ufer des Euphrats war schon uralt, als die Götter in ihr weilten ... die Sintflut zu schicken, danach verlangte den großen Göttern ihr Herz.«

So steht es geschrieben auf der elften Tafel des babylonischen Gilgamesch-Epos.[137] Dieses »Geheimnis der Götter« erzählt der (einzige) Überlebende der Sintflut – Noah/Utnapischti – dem heldenhaften Gilgamesch, König von Uruk. 5000 Jahre sind seitdem vergangen.

Die Textstelle ist eher von literarischem und kaum von historischem Wert.

Auch wenn davon ausgegangen werden kann, dass es sich sowohl bei Noah als auch bei Gilgamesch um reale Personen der Geschichte handelt, so kann doch Noah nicht mit König Gilgamesch gesprochen haben, weil mehrere Jahrtausende ihrer beider Leben trennten.

Dennoch messe ich diesen Passagen aus dem Gilgamesch-Epos große Bedeutung bei, da das berühmte Körnchen Wahrheit auch in ihnen zu finden ist: Die Sintflut hat es gegeben – auch wenn sie heute allzu oft als eine Legende ohne Bezug zur Realität gesehen wird. Die Sintflut hat es gegeben, und sie spiegelt sich in den Erzählungen der Menschen wider.

Datiert wird die Sintflut auf die unterschiedlichste Weise! Hans-Joachim Zillner erklärt in seinem Bestseller *Darwins Irrtum*, warum sich die gewaltige Flut »vor höchstens 10.000

Die alten Zeichen

Jahren, eher jedoch vor 6000 Jahren oder noch später« ereignet haben muss.[138]

Ein anderer »Erfolgsautor«, der große Plato, gibt uns eine andere Version der Sintflut, wenn er im dritten Kapitel seines *Timaios* den Untergang der Insel Atlantis im Atlantik schildert. »Innerhalb eines einzigen schrecklichen Tages und einer Nacht« sei diese Insel jenseits der Säulen des Herkules (Gibraltar) im Meer versunken. Wie bekam Plato Kenntnis von diesem Ereignis? Der weise Solon hatte die Geschichte gehört von einem ägyptischen Priester in Sais, der seine Information wiederum von den hochgewachsenen Überlebenden der Flutkatastrophe vermittelt bekommen haben will.

Auch Aristoteles belegte ein detailliertes Wissen über die fernen Regionen im Atlantik, wenn er über die Gefahren für die Seefahrt im *mare pigrum* (Sargasso-Meer) schreibt. Vor der amerikanischen Atlantikküste gibt es tatsächlich ein solches gefährliches Meer – das Sargasso-Meer. Es liegt zwischen dem 25. und dem 30. Grad nördlicher Breite und 38 bis 60 Grad westlicher Länge und muss wegen des üppigen Algenwuchses für Schiffe früherer Zeiten nur unter Schwierigkeiten befahrbar gewesen sein. Das Wissen um das Sargasso-Meer ist ein sicheres Indiz für frühgeschichtliche Kenntnisse von Regionen weit jenseits der Säulen des Herkules, über welche die Menschen diesseits des Atlantiks (eigentlich) gar nicht verfügt haben können. Und doch wussten sie von dem für Seefahrer so gefährlichen Meer! Für Reisen durch das Sargasso-Meer kamen in vorchristlichen Jahrhunderten nur die Phönizier aus dem heutigen Libanon infrage. In meinem Buch *Sorry, Kolumbus* habe ich dargelegt, dass dieses Seefahrervolk vor 3500 Jahren über den Atlantik segelte, in Mittelamerika anlandete und damit zum Entdecker Amerikas wurde.

Von größter Bedeutung für die in diesem Buch angestrebte Beweisführung ist das Datum, das Plato für den Untergang von Atlantis und die dadurch verursachte Flutkatastrophe jener Zeit angibt: 9000 vor seiner Zeit – 11.500 Jahre vor unserer Zeit! Dieses Datum entspricht sehr genau den Berechnungen der heutigen Wissenschaftler! Das Ende der vorläufig letzten Eiszeit, deren Beginn vor ungefähr 100.000 Jahren einsetzte und vor 22.000 Jahren mit den tiefsten Temperaturen ihren Höhepunkt erreichte, kam vor rund 18.000 Jahren zu einem Abschluss. Dann begann der 7000-jährige Prozess des Abtauens der bis zu 4000 Meter dicken Eisdecken, in dessen Verlauf der Meeresspiegel um bis zu 120 Meter anstieg. Dieser Prozess verstärkte und beschleunigte sich, bis es vor 11.500 Jahren zu gewaltigen Flutkatastrophen und schließlich zur Sintflut kam.

Vor 11.500 Jahren – das ist genau das Datum, das uns Plato in seinem *Timaios* überliefert!

Gerald Haug, Professor der Erdwissenschaften an der ETH Zürich, ergänzt dieses Datum durch Hinweise auf das »Klimaflimmern«. Mit diesem Begriff bezeichnet er die abrupten kurzfristigen Klimaänderungen, die vor 12.900 Jahren einsetzten und vor rund 11.500 Jahren mit einem **plötzlichen Temperaturanstieg** von zirka zehn Grad in weniger als 20 Jahren endeten.[139]

Bei einem derartig plötzlichen und gravierenden Temperaturanstieg kann der Prozess des Abschmelzens der Eismassen vor 11.500 Jahren letztlich nur mit einem Crescendo zu Ende gegangen sein – mit einer von enormen Flutwellen begleiteten Sintflut! Deshalb wird heute allgemein vermutet, dass das Abschmelzen der Eisdecke nicht gleichmäßig erfolgte, sondern in Sprüngen, da sich gegen Ende der Eiszeit gewaltige Eisplatten von der Eisdecke abspalteten, ins Meer stürzten und dadurch verheerende Springfluten mit enorm hohen Wellen

Die alten Zeichen

auslösten. Der Meeresspiegel stieg damals um 120 Meter an und hat sich seitdem kaum noch verändert.

Seit einigen Jahrzehnten steigt der Meeresspiegel als Folge der gegenwärtigen Erderwärmung nunmehr wieder an, was bisher noch keine bedrohlichen Auswirkungen hatte. Aber das kann sich ändern. Modellberechnungen haben kürzlich ergeben, dass unter dem kilometerdicken Eis in der Sedimentschicht auf der Antarktis große Mengen des Treibhausgases Methan lagern könnten. Solange der Druck des Eispanzers ausreicht, wird das Methangas nicht entweichen, sondern kompakt als Hydrat im Untergrundboden der Antarktis gespeichert bleiben. Bei einem weiteren Abschmelzen des antarktischen Eises erwarten die Wissenschaftler aber, dass dann das frei werdende Methan in die Atmosphäre entweicht, was den zurzeit laufenden Klimawechsel erheblich verstärken würde.[140] Das könnte dann zu einem weiteren Anstieg des Meeresspiegels führen.

Im 20. Jahrhundert ist der Meeresspiegel gegenüber früheren Jahrhunderten zehnmal schneller gestiegen. Seit 1993 steigt er nun im Jahr sogar schon um drei Millimeter. Würde das gesamte heute existierende Eis auf den Polen abschmelzen, dann würde das erneut zu einer Sintflut führen, und der Meeresspiegel könnte um 65 Meter ansteigen. Um das Doppelte ist er schon einmal gestiegen in der Zeit zwischen 18.000 und 11.500!

Menschen und alles, was sie geschaffen hatten, wurde damals von den Fluten hinweggeschwemmt – vernichtet. In der Geschichte der Menschheit ist das eine bedeutende Zäsur. Die Große Flut blieb für die Menschen der folgenden Jahrtausende ein Trauma, das sie in Mythen und Epen zu bewältigen suchten. Letztlich aber war diese Katastrophe mehr als eine Zäsur, denn weltweit brachte sie das Ende einer großartigen Epoche – einer Epoche kultureller Blüte. Die Spuren dieser prädiluvialen Kulturen sind Thema dieses Buchs.

Adams Ahnen

1929 entdeckte der Archäologe Sir Charles Leonard Woolley bei Ausgrabungen in der mesopotamischen Stadt Ur die Spuren einer der vielen kleineren »Fluten«, die sich in Mesopotamien regelmäßig ereigneten. Unter einer vier Meter hohen Sedimentschicht fand Woolley Zeugnisse einer alten Kultur, die er anhand der gefundenen Keramik auf 6000 Jahre datierte. Die Ablagerungen zeugen dort von der Existenz eines Meeres in Mesopotamien – aber nicht von der Großen Flut, die wir die Sintflut nennen. Diese ereignete sich, wie wir heute wissen, zu einer sehr viel früheren Zeit.[141]

Beziehen sich die alten Texte auf die Ursache der Großen Flut? Es sieht ganz danach aus. Plato schreibt in seinen Dialogen des *Kritias* und des *Timaios* über die sittlichen Verfehlungen der hochzivilisierten Atlanter und deren Missbrauch ihrer Hochtechnologie, der ursächlich war für den Untergang ihres Reichs im Atlantik.

Von einer »Strafe des Himmels« schreiben die sumerischen Texte. Anu, dem höchsten »Gott«, missfielen die allzu häufigen geschlechtlichen Verbindungen zwischen Göttersöhnen und Menschentöchtern. Um dem verwerflichen Treiben Einhalt zu gebieten, wollte Gott Anu nicht etwa die Göttersöhne, sondern die Menschen bestrafen – er wollte sie vom Erdboden tilgen durch eine große Flut.

Die geplante göttliche Strafaktion sollte vor den Menschen geheim gehalten werden – so war die Absprache unter den sumerischen Göttern. Aber Utnapishtim, der ein gottgefälliges Leben führte, wurde dennoch von Gott Enki informiert und aufgefordert, sich für seine Rettung ein passendes Boot zu bauen. Dazu gab ihm der Gott genaue Maße an.

Die Frage stellt sich: Woher wussten die »Götter«, dass eine große Flut bevorsteht? Konnten sie geologische und klimatische

Veränderungen vorausberechnen? Oder waren sie selbst in der Lage, das Klima zu beeinflussen, es zu manipulieren? Hatten sie mehr Einfluss auf das Klima als heutige Bewohner der Erde? »Die radikalen Klimaänderungen der jüngsten Vergangenheit sind nicht primär durch menschliches Einwirken verursacht«, schreibt der Klimatologe Dale Guthrie.[142] Vielleicht nicht »primär«, aber wohl doch erheblich sind wir heute beteiligt an den Klimaveränderungen, die wir durchaus aufhalten oder beschleunigen können.

Die sumerischen Götter jedenfalls scheinen lange im Voraus Kenntnis von der bevorstehenden Großen Flut gehabt zu haben – und sie flohen vor dieser Flut in ihrem Fluggerät! »Selbst die Götter packte da vor der Sintflut die Angst! Sie wichen zurück, sie hoben sich fort in den Himmel des Anu«, so ist es auf der elften Tafel des Gilgamesch-Epos zu lesen. Sie hätten die Menschen vor der Flutkatastrophe warnen können, aber sie taten es nicht. So überlebte (nur) Utnapishtim mit seiner Familie. In der sehr viel später aufgeschriebenen biblischen Version der Sintflutgeschichte überlebt Noah mit seiner Familie und den Söhnen Sem, Ham und Japhet.

Die Parallelen zwischen sumerischer und biblischer Sintflutgeschichte sind offensichtlich. Allerdings unterschieden sich die in der sumerischen Textvorlage angegebenen Maße des Schiffs grundsätzlich von den Maßen der biblischen Arche, die genau nach Gottes Anweisung gebaut wurde: 133 mal 22 mal 13 Ellen. In der älteren (originalen) sumerischen Version hat die Arche die Form eines Würfels, mit der Kantenlänge von 60 Ellen.

Im sumerischen Originaltext wird das Boot als »Sulili« bezeichnet. Dieses Wort ist etymologisch verwandt mit »Solelet«, was im modernen Hebräisch das Wort für »Unterseeboot« ist! Das ist ein hochinteressanter Hinweis auf die Verwendung des Schiffs: Die Arche war ein Unterseeboot! Alle Fugen waren mit Pech gedichtet. Nur so ist auch zu verstehen, dass das Schiff die reißenden Flutwellen überstehen konnte. Der rundum wasserdichte Würfel wurde von den Wassermassen überspült, herumgeworfen und fortgespült, ohne dass Wasser in den Kasten eindringen konnte. Auch ein noch so seetüchtiges Schiff hätte diese Herausforderungen wohl nicht gemeistert.

Warum übernahmen die Verfasser des Bibeltextes den sumerischen Sintflutbericht und nicht die Maße der rettenden Arche? Haben sie sich eine katastrophale Sintflut nicht mehr so wirklichkeitsnah vorstellen können, wie es den Sumerern noch möglich war?

Dennoch ist die biblische Sintflutgeschichte sehr nah an der sumerischen Vorlage. Waren die Verfasser der Bibel derart vom realen Hintergrund der sumerischen Erzählung überzeugt, dass sie die alten sumerischen Texte als eine historische Begebenheit möglichst genau in das neue Alte Testament übernehmen wollten? Schon allein die Ausführlichkeit, in der das Alte Testament die Sintflut behandelt, spricht für diese Deutung. Die Bibel nimmt die Große Flut so wichtig, dass sie in 87 langen Versen darüber berichtet. In nur 58 Versen wird dagegen die gesamte Schöpfungsgeschichte bis hin zur Vertreibung Adams und Evas aus dem Paradies abgehandelt.

Welch fundamentale Bedeutung auch die Sumerer der Großen Flut einst zugemessen haben, lässt sich den vielen aus dem Sumerischen übersetzten Textstellen entnehmen, in denen wichtige Persönlichkeiten der sumerischen Geschichte in zwei Gruppen unterteilt werden: Sie lebten entweder *vor* der Großen Flut oder *nach* der Großen Flut. Ein gutes Beispiel sind die sumerischen Königslisten. Sie verzeichneten die Könige *vor* der Flut, und eine andere Liste verzeichnete die Könige *nach* der Flut. Auch von literarischen Werken wird auf den Keilschrifttafeln ausdrücklich betont, wenn sie aus der Zeit *vor* der Flut stammen.

Ereignisse wie die alles überschwemmende Flut mussten die Menschen tief traumatisiert haben. Wenn der Meeresspiegel über sieben Jahrtausende bis zu der Zeit vor 11.500 Jahren stetig und weltweit bis zu 120 Meter anstieg, dann ist das der Stoff für Traumata, die sich in Mythen und Legenden niederschlagen.

Im veränderten Bewusstseinszustand spreche ich über die Höhe des Meeresspiegels in das Mikrofon des mich durch die Regressionssitzung leitenden Arztes:

> »*Es ist die Zeit vor 13.000 Jahren. Es ist eine sehr kalte Gegend. Ich weiß, es ist in Europa, am Atlantik, und es ist nicht in Spanien, sondern mehr im Norden. Die Orientierung ist so schwer, weil das Meer so sehr niedrig ist und so klein ... und alles deshalb so anders aussieht (als heute).*«[143]

Das von mir angegebene Datum – 13.000 – bezieht sich auf die Zeit kurz vor dem Ende der globalen Eisschmelze, in der das Wasser der Meere partiell noch immer im Eis gebunden war und deshalb der Meeresspiegel noch nicht den »endgültigen«, den heutigen Stand erreicht hatte. Wenn man meine in Trance gesprochenen Worte wörtlich nimmt und analysiert, dann geht aus meiner Zeitangabe hervor, dass die Eisschmelze mit einem Crescendo zu Ende ging. Denn wäre der Prozess des Abschmelzens über 7000 Jahre hinweg langsam und gleichmäßig erfolgt, dann wäre das Meer vor 13.000 Jahren nicht mehr »so klein« und »so niedrig« gewesen, wie ich es beschreibe. Stattdessen hätte der Meeresspiegel seinen heutigen hohen Stand vor 13.000 Jahren schon weitestgehend erreicht.

Noch heute ist die Sintflut Gegenstand wissenschaftlicher Auseinandersetzung. Leider fehlt es oft am Verständnis für den Zusammenhang zwischen dem plötzlichen Abschmelzen der Eisdecke und der Großen Flut, von der alle Mythen dieser Erde erzählen. Mythen sind eben keine Märchen, sondern sie kristallisieren sich (zunächst) um eine wahre Begebenheit, werden dann allerdings mit den Jahren immer weiter ausgeschmückt, ergänzt und – verfremdet.

Dieses Phänomen lässt sich auch am Gilgamesch-Epos aufzeigen. Die älteste Fassung ist stets sachlich, konzis, präzis und spricht von realen Begebenheiten. König Gilgamesch hat seinen historischen Platz in der Geschichte. Er versucht die Unsterblichkeit zu erlangen, die aber letztlich doch den »Göttern« vorbehalten bleibt. Spätere Fassungen dieses Epos ergänzen den Originaltext, indem sie unter anderem das Motiv der Freundschaft (zu dem künstlichen Menschen Enkidu) in die ursprüngliche Fassung einbinden. Gilgamesch erfährt erst dann eine Idealisierung, indem er als »Superheld« mit übermenschlichen Fähigkeiten herausgestellt wird – um nur einige der Abweichungen vom Originaltext zu nennen.[144] Trotz solcher Ausschmückungen und Veränderungen bleibt aber der Kern des Mythos erhalten.

Um eine bildliche Ausschmückung dürfte es sich auch bei einem äußerst wichtigen Detail der wohl entscheidensten Passage in der Sintflutgeschichte handeln: Noah bekommt von Gott den Auftrag, dafür zu sorgen, dass alle Tierarten die Sintflut überleben. Er sollte von allen Tieren dieser Erde je ein Paar an Bord seiner Arche mitnehmen, um den Fortbestand jeder Art zu sichern. Ihm wird also aufgetragen, einen ganzen Zoo in sein Boot einzuladen! Aber dazu hätte es wahrlich eines Schiffes von noch größeren Dimensionen bedurft.

Einleuchtender ist da die frühere sumerische Originalfassung, denn hier wird nicht von »Tieren«, sondern von deren »Samen« gesprochen, den der Sintflutheld Utnapishtim auf sein Schiff mitnehmen sollte. George Smith übersetzte 1876: »*The seeds of all life*« (dt. »Same alles Lebenden«).[145] Das macht Sinn! Naiv und realitätsfern klingt dagegen die biblische Version, wenn sie von »lebenden Tieren« auf der Arche spricht.

Der Grund für diese Verfremdung des Originaltextes ist leicht einsehbar:

Als die Verfasser der Bibel 1500 Jahre nach den Sumerern die Sintflutgeschichte niederschrieben, war das Wissen um die Genetik, das die sumerische Vorlage dokumentiert, längst in Vergessenheit geraten.

Die Schreiber der Bibel verstanden jene Passagen nicht mehr, weil die Kenntnisse über genetische Zusammenhänge, die den Sumerern noch selbstverständlich gewesen waren, in eineinhalb Jahrtausenden verloren gegangen waren. Um den Text für Nachgeborene zugänglich zu machen, mussten die Autoren jener Bibelstellen die sumerische Vorlage an die Begriffswelt der Hebräer anpassen.

Die Verwendung des Begriffs »Samen« im Zusammenhang mit den Transportvorbereitungen auf der Arche ist wahrlich erstaunlich. Der sumerische Held der Sintflut muss nicht nur über die notwendigen gentechnischen Kenntnisse verfügt haben, um den Samen der Tiere erst einmal transportfähig zu machen, er muss auch gewusst haben, wie er nach der Sintflut die Lebewesen aus dem Genmaterial wieder lebensfähig entstehen lassen konnte. Das nötigt uns Respekt ab. Wir selbst hätten damit heute größte Schwierigkeiten, wenngleich unsere Genetiker bereits einige Schritte in diese Richtung getan haben! Bisher aber wurden die Leistungen der göttlichen Lehrmeister nicht erreicht.

Adams Ahnen

So überlebten alle Tierarten die verheerende Flut – und mit ihnen überlebten auch einige Menschen. Diese hatten durch die Flutkatastrophe alles verloren und mussten wieder bei null anfangen. Aber spätestens vor 8000 Jahren kommt es in Vorderasien zu einer neuen kulturellen Blütezeit. Es ist die elfte Tafel des Gilgamesch-Epos, die uns hilft, diese Zusammenhänge einzuordnen, denn wir lesen dort: »Das Königtum kam nach der Zerstörung durch die Große Flut erneut vom Himmel herab.«

Wieder sind es die Götter, die die Geschicke der Menschen lenken. Die Götter assistierten beim Wiederaufbau! »*After the ... flood ... the kingship was lowered from heaven ... They founded the five cities.*«[146] Wenigstens fünf der vorsintflutlichen Städte wurden wieder aufgebaut, unter ihnen Eridu, Badtibira, Larak, Sippar und Shuruppak. »*When the kingship had come down from heaven, kingship was at Eridu. At Eridu Alulim was king; he reigned 28.000 years. Five cities, eight kings ruled 385.200 years. The Flood swept over. After the Flood had swept over, when kingship had come down from heaven, kingship was at Kish. Concentrating on the antediluvian lists, there seems to be a stable tradition about which cities were chosen by the gods in antediluvian time: Eridu, Bad-tibira, Larak, Sippar and Shurupak are recorded in (WBB 444) the Eridu Genesis.*«

Die sumerischen Berichte über die »vorsintflutlichen« Städte galten so lange als reine Mythologie, bis die Archäologen eine nach der anderen Stadt wieder ausgegraben hatten. Erneut eine Bestätigung der Mythen als Tatsachenberichte!

Vorsintflutliche Langlebigkeit, Genetik und Nanomedizin

Noah war der letzte auf der Königsliste der zehn vorsintflutlichen Patriarchen.

Er lebte – genau wie der sumerische Sintfluthel Utnapishtim – ein außerordentlich langes Leben. Auch Noahs Vater Lamech, so das Epos, lebte Hunderte von Jahren, und sein Großvater Methusalem, Inbegriff der Langlebigkeit, wurde sogar nahezu tausend Jahre alt. Die Götter allerdings lebten »ewig«. So jedenfalls erschien die göttliche Langlebigkeit den kleinen Menschen.

Solche Zahlen sollten nicht einfach als Fantastereien abgetan werden. Dass sie durchaus als realistisch zu bewerten sein können, belegen seit kurzem die Forschungsergebnisse von Medizinern und Biogenetikern, die das Ziel ihrer Arbeit darin sehen, das Alter des Menschen zu verlängern. Darauf gehe ich im Verlauf dieses Kapitels genauer ein.

Die Texte der Sumerer beschäftigen sich sehr eingehend mit dem Phänomen »Langlebigkeit«. Ihnen ist zu entnehmen, dass die Götter bis zur Sintflut offenbar nichts einzuwenden hatten gegen ein langes Leben der kleinen von ihnen geschaffenen »Schwarzköpfe«, wie die Menschen in den sumerischen Texten fast durchgängig genannt werden.[147] Die Götter selbst werden den genetischen Plan der Menschen auf »Langlebigkeit« ausgerichtet haben. Jedenfalls vermitteln die Texte den Eindruck, als verfügten die Schöpfergötter über das gentechnische Know-how, die Lebensdauer eines von ihnen geschaffenen Lebewesens festzulegen.

Derartige Kenntnisse sind wohl mit den Jahrhunderten in Vergessenheit geraten, als die göttlichen Lehrmeister nicht länger auf der Erde weilten. Zur Zeit der Bibel jedenfalls war das gentechnische Wissen der Höheren Intelligenzen nicht mehr abrufbar. Die biblische Geschichte vom »Lebensbaum« ist nur noch ein schwacher Widerschein des hohen Wissensstands der urgeschichtlichen Genetiker. Dabei ist in der sehr viel späteren Bibel die Vorstellung eines geradezu »ewigen« Lebens durchaus noch vorhanden. Damit der Mensch nicht esse vom »Lebensbaum« und »ewig« lebe wie die Götter, verweist Gott den Menschen des Paradieses, in dessen Mitte der »Baum des Lebens« steht.[148]

Nach dem »Sündenfall«, der dem Menschen die »Erkenntnis« brachte, wird dem Menschen die Langlebigkeit verweigert. Warum wollten die Götter dem Menschen die Langlebigkeit nicht mehr zugestehen? Fühlten sie sich von dem zur Erkenntnis fähigen Menschen bedroht? Wurde der *Homo sapiens sapiens* den »Göttern« womöglich durch seine Erkenntnisfähigkeit zur Gefahr? Das Umdenken der Höheren Intelligenzen in puncto Langlebigkeit mag durchaus mit ihrer Befürchtung zusammenhängen, die zu selbständigen und unabhängig denkenden irdischen Zöglinge könnten ihnen zu einer Konkurrenz werden.

Mit welchen Mitteln mögen die Götter die Lebensdauer ihrer Menschen bestimmt haben? Nachdem wir im vorhergehenden Text gesehen haben, dass ein Wissen um genetische Zusammenhänge Teil des damaligen Wissensstands gewesen sein muss, können Genmanipulationen kein großes Problem gewesen sein. Es macht also Sinn, davon auszugehen, dass die Langlebigkeit durch eine Genmanipulation am menschlichen Organismus ermöglicht wurde. Auch wir, die wir seit jeher Schritt für Schritt das *Know-how* der Höheren Intelligenzen (neu) erfinden und zu nutzen lernen, haben in den letzten Jahren erfolgreich versucht, die Ursachen der Langlebigkeit zu erkennen, zu erforschen.

In den letzten beiden Jahrhunderten hat sich die Lebenserwartung des Menschen stetig erhöht – bis zu drei Monate pro Jahr![149] Das genügt uns aber nicht. Wir erstreben offenbar das »ewige« Leben. Seit einigen Jahren wollen wir genau wissen, wie sich die Langlebigkeit vorausberechnen lässt, welche Gene im Spiel sind – und wie wir eingreifen können in den Prozess von Leben und Tod.

Einige biologische und umweltbedingte Faktoren, die zum Phänotyp der Langlebigkeit beitragen, sind bereits bekannt. Erkannt wurde auch schon die Bedeutung der genetischen Variabilität. Mittels systematischer Genomanalyse versuchte die Wissenschaft, einzelne Gene der Langlebigkeit zu identifizieren. Erste Ergebnisse zeigen: Genetische Faktoren bestimmen die Langlebigkeit zu einem Drittel – und es gibt lebensverlängernde Genvarianten.[150] Eine der wenigen bisher gesicherten genetischen Einflussgrößen bei der Langlebigkeit ist das Apolipoprotein E-Gen (ApoE). Das e2 des ApoE-Gens wird mit einer höheren Lebenserwartung assoziiert.[151] Auch eine chromosomale Region und ein Gen auf Chromosom 4 wurden identifiziert als möglicherweise assoziierbar mit der Langlebigkeit.[152]

Was die Wissenschaftler wirklich erforschen wollen, ist wohl die Frage, wie sie die genetischen Gegebenheiten modifizieren und manipulieren können. Bis zum Fadenwurm sind sie inzwischen vorgedrungen. In diesem Tier wurde ein Schlüsselgen entdeckt, das die Alterung steuert. Das Gen bildet ein Enzym, das normalerweise die Aktivierung lebensverlängernder Gene verhindert. Molekulargenetiker zeigten nun, dass Veränderungen dieses Enzyms, seien sie nun durch (künstliche) Mutationen oder unter Einfluss von Stress und chemischen Substanzen erfolgt, genutzt werden können, um die Blockade aufzuheben und dadurch den Prozess der Alterung zu verlangsamen. Das wäre dann der erste Schritt in die gesuchte Langlebigkeit!

Ein anderer erfolgreicher Versuch wurde 2009 am Albert Einstein College of Medicine der Yeshiva-Universität in New York unternommen. »Telomere sind ein Teil des Puzzles der menschlichen Langlebigkeit«, erklärte dort der Genetiker Gil Atzmion. »Wir stellten fest, dass alte Menschen ihre Langlebigkeit zumindest zum Teil tatsächlich vorteilhaften Varianten von Genen verdanken, die für die Erhaltung der Telomere zuständig sind. Letztlich könnte es zukünftig möglich werden, Wirkstoffe zu entwickeln, die die Telomerase imitieren, mit denen unsere Hundertjährigen gesegnet sind.«

Die Langlebigkeit zu erforschen ist auch Ziel der Nanotechniker. Anfang 2012 wurde in einer ARTE-Sendung ausführlich darüber berichtet. Es ging um die Möglichkeiten der Nanomedizin, dereinst die Lebenszeit des Menschen erheblich – oder beliebig – zu verlängern.[153] Chad Mirkin, William Moffitt und Nathan Ledeboer, alle drei Experten der Nanomedizin, erklärten die Einsatzmöglichkeiten dieser neuen Wissenschaft, und es klang keineswegs wie Utopie, wenn sie ihre Ziele definierten.

Es ist noch gar nicht lange her, dass Wissenschaftler begonnen haben, systematische Studien zur Langlebigkeit zu betreiben. Inzwischen arbeiten 26 Forschungseinrichtungen in Europa an einem interdisziplinären Projekt, an dem Demografen, Epidemiologen, Mediziner, Genetiker, Molekularbiologen, Bioinformatiker und Statistiker beteiligt sind. Diese konzentrierten wissenschaftlichen Bemühungen sind fokussiert auf die Entschlüsselung der Langlebigkeit. Eines Tages werden diese Forschungen ihre Früchte tragen. Dann wird man auch die Berichte über die Langlebigkeit der vorgeschichtlichen Helden mit anderen Augen sehen und erkennen müssen, wie genau die alten Mythen den hohen Wissensstand der Ahnen Adams wiedergeben.

Gilgamesch versuchte die Unsterblichkeit (der Götter) zu erreichen. Er scheint gewusst zu haben, dass er am Ziel seiner gefährlichen Wanderung zum »Land der Lebenden« eine Chance hatte, von den unsterblichen »Göttern«, mit denen er über seine »göttliche« Mutter verwandt war, diese Unsterblichkeit zu erlangen. Er wusste, die »Götter« haben die Möglichkeit, ihn (und seine Gene) so zu verändern, dass ihm die Unsterblichkeit beschieden sein würde. Aber die »Götter« verweigerten ihm die Erfüllung seines Wunsches. Sie sagten nicht etwa, dass sie zur Erfüllung seines Wunsches nicht die Möglichkeit hätten. Sie hatten die Möglichkeit. Aber sie nutzten sie nicht. Zu diesem Schluss kommen wir bei der Lektüre des Gilgamesch-Epos.

Sollten die Wissenschaftler weiterhin so große Fortschritte machen, die sie zurzeit schon nachweisen können, dann wäre es durchaus vorstellbar, dass spätere Generationen tatsächlich einmal ein ähnlich hohes Alter erreichen wie Noah und seine Vorfahren. Wenn man bedenkt, wie genau wir bisher den Spuren unserer »göttlichen Lehrmeister« gefolgt sind, erscheint mir die Möglichkeit, erneut eine heute noch fantastisch erscheinende Langlebigkeit zu erreichen, gar nicht so abwegig. Ob das allerdings eine erfreuliche Aussicht ist, soll dahingestellt bleiben.

Mutationssprünge auf dem Weg zum intelligenten Menschen

Das Thema dieses Buchs – »Adams Ahnen« – macht es erforderlich, weit zurückzublenden in die ersten Kapitel der Urgeschichte des Menschen, um die Geschehnisse vor 250.000 Jahren einordnen zu können. In jener uns so fernen Zeit wurde der *Homo sapiens* erschaffen, und seine Ahnen hatten daran einen wesentlichen Anteil. Sie waren dem nachgeborenen Adam auf der Stufenleiter der Evolution »zeitlebens« unendlich weit voraus.

Als vor sechs Millionen Jahren ein ganz entscheidender Einschnitt in der Evolution des (zukünftigen) Menschen erfolgte, hatte die Evolution des Lebens auf der Erde schon einen langen Weg zurückgelegt. Hinter sich gelassen hatte die Evolution Perioden, in denen die Kreaturen weder männlich noch weiblich waren und die Fortpflanzung sich entsprechend »einfacher« vollzog! Die androgynen Wesen waren zweigeschlechtlich – schlecht war das vielleicht auch nicht.

Die Zeiten, in denen noch alle Wesen androgyn, das heißt zweigeschlechtlich, waren, durchlebe ich im veränderten Bewusstseinszustand. Der Regressionstherapeut fragt mich: »Sind Sie ein Mann oder eine Frau?« Und ich antworte: »Die Frage sagt mir nichts.«[154]

Bis vor sechs Millionen Jahren war für Menschen und Schimpansen die Evolution identisch und sehr langsam verlaufen. Plötzlich trat eine Reihe genetischer Abweichungen auf, die für unsere Entwicklung hin zum Menschen entscheidend waren. Diese Erkenntnis beruht auf neuesten Forschungsergebnissen, die erst vor wenigen Jahren Licht in den bis dahin unerforschten Verlauf der Evolution des Menschen brachten.

Evolutionsgeschichtlich sind die Schimpansen die nächsten Verwandten des Menschen. Vor sechs Millionen Jahren aber trennten sich die beiden Linien.

Neue Aspekte dieser wissenschaftlichen Zusammenhänge verdanken wir Katherine Pollard, Professorin an der *University of California* in Berkeley, die sich als Biostatistikerin weltweit einen Namen gemacht hat. Sie suchte systematisch nach genetischen Merkmalen, die sich seit der Trennung der Menschenlinie von der Schimpansenlinie am meisten verändert haben. 2005 legte sie faszinierende Forschungsergebnisse zu Mutationen des menschlichen Genoms vor.

Mit dem Schimpansen hat der Mensch fast 99 Prozent seiner DNS gemein. Um das eine Prozent Unterschied geht es im Folgenden.

Evolutionstheoretiker gingen bisher davon aus, dass die große Mehrheit dieser Veränderungen auf die menschliche Entwicklung keine Auswirkungen hatte. Inzwischen aber stellten sie fest, dass gerade diese (nur) 15 Millionen Basen den entscheidenden Unterschied bewirkten, der uns zum Menschen werden ließ.

Um herauszufinden, welche Teile des Genoms uns zu Menschen gemacht haben, entwickelte Katherine Pollard ein Computerprogramm, mit dem sie das menschliche Genom scannen und dadurch genau diejenigen Teile der DNS-Sequenzen identifizieren konnte, die den Unterschied zwischen Mensch und Schimpanse ausmachen.

Pollard erkannte, dass eine beschleunigte Änderung für die menschliche Entwicklung entscheidend gewesen sein muss –

oder anders ausgedrückt: »Der beschleunigte Wandel lässt vermuten, dass HAR I (*Human Accelerated Region*) in unserer Linie eine wichtige neue Funktion erlangte. Dass das HAR-I-Element über Hunderte von Jahrmillionen hinweg fast unverändert bewahrt wurde, spricht für eine sehr wichtige ihm obliegende Funktion. Seine plötzliche Umwandlung in unserer Abstammungslinie legt nahe, dass seine Funktion sich beträchtlich veränderte. Der regelrechte Schub an ausgetauschten Basen in HAR I könnte unser **Gehirn** während der Evolution erheblich verändert haben«, so Pollard.[155]

Die Wissenschaftlerin hatte den Computer eine Liste erstellen lassen von denjenigen DNS-Sequenzen, deren Evolution **schneller** als bei den anderen verlaufen war. Ihre erste wichtige Entdeckung – HAR I – war eine Sequenz von 118 Basen, die sie als einen Teil jenes Gens erkannte, das im **Gehirn** aktiv ist – und der Wissenschaft bis dahin unbekannt war. Die Identifizierung des HAR I hatte nun das Potenzial, Licht zu werfen auf die rätselhafte Eigenart des menschlichen Gehirns, sich in Teilen schneller zu entwickeln als andere Regionen des Gehirns. Pollard spricht ausdrücklich von einer **plötzlichen** Änderung der sich schneller als normal entwickelnden Sequenz. Und die ist ausgerechnet im Gehirn aktiv!

Es muss nicht betont werden, wie wichtig gerade das Gehirn für unser Menschsein ist: Sprache, Religion, Philosophie und Mathematik sind nur einige der Domänen, die dem Menschen vorbehalten sind. Auf all diesen Gebieten unterscheiden wir uns dank unseres Gehirns vom Tier. Die genannte Mutation war also für den Weg hin zum Menschen durchaus entscheidend.

Die Hälfte dieser Sequenz HAR I besteht nicht aus Genen, sondern aus Schaltern, den so genannten *switches*, die die umliegenden Gene an und aus *switchen*, i. e. an- und ausschalten. Der Mensch unterscheidet sich vom Schimpansen also nicht so sehr dadurch, dass er unterschiedliche Gene hat, sondern vielmehr dadurch, wie er die Gene einsetzt – wie sie an- und ausgeschaltet werden.

Die sogenannten *switches* haben für die Forschung heute einen neuen Stellenwert, seit sie als regulatorische Sequenzen erkannt wurden. Die Zeiten, in denen sich die Molekularbiologen vor allem mit den 1,5 Prozent der Gene befassten – mit den Proteinen als Grundelemente der Zellen – und die übrigen 98,5 Prozent als »Schrott-DNS« (engl.: *junk-DNA*) abtaten, sind vorbei. Mit Erstaunen stellten die Forscher fest, dass die *switches* meist im Zusammenhang stehen mit dem Funktionieren des **Gehirns**. Dieser kleine Prozentsatz des Genoms scheint sich auf ein Gennetzwerk auszuwirken und die Veränderungen im Gehirn durch seine regulatorische Funktion tiefgreifend beeinflusst zu haben.

Eine weitere beschleunigt einsetzende genetische Veränderung lässt die Entwicklung des **Daumens** der menschlichen Hand erkennen. Dieses zweite Beispiel für Genomabschnitte mit **beschleunigter Evolution** trägt die Bezeichnung HAR II. Während der Embryonalentwicklung wurde die Genaktivität in dieser Region besonders angeregt, wodurch diese morphologische Veränderung unserer Hand entstand. Was wäre der Mensch ohne seine vielseitig einsetzbare Hand, die vor allem durch den Daumen einen großen Aktionsradius ermöglicht! Der Daumen, dieses kleine physische Detail, half dem Lebewesen in ganz entscheidendem Maße, das zu werden, was es ist – ein Mensch. Und gerade die Gene, die für die Entwicklung des Daumens von Bedeutung sind, durchliefen eine ungewöhnlich plötzlich einsetzende, schnelle Entwicklung.

Katherine Pollard formuliert ihre dritte Entdeckung 2009 in einem Interview mit *Spektrum der Wissenschaft* wie folgt: »In einem Genom muss sich nicht sehr viel verändern, damit eine neue Spezies entsteht. Aus einem gemeinsamen Vorfahren, dem Schimpansen, entwickelte sich der Mensch nicht dadurch, dass die molekulare Uhr als Ganzes schneller tickte. Das Geheimnis liegt vielmehr im raschen Wandel von Stellen, wo so etwas große, beschleunigte Auswirkung auf die Funktionen eines Organismus hat.

HAR I und HAR II sind sicherlich eine solche Stelle und das Gen FOXP2 ist eine dritte. Es enthält ebenfalls eine der von mir identifizierten, beschleunigt gewandelten Sequenzen und hat mit der **Sprechfähigkeit** zu tun.«[156]

Pollard fand also in der Vielzahl der Gensequenzen eine menschenspezifische Mutation im Gen FOXP2, das für die Entwicklung in jener Region sorgt, die für die Sprachfähigkeit zuständig ist. Wissenschaftler des Max-Planck-Instituts für evolutionäre Anthropologie in Leipzig sequenzierten 2007 das Gen FOXP2 aus Knochen eines Neandertalers und entdeckten, dass – entgegen bisheriger Annahmen – dieser ebenso sprechfähig war wie der heutige Mensch. Die Abstammungslinie von Neandertaler und modernem Menschen hat sich schon vor einer halben Million Jahre getrennt, sodass das Gen FOXP2 **vor** dieser Zeit entstanden sein muss. Für unsere Entwicklung hin zu einem sprechenden »wissenden« Menschen war das von entscheidender Bedeutung.

Höhere geistige Leistungen des Menschen haben eine sprachliche Repräsentanz und beruhen auf einem syntaktisch, grammatisch und semantisch korrekt bewältigten Begriffssystem. Genetisch bedingte Störungen in diesem System haben weitreichende Folgen, so die Anthropologen, Humangenetiker und Entwicklungsbiologen. Das Gen FOXP2 besteht aus 715 Aminobausteinen, wobei es 23 Sorten dieser Bausteine gibt. Ein Austausch einzelner Basen hat gravierende Konsequenzen. Auf dem Chromosom Nr. 7 liegt ein spezielles Gen, welches im Falle von Mutationen Störungen der (kindlichen) Sprachentwicklung verursacht.

Der Austausch von Basen erfolgte am Beginn der stammesgeschichtlichen Entwicklung hin zum Menschen und wurde in der zum Ur- oder Vormenschen führenden Linie fixiert. Ein Austausch machte die spezielle Entwicklung der Sprach- und Sprechfähigkeit des Menschen erst möglich.[157]

Als Ergänzung dieser Ausführungen zur evolutionären Anthropologie sei kurz erwähnt, dass auch einige Tiere über einen erstaunlich umfangreichen »Wortschatz« verfügen. So variieren Zebrafinken ihren Gesang durch vielfältige Tonfolgen. Wird in ihrem Erbgut aber das Gen FOXP2 ausgeschaltet, so verkümmert der Gesang des Tieres.

Wie Pollard zeigen konnte, verlief die Evolution hin zum Menschen nicht gradlinig, sondern in Sprüngen. Hierzu möchte ich folgende Fragen stellen: Waren die Mutationen **Zufall**? Oder war jeder Evolutionssprung von Anbeginn an Teil des Schöpfungsplans? Oder wurde der Schöpfungsplan von höher entwickelten Lebewesen im Universum nachgebessert? Und wenn ja, war auch die Veränderung, die uns als Nachbesserung erscheint, vorgesehen im Schöpfungsplan? Oder gibt es einen solchen Schöpfungsplan gar nicht?

Setzt ein jeder, der dazu in der Lage ist, seine schöpferischen Kräfte für die Abläufe im Universum ein? Das Bewusstsein, so sagen die Quantenphysiker, sei die (einzige) schöpferische Kraft im Universum. Gestaltet auch der Mensch mit seinem (Anteil am) kosmischen Bewusstsein das Universum?

Meine eigene Deutung der so plötzlich einsetzenden Mutationen ist folgende: Ich halte die drei von Katherine Pollard entdeckten Genmutationen, die alle »plötzlich« und »beschleunigt« einsetzten und ursächlich sind für die Evolution vom Tier hin zum intelligenten Menschen – jeweils für eine zielgerichtet durchgeführte Genmanipulation, für einen bewussten und gewollten Eingriff in die laufende Entwicklung hin zum intelligenten Menschen. Ich halte diese drei für unsere Entwicklung so wesentlichen Mutationen nicht für zufällig, sondern für geplant von Höheren Intelligenzen, die damit einen Plan verfolgen.

Dass zielgerichtete Eingriffe möglich sind, wissen wir heute. Die Forschung hat gelernt, wie künstliche Mutationen zu bewerkstelligen sind. Unsere Wissenschaftler planen längst, den Menschen zu verändern oder gar zu klonen. Auf diesem Weg folgen sie – ohne es zu wissen – den Höheren Intelligenzen von jenseits der Erde.

Spuren der Titanen aus einer vormenschlichen Zeit, die sich in Stein oder Schrift aufzeigen ließen, sind bisher unbekannt – oder nicht anerkannt. Aber die genannten drei Beispiele für eine »beschleunigte« und ungewöhnlich »plötzlich« einsetzende Mutation sehe ich in einem logischen Zusammenhang mit dem Evolutionssprung vor 250.000 Jahren, als die Linie des *Homo sapiens* mit der Ur-Eva in Afrika begann.

Die Genmutation vor 250.000 Jahren war wohl nicht die letzte auf dem Weg zum *Homo sapiens sapiens*. Was geschah vor 100.000 Jahren, als aus *dem* simpleren *Homo sapiens* der intelligentere, moderne Mensch, der *Homo sapiens sapiens*, wurde? Der heutige Mensch verfügt über eine neuartige Intelligenz. Er hat – mehr als alle anderen Lebewesen auf der Erde – eine Begabung zum analytischen, abstrakten Denken, er hat eine kreative, emotionale, soziale, kinetische und sogar eine spirituelle Intelligenz.

Die alten Zeichen

Wie kam es dazu? Wie hat sich diese neuartige Intelligenz herausgebildet – plötzlich, vor 100.000 Jahren? Warum akzeptieren wir nicht einfach die logische Antwort: Ohne den Einfluss der Titanen, ohne die so genannten »Götter«, ist der »Evolutionssprung« nicht vorstellbar. Die Höheren Intelligenzen waren dem kleinen Adam weit überlegen an Kenntnissen, die sie selbst wohl schon vor unvordenklichen Zeiten erworben hatten. Ihr Denkvermögen scheint von ganz anderer Art als das Denkvermögen des neuen Erdenmenschen, der seit 250.000 Jahren auf der Erde nachweisbar ist.

Viele alte Texte erzählen davon, dass sich die Götter immer wieder bemühten, dem kleinen, menschlichen Arbeiter in den verschiedensten Disziplinen zu unterrichten. In der Landwirtschaft, im Handwerk, in der Metallurgie, in der Architektur und auf vielen anderen Gebieten wollten die Götter an die Menschen weitergeben, was sie an Kenntnissen bereits beherrschten. Aber so leicht war das nicht. Der neue Mensch war recht limitiert in seiner Auffassungsgabe, und vielleicht fehlte es ihm auch an Ehrgeiz.

Warum ich das vermute? Weil ich das Leben eines solchen simplen Arbeiters gelebt und in einer Regressionssitzung neu durchlebt habe. In verändertem Bewusstseinszustand erfahre ich mich als limitiert in meiner Auffassungsgabe, wenn sich die fremden Besucher der Erde nachdrücklich um mich bemühen und mich unterrichten wollen. Sie kommunizieren offenbar telepathisch mit mir, und ihre Erwartungshaltung missfällt mir sehr.

»Sie selbst, die Fremden, wissen alles viel besser; sie haben einen ganz großen Plan, und für uns bleibt nur die Rolle des Dieners ... Auf jeden Fall handelt es sich

bei jenen um dem Menschen ähnliche Wesen ... Es sind keinesfalls Engel oder göttliche Wesen. Man muss nicht zu viel Respekt oder Ehrfurcht haben vor ihnen. Sie kommen aus einer anderen Dimension und sind weiter fortgeschritten als wir ... Sie machen Zeichen, als wenn sie mir etwas vermitteln wollten, als wenn sie mich unterrichten wollten in der Arbeit, die man an den Bäumen vornehmen könnte ... aber ich würde es vorziehen, wenn sie mich in Frieden ließen.«[158]

So »erlebte« ich die Situation des kleinen, neuen Menschen zwischen 250.000, der Zeit seiner Erschaffung, und 100.000, der Zeit, in welcher der intelligentere *Homo sapiens sapiens* erstmalig auf den Plan trat. Der neue Mensch diente als (einfacher) *Homo sapiens* den Höheren Intelligenzen in dieser Zeitspanne als gehorsamer Arbeiter.

Ich frage mich, ob der für den Menschen oft so typische Arbeitseifer immer noch die Folge davon ist, dass wir einst genetisch dafür programmiert wurden zu arbeiten, immer nur zu arbeiten, ohne unser Erdenlos zu hinterfragen. Noch heute wird diese »Arbeitswut« als normales Phänomen empfunden. *Workoholic* zu sein ist heutzutage keineswegs nur abwertender Bedeutung. Ohne Arbeit ist der Mensch »nichts wert«, so die verbreitete Meinung. Über die Arbeit kann sich der Mensch definieren – und das tut er auch. Es scheint, dass der als »kleiner Arbeiter« geschaffene erste Mensch seine Arbeit einst gehorsam erledigte und dass in dem modernen Menschen, dem Nachkomme jener kleinen Arbeiter, die vorgeschichtliche Programmierung des »Arbeiters« immer noch nachwirkt. Der heutige Mensch sucht und liebt seine Arbeit und nutzt sie sogar als *raison d'être*.

Die alten Zeichen

In einem Leben vor 58.000 Jahren formuliere ich als simpler *Homo sapiens* in das Mikrofon des mich durch die Sitzung leitenden Arztes meine Meinung über die Arbeitswut des neuen, so genannten »intelligenten« Menschen. Aus dem Blickwinkel des simpleren *Homo sapiens* klingt das wie folgt:

> *»Ich sehe mich sicherlich als sehr anders als die hellen, schwachen, neuen Menschen. Sie sind verglichen mit mir minderwertig. Sie machen Dinge, die nicht von Bedeutung sind, die nutzlos sind. Diese neuen Menschen sind aktiv, das ist alles. Ihre Aktivitäten haben keinen Sinn für mich.«*[158a]

So viel zur Reaktion eines simplen *Homo sapiens* auf den arbeitsamen modernen Menschen.

Evolutionssprung unter dem Baum der Erkenntnis

Außerordentlich aufschlussreich ist, dass die Götter von ihren kleinen Geschöpfen als den »umnebelten Menschen« sprechen![159] Das Bewusstsein dieses neu geschaffenen Menschentypus ist in ihren Augen also »umnebelt«! Welch eine lyrische und dennoch drastische Umschreibung der Tatsache, dass es dem frühen *Homo sapiens* an der Erkenntnisfähigkeit fehlte. Sein Geist war nicht klar. Seine Gedankenbilder waren verschwommen. Seine Vorstellungen waren nebulös. Der kleine Mensch hatte noch nicht vom »Baum der Erkenntnis« gegessen!

Adams Ahnen

In der Zeit zwischen den Jahren 250.000 und 100.000 hat sich der simplere Mensch, den die Götter zielgerichtet als einfachen Arbeiter programmiert hatten, irgendwann vom *Homo sapiens* zum *Homo sapiens sapiens* entwickelt. Er verfügte am Ende dieser Zeitspanne über eine anders geartete, höhere Intelligenz, die ihn »den Göttern gleich sein« ließ. Was war passiert? Was löste diesen fundamentalen Evolutionssprung aus?

Über diese Zeitspanne finden sich in den alten sumerischen Texten zu wenige Angaben, um daraus die Entwicklung hin zum modernen Menschen mit Genauigkeit zu rekonstruieren. Einen Ansatzpunkt, den ich hier nutzen möchte, gibt es aber doch: George Smith, der geniale Übersetzer der sumerischen Keilschrifttafeln, definiert sehr genau den Unterschied zwischen dem von den Göttern neu geschaffenen Wesen, der mit dem Gattungsbegriff »der Adam« bezeichnet wird, und dem sehr viel jüngeren Individuum mit Namen »Adam«: »*The name Adam is in the Creation legends, but only in a general sense as man, not as a proper name.*«[160]

Das vor 250.000 Jahren kreierte Geschöpf wird als »der Adam« bezeichnet, etwa so, wie man beispielsweise von »dem Hund« spricht. Auch Klone – die »Doubles« – würde man in prähistorischer Zeit sicher nicht als Individuen bezeichnet haben. Um solche wird es sich aber bei den von den Göttern neu geschaffenen Lebewesen zunächst gehandelt haben (vgl. Kapitel »Lasst uns einen Menschen machen!«). »Der Adam« ist ein Lebewesen. Der Begriff bezeichnet nicht ein Individuum, sondern wird genutzt als ein Gattungsbegriff, der sich herleitet aus »adom«, dem hebräischen Wort für »rot«, und von »adama«, dem hebräischen Wort für »Erde«, und schließlich auch von »dam«, dem hebräischen Wort für »Blut«.

»Der Adam« ist also ein Gattungsbegriff für ein »Lebewesen der Erde aus rotem Blut«.

Die alten Zeichen

Wie lange es gedauert haben mag, bis aus der Gattung Adam das Individuum Adam wurde, lässt sich den alten Texten nicht entnehmen. Das Alte Testament berichtet, auf Adam sei nicht sein Sohn Kain, sondern der sehr viel später geborene Sohn Seth gefolgt, der in der Bibel in einer Reihe mit den Patriarchen genannt wird. Ihm folgten die Patriarchen Enosch, Kenan, Mahalelel, Jared, Henoch, Methusalem, Lamech und schließlich Noah, der Überlebende der Sintflut. Henoch ist der Erste, der den Namen »Mensch« trägt. Er sei auch der Erste gewesen, der den Namen des Herrn angerufen habe, weil er Gott als den Schöpfergott erkannt habe. Das wird als ein Zeichen seiner Erkenntnisfähigkeit gewertet, als eine Eigenschaft, die nur dem *Homo sapiens sapiens* zugestanden wird.

Was aber befähigte den Menschen plötzlich zur »Erkenntnis«? Was war geschehen, dass ihm der Weg zur Erkenntnis geöffnet wurde? Wie gelangte Adam zur »Erkenntnis«? Ein Mutationssprung? Die Bibel beschreibt diesen Sprung in Bildersprache. Adam habe die Frucht vom »Baum der Erkenntnis« gegessen – und sei dadurch »Gott gleich« geworden.[161] »Und Gott der Herr bepflanzte einen Garten Eden … und setzte den Menschen darein, den er gemacht hatte. Und Gott der Herr ließ aufwachsen aus der Erde allerlei Bäume, lustig anzusehen und gut zu essen, und den »Baum des Lebens« mitten in den Garten und den »Baum der Erkenntnis« … Und Gott der Herr nahm den Menschen und setzte ihn in den Garten Eden, dass er ihn bebaute und bewahrte. Und Gott der Herr gebot dem Menschen und sprach: »Du sollst essen von allerlei Bäumen im Garten. Aber von dem ›Baum der Erkenntnis von Gut und Böse‹ sollst Du nicht essen. Denn welchen Tages Du davon isst, wirst Du des Todes sterben.«[162] Der Mensch aß dennoch davon – und starb trotzdem nicht desselben Tages. Warum also diese Drohung Gottes, die Adam daran hindern sollte, Erkenntnis zu erlangen?

Die Erkenntnis führt zu einer höheren Seinsebene und letztlich zu einer Annäherung an das Göttliche. Nach dem »Sündenfall« spricht der Gott der Bibel denn auch: »Siehe, Adam ist geworden als einer von uns (Göttern).«[163] Dieser entscheidende Evolutionssprung war von den Göttern nicht gewollt. Ihn zu verhindern war Sinn des göttlichen Verbots. Aber es fruchtete nichts. Adam hielt sich nicht an die Weisung. Die Folgen sind dramatisch: Der Mensch wird des Paradieses verwiesen – weil er die Erkenntnisfähigkeit erlangt hat!

Welcherart mag die Frucht am »Baum der Erkenntnis« gewesen sein? Ein Apfel war es jedenfalls nicht, denn den gab es vor Tausenden von Jahren im Vorderen Orient nicht. War es eine der Früchte, die eine bewusstseinserweiternde Wirkung haben? Wenn man die Bibelstelle wörtlich nimmt, handelte es sich um die Frucht eines »Baumes«. Welcher Baum könnte im Garten Eden gestanden haben, dessen »Apfel« eine halluzinogene Wirkung auf den Menschen hat?

War es vielleicht ein Stechapfel (lat.: *Datura suaveolens*)? Er wächst heute weltweit in warmen und tropischen Zonen. Der Garten Eden wäre also ein idealer Nährboden für diesen Baum gewesen. Der Verzehr aller Pflanzenteile dieses Baumes, besonders aber die Früchte und der Samen, haben eine halluzinogene Wirkung. Nimmt der Mensch Früchte dieser Art zu sich, gelangt er in einen veränderten Bewusstseinszustand, in dem er aus sich »heraustritt«. In einer »geistigen Schau« transzendiert er die Realität des irdischen Lebens und gelangt zu Einsichten in große geistige Zusammenhänge. Er erkennt, was es auf sich hat mit der *conditio humana,* und er versteht die vieldimensionale Vernetzung im Kosmos, in dem seinem eigenen Bewusstsein – als Teil des kosmischen Bewusstseins – eine wesentliche Bedeutung zukommt.

Die alten Zeichen

Von der halluzinogenen Wirkung einiger Früchte dürften schon die ältesten Kulturen auf unserem Erdball Kenntnis gehabt haben. Halluzinogene der verschiedensten Arten wachsen in allen irdischen »Paradiesgärten«. Nahezu alle alten Kulturen hielten solche Früchte, Pflanzen und Kräuter hoch in Ehren; sie wussten um deren Wirkung, und sie wussten, wie man sie einsetzt. Regionen, in denen nachweislich Halluzinogene verwendet wurden, finden sich überall auf diesem Globus. In Sibirien berauschten sich die Menschen an der Wirkung des Fliegenpilzes; in Mexiko war es der Psilocybinpilz; die Huichol nutzten den Peyote-Kaktus; bei den Amazonas-Indianern war es Ayahuasca und in Kolumbien die Yajé-Liane.

Die Wirkung der Drogen wurde meist für rituelle, kultische, magische oder religiöse Zwecke eingesetzt. Die Rituale führten Schamanen oder Priester durch, die das visionäre Potenzial der durch Halluzinogene induzierten Ekstase kannten und es zu nutzen verstanden für Kontakte mit der spirituellen Welt, mit Geistern und mit Gott – je nach Kulturkreis.

In einer der 40 Sitzungen in der Praxis des Regressionstherapeuten erlebe ich die Wirkung der Halluzinogene auf mich als Tänzerin in einem Maya-Kult vor fast 3000 Jahren:

> »*Ich tanze für ein Fest mit viel Lärm ... Es gibt da dieses Tier, das sie verehren wie einen Gott ... Es ist der Jaguar ... Sie wollen in dieser Zeremonie genauso wild sein wie der Jaguar ... Sie geben mir etwas zu trinken ... bevor ich die Zeremonie begleite mit meinem wilden Tanz ... Ich bin kaum noch bei Bewusstsein ... Ich fühle mich gar nicht als Mensch ... Ich schwebe über meinem Körper ... Ich sehe mich ganz weiß ... wie ein Phantom ...*«[164]

Die durch Einnahme von Halluzinogenen erzielte Trance kann Türen öffnen in eine andere, in eine geistige Welt. Durch die Intensivierung der Sinneseindrücke hebt sich die durch Zeit und Raum bedingte irdische Begrenztheit auf. Im Ritual versucht der Schamane, in die Sphären des Jenseits einzutauchen, in die Urzeit hineinzublicken und für die Gegenwart daraus zu lernen. Die Seelenreise führt in Dimensionen, die einem Menschen gewöhnlich nicht zugänglich sind. Das gilt auch für Erfahrungen mit dem Tod. Der Status der Sterblichkeit scheint in tiefer Trance überwunden, und der Mensch tritt ein in eine Kommunikation mit dem Ewigen, mit dem Absoluten.

Ich selbst kenne die Wirkung von Halluzinogenen nicht. Aber die Erfahrung in einem durch tiefe Meditation oder Konzentration herbeigeführten Bewusstseinszustand kenne ich sehr wohl. Man kann die beiden Verfahren, i. e. die Wirkung von Halluzinogenen und die spirituelle Versenkung, vielleicht nur insofern miteinander vergleichen, als sie beide herausführen aus dem normalen Betarhythmus der Gehirnwellen. Ich glaube allerdings, dass die durch Meditation gewonnene Erkenntnis eher zu einer essenziellen, existenziellen und eschatologisch bedeutsamen Erfahrung führt als der »Genuss« von Drogen.

Der Mensch kann im veränderten Bewusstseinszustand erkennen, dass er teilhat am universalen Geist, an der Einheit, in der alles im Universum einbeschrieben ist. Der Geist eines jeden Menschen ist göttlich. Das Bewusstsein hat schöpferische Kraft. Die Mystiker – und heute auch die Quantenphysiker – erkennen das Bewusstsein, auch das menschliche Bewusstsein, als die einzige schöpferische Kraft im Universum.

Der Erdenmensch kann im veränderten Bewusstseinszustand seine Bedeutung innerhalb der Schöpfung erkennen. Er

Die alten Zeichen

erkennt sich als Teil des kosmischen Urgrunds, als Teil des Einen. Und damit erkennt er sich als »den Göttern gleich«. Er erkennt sich als Gott gleich! Dieses dürfte die Erkenntnis sein, die dem kleinen Erdenmenschen von seinen Schöpfergöttern im Garten Eden nicht zugestanden wurde. Der neu geschaffene Mensch sollte sich nicht als das erkennen, was er ist: ein Ebenbild Gottes.

Das ist eine sehr persönliche Interpretation des ersten Kapitels der Bibel, die in so vielen wesentlichen Passagen Anleihe genommen hat bei den sumerischen Texten. Aber ich stehe mit meiner Meinung durchaus nicht allein. Die uralten indischen *Veden* mit ihrem »heiligen Wissen« enthalten in ihrem metaphysisch-philosophischen Teil, den *Upanishaden,* eine vergleichbare Einstellung zur Erkenntnis wie die sumerischen Götter im Paradiesgarten.

Ich zitiere aus den *Upanishaden*: »Die Götter wollten nicht, dass der Mensch die Erkenntnis gewinne, und sie verfolgen den mit Neid, der sie erstrebt.«[165] Und: »Es ist den Göttern nicht lieb, wenn der Mensch zur Erkenntnis gelangt.« Aber noch viel desillusionierender ist der Satz: »Wer eine Gottheit verehrt und denkt: ›Die Gottheit ist etwas anderes als ich‹, der hat kein Verständnis. Er ist wie ein Nutztier für die Götter.«[166]

In diesem Sinne übersetzte George Smith eine wesentliche Passage der sumerischen Keilschrifttafeln. Auch hieraus wird deutlich, dass die Götter den Menschen in der Unwissenheit lassen wollten: »Der Wissensdurst des Menschen ist die Ursache für seinen Fall.«[167]

Zu dieser Erkenntnis komme auch ich im Deltarhythmus der Gehirnwellen und sage als nicht inkarniertes Bewusstsein in das Mikrofon des Arztes:

*»Es ist eine schwebende Traurigkeit über dem Nichts ...
eine lastende Atmosphäre ...«*

Der Arzt fragt mich daraufhin: »Was erscheint Ihnen lastend?«
Und ich antworte:

»Das Wissen.«[168]

Der Baum in der Mitte des Paradiesgartens heißt mit seinem vollen Namen »Baum der Erkenntnis von Gut und Böse«. »Und Gott der Herr ließ aufwachsen allerlei Bäume ... und den ›Baum des Lebens‹ mitten im Garten und den ›Baum der Erkenntnis von Gut und Böse‹« (Gen 2, Vers 9). Ich habe meine Schwierigkeiten mit dieser Ergänzung »Gut und Böse«, weil ich den Sinnzusammenhang nicht erkenne zwischen dem metaphysisch-philosophischen Begriff »Erkenntnis« und dem erdverbundenen Begriffspaar »Gut und Böse«. Durch die Erkenntnis lässt sich das irdische Geschehen transzendieren, wohingegen das Begriffspaar »Gut und Böse« ein Hinweis ist auf die Dualität, in die der Mensch eingebunden ist während seines irdischen Lebens.

Die altindischen *Upanishaden* bieten hierzu eine meine Zweifel bestätigende Sinnweisung, wenn sie das Begriffspaar »Gut und Böse« abgrenzen gegen den Begriff »Erkenntnis« und Letzterer die höchste Bedeutung zuerkennen:

»Es handelt sich für den Wahrheitssucher nicht um Gut und Böse, denn in Bezug auf die Letzten Dinge des Menschen kommt keinem von beiden eine besondere Bedeutung zu, sondern **nur der Erkenntnis** ... Wem die Erleuchtung zuteil wird, der erlangt Unsterblichkeit.«[169]

Unsterblich werden hieß für die altindischen Weisen, als Seele einzugehen in die Einheit, in den göttlichen Geist, in den

»Wind«. Im Hebräischen steht das Wort »*ruach*« sowohl für »Geist« und »Atem« als auch für »Wind«. Der Geist Gottes *(ruach)* schwebte über den Wassern. Der »Wind« ist gleichsam unsere Verbindung zum Übernatürlichen.

In einer der 40 Regressionssitzungen sage ich:

> *»Ich bin kein menschliches Wesen ... Ich bin der Wind ... Es ist ein großartiges Gefühl. Aber ›ist‹ es? Ich existiere ... ich fülle die Leere. ... ich bin in allem. Aber man kann nicht gut von ›Ich‹ sprechen, denn es gibt nur das Eine. Es unterscheidet sich nicht von dem Bewusstsein. Das Eine unterscheidet sich nicht von dem Ich ...«*[170]

Ich komme noch einmal zurück auf den Begriff »Erkenntnis«. Die ersten Kapitel der biblischen Genesis habe ich sehr aufmerksam gelesen. Immer wieder fand ich es mühsam, den Standort des »Baumes der Erkenntnis« und den Standort des »Baumes des Lebens« auseinanderzuhalten. Beide Bäume stehen in der »Mitte« des Gartens und sollen dennoch von grundsätzlich unterschiedlicher Bedeutung sein.

Meine ganz persönliche Meinung zur Position der beiden Bäume im Paradiesgarten: Es gibt in der »Mitte« des Paradieses nicht zwei, sondern nur *einen* Baum. Beim »Baum des Lebens« ebenso wie beim »Baum der Erkenntnis« geht es um das »ewige Leben«. Denn die »Erkenntnis« ist der Schlüssel zum (ewigen) »Leben«. So sagen es die *Veden,* die ältesten Texte der Menschheit, und so sagt es letztlich auch die Bibel, wenn sie Gott über die Erkenntnis sagen lässt: »Und Gott der Herr sprach: Siehe, Adam ist geworden wie unser einer« (Gen 3, Vers 22). »Unser einer« aber hatte das »ewige Leben«!

Über die Bedeutung der Paradiesschlange finden sich Erklärungen in Texten, die älter sind als die Bibel: Der sumerische Gott Enki ist im sumerischen Pantheon der Gott der Weisheit und wird in frühdynastischer Zeit verehrt als – Schlange! Enki, der Gott der Weisheit, wurde zum Ratgeber und Freund der Menschen, der den Menschen vor der Sintflut rettet. Ich bin überzeugt, dass die Schlange Enki in die »Haut« der biblischen Schlange geschlüpft ist. Ich bin auch davon überzeugt, dass die Schlange als Freund des Erdenmenschen spricht, wenn sie Adam und Eva ermuntert, vom Baum der Erkenntnis zu essen und damit zu erkennen, dass sie als Menschen ein gottähnliches Potenzial besitzen.

Wer die Erleuchtung, die Erkenntnis erlangt, hat das »Ziel des Erdenlebens« erreicht. Er kann den Zyklus von Geburt, Tod und Wiedergeburt verlassen und eingehen in den Urgrund des Seins – in das Nichtsein. Die Existenz im Urgrund des Seins ist gleichsam das »ewige Leben«. Daher bemühen sich die Menschen seit Jahrtausenden um Erkenntnis. All die verschiedenen Praktiken und Exerzitien gelten einzig und allein dem Zweck, das Bewusstsein zur Ruhe zu bringen und auf diesem Weg – eventuell – einen Bewusstseinszustand zu erlangen, der Erleuchtung oder Erkenntnis bringt. Auf dem Apollotempel in Delphi stand einst der Aufruf zu lesen: »*Gnothi Seauton*« (dt. »Erkenne Dich selbst!«). Die Selbsterkenntnis galt auch noch den Griechen als Basis des sinnvollen Strebens.

Auf der Suche nach dem tieferen Sinn des biblischen »Baums des Lebens« führt der »Lebensbaum« der jüdischen *Kabbala* zum Ziel. Dieser Baum mit seinen zehn *Sephirot* (zehn »Zahlen« oder »göttliche Emanationen«) und den 22 Pfaden (Verbindungen) ist das Symbol der mystischen Erfahrung des Göttlichen. Er umschreibt den Weg zu Gott und die Schöpfung *ex nihilo*. Der Lebensbaum ist gleichsam das Diagramm des Prozesses, mit dem die Schöpfung ins Sein trat.

Auf dem Titelblatt dieses Buchs ist ein Piktogramm zu sehen, das 1908 von den Theosophen Annie Besant und Charles Webster Leadbeater erdacht wurde. Den Aufbau der zehn Energiewirbel, aus denen das subatomare »Hyper-Meta-Proto-Element« besteht, parallelisierten Leadbeater und Besant mit der Struktur des Sephirotbaums, wodurch sich das Bild der Doppelhelix der DNA ergibt, die allerdings zu der Zeit noch gar nicht bekannt war! Das Piktogramm enthält obendrein die Form des Torus, jenes sich selbst organisierenden, energetischen Kontinuums. Darauf gehe ich im Kapitel »Der Torus – kosmische Energie – Zahlenmystik« näher ein.[171]

Das höchste der zehn *Sephirot* ist *Kether*, die »Krone«, die als das Ziel der spirituellen Suche verstanden wird. *Kether* gilt als das Verborgene in der Schöpfung, als das Absolute, als die unendliche Energie, aus der die Schöpfung entsteht. Raum und Zeit sind etwas Zweitrangiges – wie die Anordnung der *Sephirot* deutlich macht. *Kether* entzieht sich dem menschlichen Begreifen, ist aber erfahrbar – in einem veränderten Bewusstseinszustand!

Höher noch *als Kether* – und letztlich von ganz und gar anderer Natur – ist das *En Sof,* das Unendliche, der Geist, die Sphäre des Urlichts. Es ist gleichsam das Göttliche **vor** der Manifestation des Geistes in der Materie, **vor** der Schöpfung der Welt. *En Sof* ist das göttliche Prinzip, über das hinaus menschliches Verstehen und menschliche Erkenntnisfähigkeit nicht gelangen kann.

In tiefster Trance sage ich in das Mikrofon des Arztes:

> »*Es gibt nur das Eine. Das Bewusstsein partizipiert an dieser Einheit … Es ist identisch mit der universellen*

> *Einheit ... Es ist die absolute Leere ... ein Meer von klarem Licht ... eine alles umfassende Leere ... Aber warum sage ich überhaupt ›Leere‹? Es gibt nichts als diese Leere ... auch keine Begrenzung, deshalb ist das Wort ›Leere‹ vielleicht auch nicht passend ... Es ist das Nichts ... Ich bin mitten im Licht. Das Ich ist aufgegangen im Licht. Es umhüllt mich, es umarmt mich. Langsam verliere ich meine Form ... Ich weiß nicht, ob ich ›bin‹ oder ob ich ›existiere‹. Ich löse mich auf. Ich werde zu Licht.«*[172]

(Vgl. hierzu *Kether* und *En Sof* in der mystischen *Sephirot*-Lehre der *Kabbala*.)

Dieser fast unerlaubt kurze Exkurs in die metaphysische Konnotation des Begriffs »Lebensbaum« zeigt vielleicht, dass die pittoreske Szene im Garten Eden auf einem komplexen Denkmodell basiert. All das ist heute nicht für jedermann nachvollziehbar. Mancherorts ist es sogar verpönt, sich um die Vorstellung von Jenseits, Raum und Zeit zu bemühen. »Es bringt doch nichts«, heißt es da schon mal. Oder man sagt: »Für solche metaphysischen Spekulationen bin ich zu realistisch.«

Gern würde ich da manchmal wissen, was diese »Realisten« unter dem Begriff »Realität« verstehen. Materie vielleicht? Max Planck definierte diesen Begriff als Quantenphysiker wie folgt: »Es gibt keine Materie, sondern nur ein Gewebe von Energien, dem durch intelligenten Geist eine Form gegeben wird.«

Und Hans-Peter Dürr formuliert im selben Sinn: »Das Bewusstsein ist die einzige Realität. Was wir für Materie halten, ist Bewusstsein.«[173]

In *Adams Ahnen* geht es aber nicht vordringlich um philosophische Konzepte der frühen Menschen, sondern es geht vor allem um ein größeres Verständnis für vor- und frühgeschichtliche Hinweise auf durchaus reale Fakten, die seit kurzem ihre überzeugende Entsprechung in modernen Forschungsergebnissen – auch in der Quantenphysik – finden. In diesem Buch geht es also nicht um Physik oder gar Metaphysik, sondern um ein Plädoyer für eine unvoreingenommene Beurteilung der Angaben in alten Texten. Die Hinweise auf Geschehnisse in unserer frühesten Geschichte verdienen es, mit offenen Augen gesehen zu werden.

Genügend Anhaltspunkte, Überlieferungen und moderne Forschungsergebnisse stehen zur Verfügung, um die ersten Kapitel der Existenz des *Homo sapiens* auszuleuchten und sie zu rekonstruieren. Adams Abkömmlinge interessieren sich für Adams Ahnen. Wir stellen unseren Familiensinn unter Beweis, indem wir eine gründlich recherchierte Ahnenforschung betreiben. Am Ende werden wir wissen, wer wir sind.

Riesen – weltweit die Helden der kleinen Menschen

Riesen werden in allen vor- und frühgeschichtlichen Texten erwähnt und spielen darin eine geradezu »überragend« wichtige Rolle. Gleich in ihren ersten Versen berichtet die Bibel von Göttersöhnen und Riesen. Nachdem der Mensch ein »gottgleiches« Wesen geworden war, begannen die Göttersöhne, sich für die Töchter der Menschen zu interessieren. Sie paarten sich mit ihnen und zeugten mit ihnen die riesenhaften Helden. Der Genesistext lautet: »Da sich aber die Menschen zu mehren begannen auf der Erde und zeugten Töchter, da sahen die

Göttersöhne nach den Töchtern der Menschen, wie schön sie waren und nahmen zu Weibern, welche sie wollten ... Zu der Zeit und auch später noch, als die Göttersöhne zu den Töchtern der Menschen eingingen und sie ihnen Kinder gebaren, wurden daraus die Riesen auf Erden. Dies waren die Helden der Vorzeit, die Hochberühmten.«[174]

Auch mit dieser Passage nimmt die Bibel bei den um 1500 Jahre älteren sumerischen Texten geistige Anleihe. Der Wahrheit tut das keinen Abbruch – im Gegenteil. Es unterstreicht die Bedeutung der biblischen Aussagen.

In sumerischen Texten heißt es, die Göttersöhne seien mit Menschentöchtern sexuelle Verbindungen eingegangen, aus denen Riesen hervorgegangen seien. Es heißt dort weiter, die Göttersöhne hätten ihre sexuellen Beziehungen zu den Menschentöchtern vor Anu, dem höchsten Gott der Sumerer, geheim zu halten versucht. Aber das für Göttersöhne unpassende Treiben sei Gott Anu dennoch zu Ohren gekommen. Dieser sei ob der *Mésalliancen* so erzürnt gewesen, dass er beschloss, die Menschen in einer Sintflut zu vernichten. Die Sintflut wird bei dieser Lesart zu einem göttlichen Strafgericht für ein sexuelles Verhalten, das zur Geburt von riesenhaften Wesen führte.

Der Riese mit dem höchsten Bekanntheitsgrad ist sicher Goliath. Wohl jeder kennt die biblische Geschichte vom Kampf des Knaben David gegen den Riesen Goliath.[175] Er gehörte zum Volk der Rephaim oder Refaiter, ein Volk von Riesen aus der Stadt Gath, die im Bund mit den Philistern stand. Auch König Og aus Baschan im heutigen Jordanien entstammte dem Volk der Refaiter und wird entsprechend als Riese bezeichnet. Sein Grab soll das Maß von viereinhalb mal drei Metern gemessen haben. Im 5. Buch Mose (3,13) wird Baschan ein weiteres Mal als »Land der Riesen« bezeichnet. Und auch im Land Moab wohnten die Riesen.

Die alten Zeichen

Als Kundschafter im Auftrag von Moses nördlich vom Sinai das »Gelobte Land, in dem Milch und Honig fließt« erreichten, trafen sie auf die Söhne Anaks, die als Riesen beschrieben werden. Wörtlich steht in der Bibel: »In dem Land, über das wir gegangen sind, um es zu erkunden, sahen wir Leute von großer Länge. Wir sahen dort Riesen, Anaks Söhne aus dem Geschlecht der Riesen, und wir waren in unseren Augen klein wie Heuschrecken und waren es auch in ihren Augen.«[176] Dass derartige Schilderungen durchaus einen realen Hintergrund haben können, zeigen die vielen nahezu gleichlautenden Schilde- rungen aus den meisten der alten Texte und Mythen.

Auch auf der anderen Seite des Atlantiks erzählen sich die Menschen von Riesen. So ehren zum Beispiel die Hopi-Indianer ihre Kachina als übernatürlich große Wesen, die ihnen das Wissen (zur Erde) brachten. Der Plural der Bezeichnung »Kachina« lautet erstaunlicherweise nicht Kachinas, sondern Kachinim. Die Silbe »-im« ist die im Hebräischen gebräuchliche Pluralbildung! Ist das als ein etymologischer Hinweis auf einen transatlantischen Kontakt zwischen den Hopi-Indianern und den Semiten des Vorderen Orients zu werten? Es wird immer noch gesucht nach dem »verlorenen« zwölften Stamm der Juden!

Auch noch in der etwas jüngeren griechischen Mythologie werden mit den Titanen Riesen aus einem göttlichen Geschlecht verehrt.

Einige alte Texte erwähnen, dass es bei der Paarung der Riesen mit den kleineren Menschen zu Schwierigkeiten kam: Als Gott Enlil die junge Ninlil umwarb und sie zum Geschlechtsverkehr animierte, lehnte sie ab mit dem Hinweis: »*My vagina is too small – for you.*«[177]

Auch die Äthiopier kannten das Problem, wie in ihrem heiligen Buch, dem *Kebra Nagast*, zu lesen ist: »Jene Töchter Kains aber, mit denen sich die Engel (!) vergangen hatten, wurden schwanger, konnten aber nicht gebären und starben. Und von denen in ihrem Leib starben einige, und andere kamen heraus, indem sie den Leib der Mutter spalteten ... Als sie dann älter wurden und aufwuchsen, wurden sie zu Riesen.«[178]

Oft ist die Rede davon, die Riesen hätten je sechs Finger und je sechs Zehen an Händen und Füßen gehabt. Im biblischen Buch der Chronik (21, Vers 6) heißt es dazu: »Da war ein großer Mann, der hatte je sechs Finger und sechs Zehen, die machen 24. Und er war von den Riesen geboren.« Sechs Finger an der Hand zu haben, gilt heute als eine Anomalie, während es bei den Riesen wohl eher ein charakteristisches Merkmal war. Sind die heute auftauchenden Fälle von Polydaktylie das Erbgut, das über die Riesen auf uns gekommen ist und unsere Verwandtschaft mit ihnen belegt? Nicht vererbt haben die Riesen allerdings ihre doppelten Zahnreihen, die gelegentlich an Riesenschädeln entdeckt worden sein sollen.

Auf frühgeschichtlichen Abbildungen sieht man die dargestellten Personen gelegentlich in sehr unterschiedlicher Größe. Das könnte als ein »Bedeutungsmaßstab« zu werten sein, bei dem die große Person die wichtige und die kleinere die vom Rang her niedrigere Person ist. Aber wenn man die Vielzahl und die globale Verbreitung der Erzählungen von Riesen bedenkt, dann wird man nicht an einen »Bedeutungsmaßstab«, sondern eher an eine realistische Darstellung denken. Ein gutes Beispiel dafür ist die so genannte »Friedenstafel« der »Standarte von Ur« aus dem dritten Jahrtausend.[179] Dort erkennt man – umgeben von kleineren Gestalten – einen sehr großen sitzenden Gott mit repräsentativem weitem Rock und ihm gegenüber eine ebenfalls sehr große sitzende Göttin. Die kleinen Figuren im Hintergrund sind nicht nur von niederem Rang, sie sind tatsächlich auch von kleinem Wuchs.

Die alten Zeichen

Auch auf mehreren anderen frühdynastischen Darstellungen dieser Region erkennt man den König sogleich an seiner Größe, die wahrlich beeindruckend ist. Als »Lu-Gal« wurde der Herrscher bezeichnet, was zu übersetzen ist mit »großer Mann«. Die alten Texte sind wohl durchaus wörtlich zu nehmen, wenn sie das Körpermaß von Göttersöhnen und Königen mit drei bis vier Metern angeben.

Herrscher und Könige der Sumerer hatten Riesenwuchs. An dieser Stelle sei noch einmal auf die bereits erwähnte Passage der sumerischen Keilschrifttexte verwiesen: Nach der Zerstörung durch die Große Flut kam das Königtum erneut vom Himmel zur Erde herunter. »*The kingship had been lowered from heaven* ...«[180] In vordynastischer Zeit regierten die riesenhaften Götter in Sumer!

Wenn es um die Frage geht, welcher Wahrheitsgehalt alten Texten über riesenhafte Wesen beizumessen ist, könnte wiederum die moderne Wissenschaft Ansatzpunkte zu einer neuen Offenheit gegenüber den alten Texten bieten. Heutige Genetiker haben festgestellt, dass bei einer Genmanipulation, bei einer künstlichen Befruchtung oder beim Klonen die Kinder größer werden als die Eltern. Ian Wilmut vom Roslin Institute in Edinburgh stellte an geklonten Tieren ein höheres Geburtsgewicht und letztlich Riesenwuchs fest. Eine Erklärung dafür weiß der Wissenschaftler nicht zu geben. Aber Keith Killian vom Duke University Medical Center in Durham, North Carolina, sieht in den geklonten Lebewesen eine fehlerhafte Steuerung des Wachstumsgens IGF2R als Ursache für den Riesenwuchs.[181]

Die Frage stellt sich, ob auch der Riesenwuchs prähistorischer Lebewesen das Ergebnis von Genmanipulationen war, die einst von »Göttern« an den Menschen durchgeführt wurden. Wenn der Riesenwuchs der prähistorischen Riesen aber nicht auf eine Genmanipulation zurückzuführen ist, dann bleibt wohl nur die Erklärung, dass die Götter selbst riesengroß waren und dass das Erbgut eines »göttlichen« Vaters und einer Erdenmutter die Mischlinge zu Riesen heranwachsen ließ.

Natürlich gilt das auch für all jene Fälle, bei denen der Vater dem Menschengeschlecht entstammt und die Mutter eine Göttin war. Hier sei auf den Halbgott Gilgamesch verwiesen, der seine heldenhafte Statur über seine göttliche Mutter ererbt hat. Dank seiner physischen Größe überwand er Distanzen in einem Viertel der Zeit, die ein Erdenmensch benötigte. »50 Meilen legten sie im Verlauf eines einzigen Tages zurück ... so kamen sie zu dem Berg im Libanon näher.«[182] Immer wieder erwähnen die Keilschrifttafeln die Körpergröße des Helden, die elf Ellen betragen haben soll.

Wenn die Götter und ihre Abkömmlinge tatsächlich die Größe von Riesen hatten, dann erklärt sich vieles! So etwa Zyklopenmauern und Steinterrassen, gebaut aus Monolithen von bis zu 1200 Tonnen Gewicht. Wir Menschen von heute hätten größte Schwierigkeiten, derartig gigantische Steine aus dem Felsen zu schlagen. Wir wüssten auch nicht, wie wir sie transportieren sollten. Wenn wir die extrem harten Granit- oder Dioritquader zu bearbeiten hätten und die Steinkolosse schließlich zu Konstruktionen derart anordnen sollten, dass sie die Jahrtausende unbeschadet überdauerten, wäre diese Arbeit uns heute nur unter Zuhilfenahme modernster Technologie möglich. Riesen kämen mit einer solchen Herkulesarbeit sicher eher zurecht als wir kleinen Erdenmenschen.

Einige erhalten gebliebenen Werkzeuge aus prähistorischer Zeit belegen, dass riesenhafte Wesen auf der Erde gearbeitet haben müssen. Nur eine überdimensional große Hand hätte diese Werkzeuge halten und benutzen können. Denis Saurat, Professor am London King's College, erwähnt in seinem Buch

Die alten Zeichen

Atlantis und die Herrschaft der Riesen (1955) Faustkeile von über vier Kilogramm Gewicht, die er im syrischen Safita gefunden hat. Er wertet sie als einen »greifbaren« Beweis für die Existenz von Riesen. Der australische Archäologe Rex Gilroy zeigt solche Riesenwerkzeuge als Exponate im *Museum for Natural History* in Bathurst/New South Wales. Sie sind starke Hinweise darauf, dass an der Erstellung der Zyklopenbauten riesenhafte Wesen beteiligt gewesen sind.

Wegen ihrer Größe werden die übergroßen Steinwerkzeuge gelegentlich auch als Kultobjekte gedeutet, die nur einen »rituellen« Verwendungszweck hatten. Warum eigentlich wird jedes »unerklärliche« Phänomen zunächst einmal in einen standardisierten Erklärungsversuch gepresst, wenn doch die Erklärung für die übergroßen Werkzeuge so nahe liegt: Die übergroßen Werkzeuge waren für übergroße Hände gedacht. Diese Werkzeuge wurden wohl vor Tausenden von Jahren zum letzten Mal benutzt.

Im veränderten Bewusstseinszustand beklage ich die Unfähigkeit meiner Gruppe, die Megalithe vor 7500 Jahren so zu behauen, wie es unsere Ahnen noch gekonnt hatten.

> *»Es ist die Zeit vor 7500 Jahren. Keiner von uns führt wirklich die Arbeit unserer Ahnen fort, die diesen Stein schon halb aus dem Felsen herausgehauen haben. Vielleicht werden wir diese Arbeit aufgeben, weil wir gar nicht mehr so recht wissen, wie wir die Arbeit an dem Stein angehen sollen. Haben wir vergessen, wie man diese Arbeit macht? ... Die Kenntnisse unserer Ahnen sind verloren gegangen. Sie, die Fremden, haben uns die Aufgabe gestellt, den Stein zu bearbeiten, aber wir können es nicht mehr.«*[183]

Körpergröße und Körperkraft der Göttersöhne waren es wohl nicht allein, die ihnen das Errichten von Megalithkonstruktionen möglich machten. Nicht nur physische, sondern auch geistige Kräfte waren für die Planung der komplexen und technisch aufwendigen Zyklopenbauten erforderlich. Über derartige Geisteskräfte müssen die Titanen verfügt haben, denn ihre eindrucksvollen und von uns erst in heutiger Zeit wieder erreichten Leistungen legen ein eindeutiges Zeugnis ab von ihrer Intelligenz, von überlegener technisch-wissenschaftlicher Planung und letztlich wohl auch von Erfahrung. Den Erdenmenschen wollten sie ihre Erfahrungen vermitteln, aber das scheint eigenen Interessen gedient zu haben und geschah nicht etwa aus reiner »Menschenliebe«!

Immer wieder und überall auf der Erde stößt man auf Berichte über Funde von Riesenschädeln. Der Wahrheitsgehalt solcher Berichte ist allerdings schwer zu bestimmen. Letztlich spricht allein ihre Vielzahl und ihre weite Verbreitung für die Echtheit der Berichte – und für die Echtheit der Funde. Die meisten der riesenhaften menschlichen Skelette werden der Öffentlichkeit vorenthalten. So erhielt der Besitzer eines Grundstücks, auf dem in Bolivien das Grab eines Riesen gefunden wurde, von offizieller Stelle die Anweisung, über den Fund Schweigen zu bewahren. Ich kenne einen deutschen Forscher, der sich in Bolivien die Rechte erworben hat, eine Fundstelle mit Skeletten von Riesen auszugraben, zu bearbeiten und auszuwerten. Näheres wollte er mir nicht erzählen! Ich kenne auch einen zuverlässig ehrlichen Mann, der mir von zwei gigantisch großen Schädeln in einer Wiener Privatsammlung erzählte. Die Besitzerin ist unter gar keinen Umständen bereit, mir die Schädel zu zeigen, und noch nicht einmal ihren Namen sollte ich erfahren. Das Interesse an derartigen Funden ist groß, aber niemand möchte sich dazu bekennen. In jedem Fall sind die Funde nach der Bergung stets von der Bildfläche verschwunden, und die Existenz der Riesenknochen und -schädel wird geleugnet. Fürchten sich diese Wissenschaftler, ihre so lange schon verteidigten Positionen ins Wanken zu bringen, wenn sie den Nachweis für die Existenz von Riesen erbringen?

Im Juni 2011 berichtete mir ein auf der Westbank geborener und in den USA lebender palästinensischer Geschäftsmann, 1945 sei auf einem Feld in seinem Dorf bei Ramallah das Skelett eines riesenhaften Menschen gefunden und in seinem Beisein ausgegraben worden. Das Skelett sei palästinensischen Behörden übergeben worden und seither verschwunden. Alles, was den Dorfbewohnern geblieben ist, waren zwei Fotografien des Riesenskeletts.

Heute gibt es nur noch wenige Museen, in denen Riesenschädel und Riesenskelette ausgestellt werden. Die meisten dieser Museen findet man in Peru oder Bolivien. Auch auf Malta hat man Riesenschädel gefunden. Sie wurden an das archäologische Museum des Landes übergeben, wo die Riesenschädel zunächst auch ausgestellt wurden. Dann aber sind sie aus den Vitrinen verschwunden und ins Depot des Museums »ausgelagert« worden!

Mit riesenhaften menschlichen Zähnen, die in das Paläolithikum zu datieren sind, wurde in derselben Weise verfahren. Sie sind »verschwunden«. Das ist umso enttäuschender, als vor allem die Funde in Malta besondere Aussagekraft haben. Malta ist ein für die Altertumsforschung faszinierendes Fleckchen Erde. Seine Geschichte reicht weit zurück in paläolithische Zeit. Es ist unerklärlich, warum die Vertreter der dort gültigen Lehrmeinung das kulturelle Schaffen auf Malta immer noch auf das Neolithikum begrenzen. Diese Tatsache dürfte der einzige

Grund dafür sein, dass Zeugnisse einer noch älteren Kultur weder in den Museen zu sehen sind noch seriösen wissenschaftlichen Untersuchungen unterzogen werden.

Von den Erbauern der Tempel auf Malta weiß man so gut wie nichts, von den Tempeln selbst aber weiß man, dass sie zu den ältesten freistehenden Tempeln der Welt zählen. Insgesamt wurden auf dem kleinen Archipel Malta 23 Tempel errichtet! Doch vor 4300 Jahren kam die so außergewöhnlich fruchtbare Schaffensperiode zu einem plötzlichen Ende.

Wer die Erbauer waren und woher sie kamen, ist nicht gesichert. Völker des Mittelmeerraumes seien es gewesen, lautet die unbestimmte Angabe. Woraus schließen die Experten, dass die Tempel nicht älter sein können als das Neolithikum? Die meines Erachtens zu späte Datierung gilt in Malta offiziell für alle Kulturgüter – von den Tempeln bis zu den kleinen Terrakottafigürchen, den so genannten *Fat Ladies*. Bei diesen beleibten Frauenfiguren handelt es sich mit hoher Wahrscheinlichkeit um Muttergottheiten. So jedenfalls werden die *Fat Ladies* in anderen Regionen interpretiert.

Die wohl bekannteste unter den beleibten Schönheiten ist die *Venus von Willendorf,* die heute im Naturhistorischen Museum in Wien ausgestellt ist. Datiert wird sie auf 25.000 Jahre und damit in das Jungpaläolithikum. Auch andere, vergleichbare Tonfiguren werden so datiert. Überall wird diesen Muttergottheiten ein solch hohes Alter zuerkannt – nur nicht auf Malta! Dort gesteht man ihnen nur 5000 Jahre zu. Warum gibt man dort den Zwillingsschwestern der *Venus von Willendorf* ein so jugendliches Alter? Die Antwort ist so simpel wie desillusionierend: Die Archäologen vor Ort haben entschieden, dass das Kulturschaffen in Malta erst im Neolithikum begann. So werden denn alle Kulturgüter Maltas in den Zeitrahmen Neolithikum »eingepasst« – alle.

Die alten Zeichen

Die Tempel von Malta sind unvergleichlich. Sie alle haben eine Form, die nirgends auf der Welt zuvor gebaut wurde. Ihre Grundrisse zeigen die Form eines Kleeblatts – nicht eines Kreises, wie so viele andere der ältesten Bauten der Welt. Zu den Besonderheiten Maltas zählt auch die genannte unerklärlich große Zahl der prähistorischen Tempel, die auf dem vergleichsweise kleinen Archipel gebaut wurden.

Von den 23 Tempeln stehen zehn paarweise beieinander. Warum errichtet ein kleines Inselvolk derart viele Tempel, und warum liegen diese Steinbauten dann auch noch paarweise in unmittelbarer Nähe zueinander? Auf diese Fragen lässt sich durchaus eine logische Antwort finden, wenn man die Anfänge Maltas **vor** das Ende der letzten Eiszeit datiert. Der Höhepunkt der letzten Eiszeit, das so genannte *Last Glazial Maximum* (*LGM*), lag zwischen 21.000 und 18.000. Die (vorerst letzte) Eiszeit kam dann vor 18.000 Jahren zum Stillstand, aber erst vor zirka 11.500 Jahren waren die bis zu vier Kilometer dicken Eisdecken auf Nordeuropa und -amerika abgeschmolzen.

In dieser Zeitspanne stieg der Meeresspiegel durch die Schmelzwasser global um insgesamt 120 Meter an und überflutete die meisten der küstennahen Regionen. Das gilt auch für Malta und seine Tempel in Küstennähe.

Die Vermutung liegt nahe, dass die auf Malta lebenden Menschen beobachteten, wie während des 7000 Jahre andauernden Abschmelzprozesses der Meeresspiegel immer weiter anstieg und die heiligen Tempel in die Gefahr kamen, langsam, aber sicher vom Meer verschluckt zu werden. Das muss zur damaligen Zeit eine noch größere Panik ausgelöst haben, als es heute der Fall wäre, denn vor Tausenden von Jahren war ein Tempel der Lebensmittelpunkt.

Da galt es möglichst nahe dem heiligen Ort auf einer höher gelegenen Stelle einen »Ersatz« für den tiefer liegenden, gefährdeten Tempel zu schaffen.

Wenn meine Deutung der paarweise angeordneten Tempel richtig ist, dann muss der jeweils tiefer gelegene Tempel der ältere sein. Ich befragte hierzu den Chefarchäologen Maltas, Professor Anthony Buonanno, und er bestätigte mir die Richtigkeit meiner Schlussfolgerung.

Diese paarweise Positionierung der Tempel auf Malta bestätigt meine These, dass Maltas Anfänge sehr viel weiter zurückliegen als das Neolithikum. Die Tempel – auch der jüngere des Tempelensembles – wäre dann **vor** dem Ende der letzten Eiszeit gebaut worden, als der Meeresspiegel noch um 120 Meter tiefer lag als heute. Und damit sind sie in das Paläolithikum zu datieren!

Die Steingiganten auf Malta entstanden *ex nihilo,* aus *dem* Nichts, ohne jegliche Vorbilder und Vorgängerbauten. Hier stellt sich die Frage, wer das Konzept dieser gigantischen Steinbauten in Kleeblattform erdachte. Die Kleeblattform von Grundrissen ist bei prähistorischen Bauten einzigartig, aber es gibt sie in der bildenden Kunst: Der so genannte Priesterkönig von Mohenjo Daro, dieser auf rätselhafte Weise untergegangenen, uralten Stadt im Indus-Tal, trägt ein Gewand mit einem Muster aus dreigliedrigen Kleeblattmotiven – wie die rätselhaften Grundrisse der Tempel von Malta. Kontakte zwischen diesen beiden so alten Kulturregionen sind – nicht nur deswegen – als sicher anzunehmen.

Von all den 23 Tempeln Maltas ist der »Turm der Riesen« von Gigantija der älteste und der größte. Das ist als ein Beispiel dafür zu werten, dass die frühesten Werke stets auch die großartigsten, perfektesten – und größten waren. Nach dem furiosen Beginn kam es meist überall auf der Erde früher oder später zu einem langsamen Niedergang des künstlerischen Schaffens.

Auch das spricht dafür, dass die frühesten Kulturleistungen nicht allein auf den frühen Menschen zurückgehen, sondern dass diese hoch entwickelte Lehrmeister hatten, die entweder allein oder zusammen mit den Menschen diese gigantischen Bauwerke schufen.

Die Anwesenheit der göttlichen Lehrmeister erklärt wohl auch die hohe Kunst der Steinmetze, die an den frühesten Tempeln Maltas sichtbar ist. Gleich zu Beginn der maltesischen Kultur wurde in kolossalem Format gebaut. Einige rechteckig zugeschnittene Blöcke werden auf 15 Tonnen geschätzt, und die aufrecht stehenden Quader erreichen eine Höhe von bis zu acht Metern.

Es wird angenommen, dass die Tempelfassade ursprünglich sogar 16 Meter hoch in den Himmel ragte.

Riesenhafte Wesen verfügten gleich zu Anfang des Kulturschaffens auf dieser Erde über großes technisches Wissen. Es waren eben keine erstaunlichen Erstlingswerke der kleinen Menschen, sondern es waren Standardwerke der göttlichen Riesen, die ihr überlegenes Wissen vielleicht schon vor unvordenklichen Zeiten erworben hatten. Für sie stellten selbst Zyklopenbauten kein Problem dar.

1902 wurde auf Malta ein Bauwerk wiederentdeckt, das inzwischen zur Hauptattraktion für archäologisch interessierte Touristen geworden ist:

Das Hypogäum. Bei diesem Bauwerk handelt es sich um ein rätselhaftes unterirdisches Labyrinth, das fünf Etagen tief ins Erdreich hinunterreicht.

Wer es erbaute und wozu es diente, sind bisher noch unbeantwortete Fragen.

Für die Evidenzkette dieses Buchs ist vor allem eine weitere Frage wichtig: Warum lagen auf der tiefsten Ebene dieses unterirdischen Bauwerks Skelette von 7000 Toten in einem unerklärlichen Durcheinander? Gab es vorzeiten einen Bestattungsritus, bei dem die Toten willkürlich aufeinandergetürmt wurden? Oder hat man dort die Knochen von Verstorbenen gesammelt, deren Fleisch bereits verwest war? Möglich ist auch, dass eine sintflutartige Wasserflut diese Skelettteile von einem Begräbnisplatz zu ebener Erde in den tief unter dem Erdboden liegenden Raum des Hypogäums gespült hat.

Ich selbst halte die dritte Möglichkeit für die wahrscheinlichste. Wenn diese Interpretation des Sachverhalts richtig ist, dann müssen diese menschlichen Skelette älter sein als die Sintflut! Das würde man gern untersucht wissen. Aber wo sind diese menschlichen Überreste heute? Die verantwortlichen Museumsangestellten geben mit einem Achselzucken zu Protokoll: »Die Knochen und die Schädel sind verschwunden.« Hat man sie »entsorgt«? Und wenn ja, warum?

2001 gab es von den ursprünglich 7000 Skeletten nur noch sechs Schädel. Heute sollen im National Museum von Valletta nur noch drei Schädel existieren – die allerdings nicht ausgestellt werden! Für den Besucher sind sie so gut wie nicht existent. Selbst wenn dieser mit einem guten Grund sein Interesse an den Schädeln anmeldet und sie sehen möchte, bleibt das Archäologische Institut von Valletta eisern und ablehnend. Ich habe es 2005 selbst erfahren müssen. Der bereits erwähnte leitende Archäologe des Museums, Professor Anthony Buonanno, lehnte ohne Angabe von Gründen ab, mir einen Blick auf die höchst ungewöhnlichen Schädel zu gewähren. Warum? Was veranlasst ihn – und sehr viele Museumsleute in anderen Ländern –, Gegenstände aus der Frühzeit der Menschheit nicht zu Exponaten zu machen, sondern sie als

Die alten Zeichen

namenlose Objekte in die Asservatenkammer des Museums zu verbannen?

Es war ein Privatgelehrter, der die Schädel auf Malta glücklicherweise schon vor Jahren dokumentierte, bevor sie von der Bildfläche verschwanden. Dr. Anton Mifsud, Kinderarzt am Krankenhaus St. Luke auf Malta und mir persönlich bekannt, ist ein seriöser, ernsthafter und passionierter Forscher, der sich seit Jahrzehnten mit dem Paläolithikum seines Landes und mit der Lösung einiger der offenen Fragen zur frühesten Geschichte der Insel befasst.[184]

Dazu gehören auch die ungewöhnlichen Schädel aus dem Hypogäum. Ungewöhnlich sind die Schädel, weil ihr Volumen um 80 bis 120 Prozent größer ist als das von normalen Schädeln. Während der Schädelinhalt bei einem heutigen Menschen durchschnittlich 1400 Kubikzentimeter misst, erreichen die Maltesischen Riesenschädel ein Volumen von bis zu 3000 Kubikzentimeter. Ihre Form unterscheidet sich sehr deutlich von allen Schädeln unserer Tage, denn sie haben entweder eine betont hoch aufragende Partie des Oberkopfes oder einen weit ausladenden Hinterkopf. Gelegentlich sind auch die Augenhöhlen wesentlich größer als normal.

Am erstaunlichsten aber ist die Beobachtung, die Anton Mifsud an der Struktur dieser Schädel machen konnte: Den Schädeln fehlt die *fossa media*, die Mittelnaht auf dem Schädel, die zur Zeit des Geburtsvorgangs noch weich und flexibel ist, sich dann im Erwachsenenalter schließt, aber immer sichtbar bleibt. Dass diese ungeheuer wichtige Beobachtung von einem Kinderarzt gemacht wurde, macht die Feststellung der Anomalie umso verlässlicher.

Adams Ahnen

Dem Bestsellerautor Graham Hancock gelang es 2002, bis zu dem »Verlies« vorgelassen zu werden, in dem die seltenen Riesenschädel heute gelagert sind. In seinem Buch *Underworld* schreibt er über die ungewöhnlichen Schädel:

> »*After much pressure and protest I have been allowed to see them. They are – I must confess – extremely unsettlingly odd. They are weirdly elongated – dolichocephalic is the technical term – but this is dolichocephalism of the most extreme form. And one of the skulls is entirely lacking the fossa media, the clearly visible ›join‹ that runs along the top of the head where two plates of bones are separated in infancy thus facilitating the process of birth.*«[185]

Nicht nur auf Malta stößt man auf ungewöhnlich lange Schädel. Der Pharao Echnaton (1351–1334 v. Chr.) wird auf allen zeitgenössischen Bildnissen mit einem großen, ausladenden Hinterkopf dargestellt. Im Museum von Kairo wird unter der Nummer CG61075 ein Schädel ausgestellt, der 1907 von Edward Ayrton im Tal der Könige (Grab KV55) entdeckt und von ägyptischen Archäologen dem Pharao Echnaton zugeordnet wurde. Dieser Schädel weist einen ungewöhnlich lang gestreckten (*dolichocephal*) Hinterkopf auf, was eine Zuordnung zu Echnaton sinnvoll machte.

Als 1922 das Grab des Pharao Tutanchamun (1332–1323) entdeckt wurde, ergaben sich weitere Hinweise darauf, dass die Schädel der Pharaonen in der 18. Dynastie tatsächlich *dolichocephal* sind: Auch Tutanchamun, Sohn und Nachfolger des Echnaton, hat einen auffallend lang gestreckten Schädel. Der Ägyptologe Howard Carter war der Erste, der die Schädel dieser beiden Pharaonen verglich und große Übereinstimmungen feststellte.[186] CT- und DNS-Untersuchungen ergänzten die ersten Vergleiche inzwischen durch weitere Gemeinsamkeiten von Vater und Sohn: Sie litten beide an diversen Krankheiten und körperlichen Gebrechen. Dazu zählten eine Rückgratverkrümmung, eine Knochenmarkserkrankung, Skoliose, ein besonders zarter, fast weiblich anmutender Körperbau und eine allgemeine Gewebeschwäche. Bei Tutanchamun wurden dazu noch ein gespaltener Gaumen, ein Klumpfuß, mehrere Knochenbrüche, Malariabefall und eine Immunschwäche festgestellt.

Im Grab von Tutanchamun fanden sich die Mumien von zwei weiblichen Föten, bei denen es sich mit großer Wahrscheinlichkeit um die totgeborenen Töchter des Tutanchamun handelt. Die Mutter dieser Kinder war gleichzeitig die Schwester Tutanchamuns. Auch Tutanchamun selbst entstammte einer Verbindung zwischen Bruder und Schwester, zwischen Echnaton und einer Tochter des Amenophis III., dem Vater des Echnaton. Mit Nofretete, die erst später an den Hof des Pharao Echnaton kam, hatte Echnaton sechs Töchter, die auf einem Relief im Karnaktempel alle ebenfalls mit einem ungewöhnlich langen Schädel dargestellt werden.[187]

In Ägypten war es üblich, mit den engsten Blutsverwandten Nachkommen zu zeugen. Während der 18. Dynastie hatte diese Tradition offenbar gravierende Folgen. Carsten Pusch von der Universität Tübingen fasst das Problem des Inzest zusammen: »Sieht man sich die Familienverhältnisse an, braucht man sich nicht zu wundern, dass die beiden Kinder des Tutanchamun nicht das Licht der Welt erblickten.« Verwunderlich ist ebenso wenig, dass diejenigen, die die Geburt überlebten, schon in jungen Jahren an ihren Gebrechen starben. Tutanchamun selbst starb mit knapp 20 Jahren!

Aber die Heirat unter nahen Verwandten erklärt noch nicht die unnatürlich gelängten Schädel! Die auffallende Abnormität des Schädels führt zu der Frage, ob die Pharaonen im 14. vorchristlichen Jahrhundert physischen Kontakt hatten mit Höheren Intelligenzen. Zur Erinnerung: Zur Zeit des Echnaton begegnete Moses auf dem (ägyptischen) Berg Sinai seinem Gott, der Moses die Steintafeln mit den Zehn Geboten aushändigte, die Eingang fanden in die Thora. In den »Fünf Büchern Moses« wird ausführlich vom Verweilen der Götter unter den Menschen berichtet. Dort lesen wir auch von den sexuellen Beziehungen der Götter zu den Menschenfrauen und von den Kindern, die aus diesen Beziehungen hervorgingen. Riesen werden die Kinder aus diesen »Mischehen« genannt – und Helden!

Echnaton kann ein solcher Held gewesen sein. Gegen den Widerstand seiner Priester schaffte er die Vielgötterei ab und führte den Monotheismus ein. Diesen Umbruch einzuleiten, erforderte wahrhaft den Mut eines Helden. Und (göttliche) Helden hatten riesenhafte Schädel. Da schließt sich der Kreis.

Am eindrücklichsten zeigt sich die ungewöhnliche Größe der Schädelform bei einer Skulptur der ägyptischen Königin Teti-Sheri aus der 17. Dynastie. Ihr Kopf ist verhangen mit einem Tuch, doch der Blick ist frei auf den Hinterkopf, der überdimensional groß erscheint. Die Größe wird noch dadurch akzentuiert, dass der Körper und die Schulterpartie der Königin im Vergleich zu ihrem Kopf regelrecht schmächtig erscheinen.

Dasselbe Phänomen der Dolichocephalie findet sich auch bei einer hochrangigen Toten in den »Königsgräbern von Ur«. 1922 stieß der Archäologe Sir Charles Leonard Woolley bei Grabungen in Mesopotamien unerwartet auf das prähistorische Ur in Chaldäa, der Heimat des biblischen Abraham. Diese Stadt hat in der vor- und frühdynastischen Zeit der Sumerer eine wichtige Rolle gespielt. Ihre Entdeckung kam deshalb einer Sensation gleich. Damit aber noch nicht genug, denn bald danach entdeckte Woolley auf dem Gebiet von Ur einen jahrtausendealten Friedhof. Da dieser an Prunk alles andere übertraf, bezeichnete ihn Woolley als »Königsgräber«.

Der epochale Fund lässt sich anhand von Grabbeigaben in die frühdynastische Zeit (2650–2350) datieren, eine Zeit, in der Ur zum ersten Mal Sitz des »zentralen Königtums« war. Die ältesten der Gräber dieses Friedhofs datieren sogar in die vordynastische Zeit, in die Zeit also, in der es in Ur noch keine Könige gab, die dem Menschengeschlecht entstammten. In dieser vordynastischen Zeit wurden die Menschen von »Göttern« regiert, so steht es geschrieben.

Während der ersten Dynastie bestatteten die Sumerer ihre Toten üblicherweise unter dem Boden ihres Wohnhauses. 1800 Tote allerdings lagen auf dem dafür ausgewiesenen Friedhof im Zentrum der Stadt Ur. Anders als die toten Normalbürger, die auf dem Rücken liegend begraben wurden, begrub man die Toten auf dem »Friedhof der Könige« in Seitenlage, meist auch in Schilfmatten eingerollt oder gar in Holzsärgen, die in der Gegend von Ur einen wahren Luxus darstellten.

Dass es sich bei den Toten um die herrschende Elite von einst handelte, beweisen vor allem die exquisiten Grabbeigaben und die individuelle Ausgestaltung der Gräber. Sie offenbarten einen geradezu verschwenderischen Prunk. Zu den Grabbeigaben zählten Objekte aus Gold, Silber und Alabaster, geschmückt mit Lapislazuli, Achat und Karneol. Auch das uns heute unbekannte Elektron, eine Legierung aus Gold und Silber, wurde für die Kostbarkeiten in den Gräbern verarbeitet.

Adams Ahnen

In einigen der Gräber wurden Rollsiegel gefunden, auf denen neben dem Namen der Toten auch die Bezeichnung »Nin« (»Göttin«) geschrieben stand. Das gilt auch für das besonders prunkvolle, intakt erhaltene Grab PG-800, in dem »Nin-Pu.a.bi« bestattet lag. Sie hatte einen übergroßen Schädel, zu dem ein prächtiger Hut gehörte. Der Hut passt **nicht** auf einen normal großen Kopf! 2004 wurde die Übergröße dieser Kopfbedeckung während der Ausstellung der Funde aus den »Königsgräbern« im Museum der Universität von Philadelphia zur großen Attraktion!

Der Anthropologe Sir Arthur Keith hat an den Objekten der Ausgrabung in den »Königsgräbern« detaillierte Vermessungen vorgenommen und die Funde analysiert. In dem 1934 von Woolley veröffentlichten Buch über die »Königsgräber von Ur« wird Sir Arthur Keith wie folgt zitiert: »Die Überreste der Königin ließen mich in Bezug auf ihre Person zu folgender Schlussfolgerung kommen: Die Königin war zu dem Zeitpunkt ihres Todes 40 Jahre alt. Sie hatte eine großen, langen Kopf … Die Königin ist **keine** Sumererin, sondern ein Mitglied einer stark langschädeligen (*dolichocephal*) Rasse.« Keith betont auch die außergewöhnliche kraniale Kapazität der »Königin« aus dem Grab PG-800: »Die Überreste lassen keinen Zweifel daran, dass die Königin über einen ungewöhnlich voluminösen Schädel verfügte.«[188]

Wenn das Rollsiegel aus dem Grab PG-800 den Namen mit »Nin-Pu.a.bi« angibt, dann muss es sich bei der Toten nicht nur um eine »Königin«, sondern sogar um eine »Göttin« gehandelt haben. Die Silbe »Nin« vor einem Namen muss mit »Göttin« übersetzt werden. Alle Göttinnen des sumerischen Pantheon tragen die Silbe »Nin« in ihrem Namen. Warum die Archäologen sich in den 30er-Jahren des vorigen Jahrhunderts nicht für

Die alten Zeichen

den Namen »Göttin Puabi« entscheiden wollten, ist recht eindeutig. Sie hielten die sumerischen Keilschrifttafeln für Mythologie ohne realen Bezug zur Vor- und Frühgeschichte. Die Existenz von Göttern zu akzeptieren, kam ihnen gar nicht erst in den Sinn.

Die Uhren sind weitergelaufen, und die Einstellung zur Mythologie hat sich inzwischen den Fakten angepasst. Mit meinen Darstellungen über die Leistungen von Adams Ahnen, unseren göttlichen Lehrmeistern und Schöpfergöttern, bemühe ich mich, der historischen Wahrheit den Raum zu geben, den die Titanen beanspruchen können: Die im Grab PG-800 gefundene Tote ist eine Göttin mit einem für Erdenmenschen untypischen Riesenschädel!

Um Schädel von besonderer Größe und Form ging es auch in Malta. Was sagt der bereits schon zitierte Chefarchäologe von Malta zu den rätselhaften Schädeln: »Die Schädel sind von einer ganz und gar anderen Rasse. Das sage ich, obgleich wir bisher noch keine DNA-Untersuchungen an den Schädeln durchgeführt haben. Vielleicht stammen die Schädel von Individuen aus Sizilien.« Aus Sizilien? Malta liegt nur einen Steinwurf weit entfernt von Sizilien. Beide Länder waren noch vor rund 14.000 Jahren gar nicht voneinander getrennt. Erst als die Schmelzwasser der letzten Eiszeit den Meeresspiegel steigen ließen, wurde die Meerenge zwischen Italien und Malta überflutet. Nein, die ungewöhnlichen Schädel mit einem Einfluss aus Sizilien zu erklären, ist meines Erachtens abwegig.

Außergewöhnlich große Schädel sind auch in Lateinamerika gefunden worden und beschäftigen seit über 150 Jahren die Wissenschaft. Johann Jakob Tschudi, österreichischer Mediziner und Universalgelehrter des 19. Jahrhunderts, war der Erste, der

die These aufstellte, der in Peru gefundene Langschädeltypus
könne wegen seiner auffallend hellen Hautfarbe nicht von den
eingeborenen Indios abstammen, sondern gehöre einer anderen – einer riesenhaften Rasse an.

Hellhäutige Helden verehrten auch die Maya und mehrere
andere Völker Süd- und Mittelamerikas. Diese Helden werden
alle als hellhäutig und blond beschrieben; sie waren auffallend
groß gewachsen und hatten einen **Bart**! Letzteres ist erwähnenswert, denn Indios haben keine Bärte, da sie zu der mongoliden Rasse gehören, die keinen Bartwuchs hat! Die Ureinwohner der Amerikas müssen also schon in vorgeschichtlicher
Zeit großwüchsige, hellhäutige, blonde Helden gekannt haben,
die den Eingeborenen Wissen und Kultur brachten – und mit
»Himmelsbooten« reisten.

Die Länder, in denen sich die meisten Skelette von übergroßen Wesen gefunden haben, sind Peru und das benachbarte
Bolivien. Ähnlich wie in Malta hält man sich auch in südamerikanischen Museen bei Exponaten der Riesen sehr bedeckt.
Genauer gesagt sind die Schädel und Skelette der Riesen oft gar
nicht bis zum Rang eines Exponats gediehen, sondern dämmern auch dort unbeachtet in den Kellern oder Magazinen vor
sich hin. Aber wenigstens leugnen die Museen nicht, dass sie im
Besitz derartiger Skelette und Schädel sind.

Anders ist das in den USA. In fast allen US-Staaten sind im
Laufe der letzten 150 Jahre Riesenknochen und Riesenschädel
gefunden worden. Im 19. Jahrhundert waren es wohl mehrere
Dutzend Riesen. Immer wurden sie sehr schlecht dokumentiert
– und heute sind sie verschwunden. Es war wirklich überraschend, wie oft ich bei meinen Recherchen dem lakonischen
statement »verschwunden« begegnete. Nach einer kurzen Notiz
in der Zeitung hörte man nie wieder ein Wort von den spektakulären Funden.

Das ist das Übliche. Die etablierte Wissenschaft meidet derartige Themen wie der Teufel das Weihwasser. Vielleicht bedarf es der Souveränität eines Josephus Flavius. Dieser römisch-jüdische Geschichtsschreiber hatte jedenfalls keine Scheu, davon zu schreiben, wie erschreckend der Anblick der Riesen gewesen sei. Und er schreibt auch, dass die Knochen der Riesen in seiner Zeit zur Schau gestellt wurden. Warum ist es 2000 Jahre später den Medien nicht mehr möglich, objektiv über den Fund eines Riesen zu berichten? Warum übergeht man die Ahnen Adams immer noch mit Stillschweigen?

Studien, die der österreichische Mediziners Johann Jakob Tschudi an peruanischen Mumien durchführte, datieren zwar schon in das 19. Jahrhundert, die von ihm erarbeiteten Forschungsergebnisse haben aber noch nichts von ihrer Gültigkeit verloren. Aufschlussreich ist, dass Tschudi an ungeborenen Kindern in peruanischen Mumien Riesenschädel mit den typischen Merkmalen der Dolichocephalie entdeckte. Da heute immer wieder behauptet wird, solche Langschädel seien das Ergebnis von künstlichen Schädelverformungen, die einst an Kleinkindern vorgenommen wurden, zeigen die riesenhaften Langschädel der Ungeborenen das natürliche Vorkommen derartiger Schädel.

Es ist allerdings unstritig, dass Tausende von Langschädeln ihre Form einer künstlichen Verformung verdanken, die eine global praktizierte Sitte gewesen zu sein scheint. In meinem Buch *Sorry, Kolumbus* schreibe ich ausführlich über diese Sitte, die sowohl in der Heimat der seefahrenden Phönizier als auch an ihrem Zielort in Mittelamerika unter den Menschen der Elite sehr verbreitet war. In beiden Regionen wurden Neugeborenen die Schädel mithilfe von Bändern und Brettchen so lange künstlich verformt, bis der Schädel permanent eine lang gestreckte Form angenommen hatte.[189] Die Phönizier haben um 1500 vor der Zeitrechnung mit ihren hochseetüchtigen Schiffen den Atlantik überquert und in Mittelamerika ihre Spuren in der präkolumbianischen Kultur hinterlassen. Aber die Unsitte der künstlichen Schädelverformung brachten sie nicht mit nach Mittelamerika. Dieser Brauch wurde auf dem amerikanischen Kontinent bereits in prähistorischer Zeit praktiziert.

Für den Brauch, den Kindern den Schädel zu verformen, gibt es meines Erachtens nur eine einzige denkbare Erklärung: Den Menschen waren die groß gewachsenen »Götter« als auf jedem Gebiet überragend bekannt. Der Wunsch, es den Göttern gleichzutun, führte dazu, dass sich der Mensch um ein gottähnliches Aussehen bemühte. Und das göttliche Aussehen war gekennzeichnet durch einen großen Schädel. Der kleine Mensch muss sich vorgestellt haben, mit einem (optisch) vergrößerten Schädel ähnlich großartig zu sein wie die Götter. Also muteten die Menschen ihren Kindern die Qualen zu, die eine künstliche Schädelverformung mit sich bringt. Die Sitte wurde global praktiziert, weil auch die Götter global präsent waren.

Kristallschädel – Wunderwerke der Technik

Der menschliche Schädel wurde nicht nur künstlich verformt, worauf im vorhergehenden Kapitel eingegangen wurde, er wurde auch auf Kultbauten dargestellt und als Objekt verehrt.

Das gilt auch für Mexiko. Im Zusammenhang mit der kultischen Verehrung des Totenschädels sind vielleicht auch die Kristallschädel zu erwähnen. Ein besonders beeindruckendes Exemplar ist der lebensgroße Kristallschädel, den Frederic A. Mitchel-Hedges in den 1920er-Jahren in Lubaantum im Maya-Gebiet von Belize gefunden haben will.

Der Schädel wiegt 5,3 Kilogramm und wurde aus einem einzigen Quarzblock herausgearbeitet. Das hört sich leichter an als es ist, erklärt der Edelsteinschleifer Enrico Mercurio, den Peter Fiebag zu seinen Erfahrungen mit der Arbeit am Quarzkristall befragte: »Aufgrund seiner speziellen Eigenschaften ist Quarz nur mit raffinierten technischen Methoden zu bearbeiten. Der durchsichtige Berg- oder Quarzkristall – Siliciumdioxid oder Kieselsäure – bricht muschelig und lässt sich daher nicht spalten. Jeder Quarzkristall wächst von Natur aus in spiralförmigen Windungen, wodurch bestimmte Achsen entstehen. Eine einzige falsche Bearbeitung in der Gegenrichtung zur Achse genügt, um das ganze Stück unbrauchbar zu machen.«[190]

»Durchsichtige Bergkristalle verraten diese Achse aber nur unter sehr starken Lupengläsern in der Vergrößerung und unter Einwirkung von polarisiertem Licht. Der Schädel von Lubaantum ist aber **gegen** die Achse gearbeitet, was ihn gänzlich unerklärlich macht, unerklärlich auch deswegen, weil die Einwirkung von polarisiertem Licht zu Maya-Zeiten noch unbekannt war, so die Meinung heutiger Menschen.«[191]

Da die Maya bekanntlich niemals das Rad verwendeten, musste eine andere Erklärung für die technische Herstellung des Kristallschädels gesucht werden.

»Der Bohrer kann selbstverständlich auch ein Holzstock gewesen sein.«[192]

Jim Pruett, Leiter des Labors der Forschungsabteilung im Hewlett-Packard-Elektronikkonzern, schätzt, dass die Arbeit mit dieser Art Bohrer mehrere Jahrhunderte gedauert hätte. Dass der Schädel und sein Unterkiefer aus einem einzigen Kristallblock gearbeitet wurden, erstaunt Pruett mehr als alles andere: »Das fast Unmögliche an dieser Entdeckung ist, dass Bergkristall **nicht** gespalten werden kann. Beim ersten Versuch würde es sofort zersplittern.«[193]

Lässt man übernatürliche Kräfte aus dem Spiel, dann müssten die Maya ihren Kristallschädel durch manuelle Politur hergestellt haben.«[194] Vielleicht hatten nicht »übernatürliche«, sondern »überirdische« Kräfte ihre Hand im Spiel?

Die Maya jedenfalls beteuern, dass der Kristallschädel geschaffen wurde von ihren Ahnen, die nicht von dieser Welt seien. Sie sind übergeugt davon, dass Kristallschädel magische Kräfte besitzen. Auch heute noch empfinden viele Menschen, die den Schädel berühren, seine elektrisierende Wirkung.

In den 1980er-Jahren sagte mir der seinerzeit in Mexiko lebende deutsche Journalist Karl-Anton von Bleyleben, er hätte erlebt, wie Menschen allein schon vom Anblick des Kristallschädels in Trance gefallen seien. »Der Kopf hat magische und heilende Wirkung, in ihm sind metaphysische Wahrheiten gespeichert, die man ähnlich einem Computerprogramm abrufen kann«, so Arthur C. Clarke in seinem Buch *Erklärung der magischen Kristallschädel*.[195]

Mag der Kristallschädel nun magische Kräfte besitzen oder nicht, interessanter für den in diesem Buch durchgeführten kulturhistorischen Indizienprozess sind doch die Fragen nach der Entstehung und der Entstehungszeit des Schädels. Erschwert

Die alten Zeichen

wird die Recherche dadurch, dass eine Radiokarbondatierung am Quarzkristall nicht möglich ist, weil der Kohlenstoff fehlt. Dennoch öffneten sich 2008 Türen zu einem besseren Verständnis dieses Schädels. Er wurde im Washingtoner Smithsonian Institute von der Expertin Jane Walsh unter dem Elektronenmikroskop bei hundertfacher Vergrößerung auf seine Echtheit hin untersucht. Wie sie erklärt, weisen die Bearbeitungsspuren klar definierte, parallel laufende Rillen auf, die ein Schnittwerkzeug hinterließ, bei dem es sich um einen Diamant-Trennschneider gehandelt haben muss. Über ein solches Werkzeug können die Maya nicht verfügt haben. »Also«, so schlussfolgert die Wissenschaftlerin, »kann es sich beim Kristallschädel von Lubaantum nur um eine moderne Fälschung handeln.«

Es bleiben Fragen: War es Fälschern vor 100 Jahren tatsächlich möglich, die äußerst schwierige Bearbeitung des Quarzkristalls zu meistern? Und ist eine (zu) perfekte, »fortschrittliche« Technik ein hinreichender Beweis dafür, dass es sich bei Kristallschädeln nur um Fälschungen handeln kann? Ist es nicht doch erlaubt, auch hier in Erwägung zu ziehen, dass die Maya göttliche Lehrmeister hatten, von denen sie ihr technisches Wissen erlernten?

Haben die Indios nicht doch recht, wenn sie versichern, nicht sie selbst, sondern ihre Götter hätten die fantastischen Leistungen erbracht, die uns heute noch Rätsel aufgeben?

Die Südamerikaner sind im Allgemeinen eher geneigt als Europäer, bei unerklärlichen Phänomenen ein Eingreifen von Exo-Wesen anzunehmen. In ihren Mythen preisen sie die himmlischen Fremden als Kulturbringer und Helden mit überirdischen Kräften und Fähigkeiten. Es liegt ihnen fern, deren fantastische Schöpfungen für sich zu reklamieren. Stattdessen bestehen sie darauf, die kolossalen Meisterwerke den Göttern zuzuschreiben.

Über Tiahuanaco, die spektakulärste aller südamerikanischen Steinanlagen, sagten die Indios, »die Götter selbst haben die ganze Anlage in einer einzigen Nacht des Menschen erbaut«.[196] Es waren die Götter - da sind sich die Indios ganz sicher. »Die Götter brachten uns das Wissen. Sie kamen von den Sternen in ihren Raumschiffen – und sind weiterhin unter uns.«

Diese Überzeugung der Indios wurde in postkolumbianischer Zeit allerdings nur von wenigen geteilt. Aber immerhin notierte im 17. Jahrhundert Antonio de Castro y del Castillo, Bischof von La Paz, dass die unerhört perfekten Megalithkonstruktionen Südamerikas nicht, wie es damals hieß, in einer nachchristlichen Zeit von den Indios erbaut wurden, sondern dass sie schon »vor der Sintflut« entstanden sein müssen.[197] Von »göttlichen Lehrmeistern« der Menschen allerdings schrieb der Bischof nicht.

Die nordamerikanischen Hopi-Indianer haben nie aufgehört, die immerwährende Anwesenheit der Nichtirdischen auf der Erde als selbstverständlich anzusehen. Sie verehren sie unter dem Namen *Kachina* und sehen in ihnen hohe, wissende Wesen, die sich den Menschen als Lehrer und Hüter des Gesetzes zuwenden. Die Hopi haben sogar ein feste Vorstellung davon, woher die Götter einst gekommen sind: von einem fernen Planetensystem, das zwölf Planeten umfasst!

Erstaunlich konkret und korrekt sind die Vorstellungen, die sich die Hopis vom Kosmos machen. Sie sprechen von den Möglichkeiten der *Kachina*, sich fortzubewegen in fliegenden Raumschiffen, die mit »Magnetkraft« angetrieben werden. Wegen der gekrümmten Form nennen sie die Raumschiffe

Die alten Zeichen

»Schilde«, ein Begriff, der im selben Zusammenhang auch von anderen alten Kulturen benutzt wird.

Sogar das Phänomen des Zeitverlusts beim Durchqueren des Weltraums kennen die Hopi. Und die gelegentlichen »Entführungen« der Menschen durch die Götter nehmen sie als gottgegeben. Hatten die Indios ihr kosmologisches Wissen von den »Göttern«, oder haben sie im veränderten Bewusstseinszustand Einsichten in kosmische Zusammenhänge gewonnen? Und waren die Götter auch die Schöpfer der rätselhaften Kristallschädel?

Die neuen Erkenntnisse

Unterwasserarchäologie – ein neuer Weg in die Urgeschichte

Ziel dieses Buchs ist es, in einem kulturhistorischen Indizienprozess die neuen und neuesten Forschungsergebnisse der Wissenschaft dazu zu nutzen, alte Mythen als realitätsnahe Berichte zu vorzustellen. Das plane ich nun auch bei der Submarinen Archäologie, einem neuen Zweig der Wissenschaften. Auch durch sie lassen sich Indizien für eine vorsintflutliche kulturelle Blütezeit finden. Denn die Forschungsergebnisse in der Unterwasserarchäologie bieten erstaunliche Hinweise, die bei der Suche nach den Spuren der Ahnen Adams neue Perspektiven eröffnen.

Ein hervorragendes Beispiel dafür sind die unter dem Meeresspiegel gefundenen Steinkonstruktionen in Japan. In den Gewässern vor der japanischen Insel Yonaguni wurde Anfang der 1990er-Jahre eine so genannte Unterwasserpyramide gefunden, die sehr schnell das Interesse der Fachleute weckte.

2001 führte das Department of Ryukyus in Okinawa außerordentlich gründliche Untersuchungen an der Unterwassersteinstruktur durch. Die wissenschaftliche Leitung der Forschungsarbeit, an der insgesamt 13 Wissenschaftler verschiedenster Fakultäten beteiligt waren, lag in den Händen von Professor Masaaki Kimura, Seismologe und Meeresgeologe an der japanischen Okinawa-Universität. Ebenfalls beteiligt waren das *Research Center for Nuclear Sciences and Technology* und das *Dating and Materials Research Center* der *Nagoya-Universität* in Japan. Die Untersuchungen waren also »hoch aufgehängt« und erlangten sogleich höchste Aufmerksamkeit.

Zunächst einmal wurde festgestellt, dass die unter dem Meeresspiegel liegende Steinstruktur mit den Maßen 150 mal 100 mal 90 Meter in ihrem Kern aus einer gewachsenen Felsformation besteht. Aber das war ja nicht die Frage. Vielmehr wollte man wissen, ob die **künstlich** aussehenden Partien der vielteiligen Steinstruktur auch tatsächlich von Menschenhand bearbeitet oder ob sie von den Bewegungen des Wassers geformt worden waren.

Um es vorwegzunehmen: Alle beteiligten Wissenschaftler kamen zu dem Schluss, dass die meisten Partien der Unterwasserstruktur eindeutig einst von Menschenhand bearbeitet worden sein müssen. Sie sind also nicht **nur** ein Werk der Natur, sprich des Wassers, sondern **auch** das Werk des Menschen.

Das Überraschende an diesen Forschungsergebnissen geht weit über ein lokales Interesse hinaus. Denn sie belegen, dass größte Steinkonstruktionen schon **vor** der Zeit existierten, in der die Schmelzwasser der letzten Eiszeit den Meeresspiegel um 120 Meter steigen ließen. Die Forschungsergebnisse geben den Hinweis darauf, dass die Errichtung von gigantischen Steinstrukturen schon **vor** 12.000 Jahren technisch möglich war.

Die traditionelle Datierung des Beginns der Megalithzeit liegt gegenwärtig noch bei 3500 vor der Zeitrechnung. Die kolossalen Steinkreise von Göbekli Tepe machten vor kurzem zwar deutlich, dass große Megalithkonstruktionen schon sehr

Die neuen Erkenntnisse

viel früher entstanden, aber diese Erkenntnis wurde bisher noch nicht auf die Mehrheit der Megalithbauten bezogen. Und weil die späte Datierung etablierter Teil der herrschenden Lehre ist, stellen die unter Wasser gefundenen Megalithe vor Yonaguni für die Archäologen ein erhebliches Problem dar.

Was spricht nun für die Echtheit der Unterwasserpyramide? Wie lässt sich beweisen, dass die Steinstruktur vor Yonaguni einst von Menschenhand be- oder gearbeitet wurden? Professor Masaaki Kimura nennt die überzeugenden Argumente, die für seine Beurteilung des Unterwasserfundes und den abschließenden Befund »von Menschenhand gemacht« den Ausschlag gaben:

1. Viele Teile des Unterwasserkomplexes lassen Symmetrie erkennen.
2. Viele der Treppenstufen haben absolut rechtwinklige Kanten.
3. An mehreren Steinen lassen sich Spuren der Bearbeitung erkennen.
4. Auf dem Meeresgrund wurden steinerne Handwerkszeuge gefunden.
5. Ein regelmäßig angelegter Weg aus Steinplatten führt um den Komplex.
6. Parallel zum Weg führt ein meterhoher Stützwall aus behauenen Steinen.
7. Verschiedene Reliefs im Stein zeigen Tierdarstellungen.
8. Von der Nord- und von der Südseite führen Stufen in regelmäßigen Intervallen zur oberen Plattform.
9. Viele der Steinplatten sind rechtwinklig zugeschnitten.
10. Zwei etwa gleichförmige Monolithe, sechs Meter hoch, 2,50 Meter breit und fünf Meter tief, stehen parallel zueinander und zeigen große Regelmäßigkeit.[198]

Jeder Taucher kann mit eigenen Augen sehen, wie planvoll die Positionierung und Bearbeitung der beiden unter 10. aufgeführten Monolithquader erfolgt ist und dass hier von formgebender Wirkung des Wellenschlags keine Rede sein kann. Und doch bleibt die Fachwelt stumm, äußert sich lieber nicht. Sie pflegt ihre Vogel-Strauß-Politik und schaut weg. Diese Erfahrung machte ich 2003 auch auf Malta. Als ich den dortigen Chefarchäologe nach den Unterwassermegalithen vor den Küsten seines Landes fragte, gab dieser mir eine verblüffende Antwort: »Nein, die Unterwasserstrukturen habe ich noch nicht gesehen. Keine Zeit. Zu viel Wichtigeres zu tun«.

Dagegen hebt sich die unvoreingenommen an der Wissenschaft orientierte Forschung der Japaner positiv ab. Nicht nur die Universität von Okinawa mit Professor Masaaki Kimura, auch Professor Teruaki Ishii von der Universität Tokio stellte sich ohne Vorbehalt den Herausforderungen, die sich ihnen seit kurzem 25 Meter unter dem Meeresspiegel vor ihren Küsten bieten.[199] Aber trotz der zahlreichen Hinweise auf eine von Menschenhand durchgeführte Bearbeitung der Steinstruktur vor Yonaguni ist das Urteil der nicht japanischen Fachwelt über den Unterwasserfund bisher nicht nur zustimmend.

Ein Hinweis auf ein charakteristisches Detail der japanischen Kulturgeschichte könnte Skeptiker vielleicht aber doch noch überzeugen, die Unterwasserpyramide als ein »künstlich erschaffenes Werk von Menschenhand« anzuerkennen: In Japans traditioneller Jamon-Kultur werden Steine angebetet oder verehrt. Auch heute noch findet man in Japan Steingärten, in denen jeder Stein sehr bedacht an seinen Platz gesetzt wurde, um das gewünschte Gesamtbild zu erschaffen. Gelegentlich werden die Steine vor ihrer Verwendung in einem heiligen Hain bearbeitet oder in ihrer Form verändert, um den frommen Vorstellungen der Menschen in idealer Weise zu entsprechen. Diese Steinstrukturen sind – wie die Unterwasserpyramide – nicht nur, aber **auch** das Werk von Menschen.

Und wenn auch nur ein kleiner Teil der Unterwasserformen von Menschenhand gearbeitet wurde, dann reicht das bereits aus, um die Menschheit in Staunen zu versetzen: Schon vor der Eiszeit und vor der vor knapp 12.000 Jahren darauf folgenden Sintflut haben die Menschen schwere Steine bearbeitet, haben sie rechtwinklig zugeschnitten und zu einem größeren Ganzen gestaltet.

Die Datierung »10.000 Jahre vor der Zeitrechnung« erarbeitete Professor Masaaki Kimura mit seinem Team von der Okinawa-Universität. Diesen Wissensstand hat mir Takahiro Shin'yo, Japans Botschafter, in Berlin 2012 persönlich bestätigt.

Bei der Datierung des Yonaguni-Monuments handelt es sich natürlich um einen *terminus ante quem*. Die Bearbeitung der Unterwasserpyramide könnte also durchaus schon sehr viel weiter zurückliegen als 12.000 Jahre. Wie alt die Steinstruktur war, als sie vor 12.000 Jahren vom Meer überspült wurde, ist bisher nicht mit Sicherheit zu bestimmen.

Aber Yonaguni ist nicht der einzige prähistorische Unterwasserfund. Megalithstrukturen unter dem Meeresspiegel fanden sich in den letzten Jahrzehnten in mehreren anderen Gewässern. So auch im südindischen Golf von Cambay. Dort führte das *National Institute of Ocean Technology* (*NIOT*) 2011 mithilfe von hochauflösenden Sonar-Scannern eine interdisziplinäre Untersuchung an Unterwasserfunden durch. Es handelte sich um äußerst regelmäßig angelegte Megalithstrukturen, in denen die Fachleute eine Ähnlichkeit mit den geometrisch geordneten Stadtplänen der fantastischen Städte der alten Indus-Kultur – Harappa und Mohenjo Daro – erkannten. Dem Geologe Glenn Milne von der Universität in Durham gelang es, eine Analyse an den dort unter Wasser gefundenen Holzfunden durchzuführen und anhand der Ergebnisse eine Datierung der Unterwasserbauten zu errechnen: Sie liegen seit mindestens 9000 Jahren unter Wasser. Es handelt sich hier wieder um einen *terminus ante quem*, denn wie alt die Steinbauten waren, als sie vom Wasser überschwemmt wurden, ist (bisher) nicht festgestellt worden.

In einer Tiefe von 40 Metern zeigte das Echolot unter Wasser eine Reihe von regelmäßigen Planquadraten, von Bauten, von Kanälen und von Wasser- und Abwasserleitungen. Die Stadt unter dem Wasser des Golfs von Cambay erstreckt sich über eine Länge von neun Kilometern und ist damit länger als jede Stadt auf dem indischen Landsockel.

Im Golf von Bengalen vor der Südostspitze von Indien entdeckten Taucher nahe Poompuhur ein Steinobjekt in der Form eines Hufeisens. Es liegt in einer Tiefe von 25 Metern und hat wahrlich gigantische Ausmaße: Die Länge des Hufeisens beträgt 30 Meter, und die Öffnung zwischen den beiden Schenkeln des U-förmigen Steins misst 20 Meter. Das Gewicht wird auf vier Tonnen geschätzt. Ein vergleichbares Objekt gibt es auf der Erde nicht.

Aufgrund der Beschaffenheit des Steins schätzt der Unterwasserarchäologe S. R. Rao, dass der Stein seit mindestens 10.000 Jahren im Wasser liegt. Das entspräche der Zeit, in der nach der letzten Eiszeit der Abschmelzprozess zu einem Abschluss gekommen war und die Schmelzwasser weltweit die Küsten und weite Landstriche überspült hatten.

Auch vor Bimini und den Bahamas entdeckten Unterwasserarchäologen mehrere versunkene, einst von Menschenhand bearbeitete Steinobjekte.

Sie alle müssen in eine vorsintflutliche Zeit datiert werden.

Die neuen Erkenntnisse

Das gilt auch für die Steinkugeln von Costa Rica. Vor der Pazifikküste von Costa Rica liegt die kleine *Isla de Cano*, auf der sich viele große und kleinere Granitkugeln befinden. Diese Granitkugeln sind (nur) für Costa Rica charakteristisch. Über das ganze Land verstreut liegen sie dort zu Hunderten. Die größten dieser Granitkugeln haben einen Durchmesser von zweieinhalb Metern und ihr Gewicht ist entsprechend hoch: 25 Tonnen!

Niemand weiß heute, wie alt die Kugeln sind, welchem Zweck sie einst dienten und wie es möglich ist, Granitkugeln von solch absolut perfekter Regelmäßigkeit herzustellen. Man weiß auch nicht, wie die tonnenschweren Steinkugeln auf die Spitze des Berges auf der Insel de Cano gelangten. Ein Floß jedenfalls kann den Transport zur Insel nicht bewältigt haben.

Auf der Suche nach einer Antwort habe ich mir die Landkarte angesehen und festgestellt, dass die Insel weniger als 30 Seemeilen vom Festland entfernt liegt und das Meer zwischen Insel und Festland weniger als 100 Meter tief ist. Da kann die Lösung der Fragen nach dem Transport der Kugeln zur Insel liegen: Die Kugeln wurden – wie alle anderen – auf dem Landweg transportiert! Die Insel war bis vor 12.000 Jahren Teil des Festlands. Erst als der Meeresspiegel durch die Schmelzwasser nach der Eiszeit um 120 Meter stieg, wurde die Landspitze zu einer Insel, und auf der liegen noch immer die schweren Granitkugeln – seit mindestens 12.000 Jahren!

Meine Überlegung kann die Archäologen nicht freuen, denn sie bieten eine ganz andere Datierung: die Zeit um Christi Geburt. Sie bleiben aber jede Erklärung schuldig, wie die gigantischen Steinkugeln zu jener Zeit über das Wasser transportiert wurden.

Die jüngsten Forschungsergebnisse der Unterwasserarchäologie haben gezeigt, dass gigantische Megalithe älter als 12.000 Jahre sein können. Wenn aber dieses hohe Alter für Megalithe unter Wasser gilt, dann muss diese Datierung auch für Megalithe an Land in Erwägung gezogen werden. Aber die Megalithe an Land werden immer noch sehr traditionell, das heißt viel zu jung, datiert. Das wird sich durch die Auswertung der Unterwasserfunde ändern – müssen!

Urzeitliche Nanotechnik – neuzeitliche Nanotechnik

Die moderne Wissenschaft und ihre Entdeckungen werden dazu führen, dass sich auch unsere Einstellung zur vorgeschichtlichen Hochtechnologie ändert. Das gilt auch für die Nanotechnologie, dieses für den heutigen Menschen so faszinierend neue Wissensgebiet, in dem die Winzigkeit großgeschrieben wird. Wir sollten uns mit dem Gedanken vertraut machen, dass es auch schon vor 10.000 oder mehr Jahren eine Nanotechnologie auf dieser Erde gegeben hat. Diese Behauptung gründet sich auf spektakulären Hinweisen in Gestalt von Fundobjekten, deren Technologie in Nanodimension der heutigen Nanotechnologie überlegen ist.

Die Rede ist von Spiralen und Schrauben, die seit 1991 in den Flüssen Kozym, Norada und Balbanju im Uralgebirge gefunden wurden. Diese Spiralen sind nur drei Tausendstel Millimeter lang – 0,003 Millimeter! Nanofeine Fäden legen sich um einen mittleren Metallstab und geben so den Eindruck einer Schraube oder Spirale. Jedes Detail ist von äußerster Präzision und Regelmäßigkeit, die man allerdings nur in erheblicher Vergrößerung erkennt. Für das Auge sind viele der kleinsten Spiralen gar nicht wahrnehmbar.

Die neuen Erkenntnisse

Letztlich liegen die Dimensionen dieser Artefakten nicht im Nanobereich, denn dieser Begriff ist für noch wesentlich kleinere Objekte reserviert. Wenn ich mich hier wissenschaftlich korrekt ausdrücken wollte, dürfte ich nicht von Nanospiralen sprechen, sondern muss die Winzlinge »Kleinstschrauben« nennen. Aber es reizt mich, den modernen Begriff »Nano« zu verwenden, auch wenn die Minispiralen aus dem Ural mit ihren 0,003 Millimetern zu groß sind für diese Maßeinheit.

Inzwischen wurden mehr als 100.000 winzige Spiralen von Goldschürfern und Erzsuchern zutage befördert, die dort im Auftrag von großen Firmen nach Buntmetallen suchen. Zunächst zufällig stießen sie in den Schwemmlandschichten der Flussufer in Tiefen zwischen drei bis zwölf Metern auf diese Nanoobjekte. Aus der Tiefenlage der Funde und aus den Sedimenten, in denen die Spiralen lagen, war es Wissenschaftlern möglich, Rückschlüsse auf das Alter der Nanospiralen zu ziehen: Sie sind mindestens 20.000 Jahre alt, wahrscheinlich aber sogar älter als 100.000 Jahre![200]

Die winzigen Spiralen bestehen aus den seltenen Metallen Wolfram und Molybdän. Wolfram hat eine sehr hohe molekulare Dichte und sein Schmelzpunkt liegt bei 3410 Grad. Heute verwendet man Wolfram vor allem als Legierungsmetall für verschleißfeste Werkstoffe, für Glühlampen, elektrische Kontakte, für Raketendüsen und zur Beschichtung von Hitzeschilden der Space Shuttles!

Auch Molybdän hat mit 2650 Grad einen hohen Schmelzpunkt. Und auch Molybdän findet in der Raumfahrt Verwendung. Es wird zur Härtung und Veredlung von Stahl verwendet sowie in der Herstellung von hoch belastbaren Waffenteilen und für Panzerplatten. All das weist in dieselbe Richtung: Die Minispiralen aus Molybdän und Wolfram könnten auch vor 100.000 Jahren Verwendung gefunden haben – in der Raumfahrt. Die fremden Besucher der Erde können durchaus auch über Kenntnisse in der Nanotechnologie verfügt haben. Es scheint sogar, als seien sie in der Nanotechnik so versiert gewesen, wie wir es gerade erst erlernen.

Inzwischen interessieren sich namhafte Forschungsinstitute aus mehreren Ländern für die Untersuchung der vorgeschichtlichen Nanospiralen. Dazu zählt das *Zentrale Wissenschaftliche Forschungsinstitut für Geologie und Erkundung von Bunt- und Edelmetallen (ZNIGRI)* in Moskau und auch das Komitee der Russischen Föderation für Geologie und Nutzung von Bodenschätzen. An den wissenschaftlichen Untersuchungen beteiligten sich ebenfalls die Institute der *Russischen Akademie der Wissenschaften* in Moskau und in Petersburg und ein Institut für Metallurgie in der finnischen Hauptstadt Helsinki.[201]

Dr. Elena W. Matwejewa, W. W. Stoljarenko und N. Rindsjunskaja, alle drei Mitarbeiter im ZNIGRI, fassten die Ergebnisse ihrer Forschungsarbeit so zusammen: »Der Schlick, in dem die spiralförmigen Objekte enthalten waren, charakterisiert sich als typische Geröll- und Geschiebeablagerung der dritten Sohle, die auf 10.000 Jahre – die Endphase des Pleistozäns – datiert wird. Im niedrigen Strömungsgebiet des Flusses Balbanju fanden sich bei der Beprobung von alluvialen, goldhaltigen Ablagerungen zwei spiralförmige Proben.«[202]

Die Wissenschaftler am ZNIGRI führten mithilfe eines Elektronenmikroskops vom Typ JSM T-330 der japanischen Firma *JEOL Electronics* Spektralanalysen der Metallproben durch. Auch die strukturellen Besonderheiten des Wolframs und sein Kristallisationsverhalten wurden analysiert. Fazit der Untersuchungen: Die ungewöhnliche Spiralform kommt in der Natur nicht vor. Es muss sich bei den Nanospiralen um ein künstliches Erzeugnis handeln.[203]

Die neuen Erkenntnisse

Dr. Elena Matwejewa von der *Zentralen Wissenschaftlichen Forschungsabteilung für Geologie und Erschließung wertvoller Metalle* in Moskau betonte 1996 ausdrücklich, dass sowohl das Alter der Ablagerungen als auch die Beprobungsbedingungen vor Ort beweisen, dass es für die Bildung der fadenförmigen Spiralen keine technogene Ursache geben kann, die sich durch die Raketenstartroute vom heutigen Weltraumbahnhof Plisezk ergeben haben könnte.[204] Es handelt sich also auf gar keinen Fall um Rückstände oder Abfallprodukte, die von Raketenstarts der Gegenwart in der Gegend des Urals stammen.

Da die Nanospiralen inzwischen zu Hunderttausenden gefunden wurden, kann es sich auch schon aufgrund der enorm hohen Anzahl dieser rätselhaften – und kostbaren – Artefakte nicht um »Überreste« technischer Experimente handeln. Sie hätten auch in jedem Fall nicht in zwölf Metern Tiefe gelegen, wie es der Fall war bei den hier besprochenen Kleinstspiralen.

Wären die sonderbaren Nanofunde von westlichen Wissenschaftlern und nicht von Wissenschaftlern der *Russischen Akademie der Wissenschaften* untersucht worden, wäre es undenkbar gewesen, dass man die Nanospiralen einer »außerirdischen Zivilisation« zugeschrieben hätte. Aber in Moskau war das möglich:« Die angeführten Daten erlauben die Frage nach ihrem **außerirdischen**, technogenen Ursprung«, so das Fazit des renommierten *Forschungsinstituts für Geologie und Erkundung von Bunt- und Edelmetallen* in Moskau.[205] Warum ist eine solche Erklärung für ein »unerklärliches« Phänomen in Deutschland undenkbar? Auch in den meisten anderen europäischen Ländern fehlt der Mut, eine offensichtliche Tatsache offen auszusprechen.

Mich interessierte die Frage, ob es unseren Technikern zur Zeit des Auffindens der Nanoobjekte im Jahr 1991 überhaupt schon möglich war, derart winzige Spiralen aus Wolfram und

Molybdän herzustellen. Deshalb befragte ich einen Fachmann der Firma Würth, weltweit einer der größten Hersteller von Schrauben. Die Antwort, die ich von diesem Spezialisten und Experten für Materialfragen, Marcel Strobel, erhielt: »Wir können derartige Nanospiralen und Kleinstschrauben **nicht** herstellen. 1991 nicht und auch heute – 2013 – nicht. Und es gibt auch keinen anderen Hersteller von Schrauben, der derartige Kleinstschrauben herstellen könnte. Die kleinsten bisher herstellbaren Schrauben und Spiralen liegen im Millimeterbereich. Sie sind größer als ein Millimeter.«[206]

Eine Erklärung für die Funde in den Flüssen des Urals konnte der deutsche Experte natürlich nicht geben. Aber die Akademie der Wissenschaften in Moskau bietet eine Antwort: »Außerirdischer Ursprung.« Die Funde der Nanospiralen fügen sich nahtlos ein in das Bild von Exo-Wesen, die diese winzigen Spiralen in irgendeiner Form für ihre Fluggeräte verwendet haben müssen. Oder doch nicht? Die Überzeugungsarbeit, die zugunsten außerirdischer Intelligenzen geleistet werden muss, stößt inzwischen auf organisierten und strukturierten Widerstand. Es formierten sich Organisationen, die es sich zur Aufgabe gemacht haben, die Öffentlichkeit durch Desinformation davon abzubringen, sich all den Indizien unvoreingenommen zuzuwenden, die für eine (prähistorische) Präsenz der Höheren Intelligenzen auf unserem Planeten sprechen. Die alte Lehrmeinung wird von ihnen auch dann noch verteidigt, wenn sie durch neue wissenschaftliche Erkenntnisse ganz offensichtlich überholt wurde.

Eine italienische Organisation, die auf dem Gebiet der organisierten »Skepsis« tätig ist, trägt den Namen CSICOP, *Committee for Skeptical Inquiry*. Diese Organisation gehört unter das Dach des *Committee for Scientific Investigation of Claims of the Paranomal*.[207] Hartwig Hausdorf belegt in seinem Buch *Nicht*

Die neuen Erkenntnisse

von dieser Welt, wie dort jedem Thema nachgegangen wird, das der offiziellen Lehrmeinung zuwiderläuft. Da diese Organisationen weltweit gut vernetzt sind, ist ihre Arbeit recht erfolgreich. Ob auch die Nanospiralen an dieser Hürde scheitern werden und ob man auch ihnen, wie so vielen anderen »unerklärlichen« Phänomenen, mit Skepsis oder Ablehnung begegnet, bleibt abzuwarten.

Inzwischen ist es ermutigend festzustellen, wie die mit wissenschaftlichen Themen befassten Medien und auch viele Wissenschaftler eine Tendenz zu größerer Unvoreingenommenheit gegenüber dem bisher »Unerklärlichen« erkennen lassen. Die Fülle von Artikeln und Berichten in den elektronischen Medien zeigt eine wachsende Bereitschaft, sich mit Themen der Randgebiete, mit Grenzwissenschaft oder mit paranormalen Phänomen ernsthaft auseinanderzusetzen.

Ich bin davon überzeugt, dass der Tag nicht mehr fern ist, an dem die Dämme brechen werden, hinter denen sich die unleugbaren Hinweise auf die Existenz von vorgeschichtlichen Leistungen Höherer Intelligenzen auf unserem Planeten gestaut haben. Der gesunde Menschenverstand wird obsiegen, weil die Präsenz der Titanen einfach zu offensichtlich geworden ist, um weiterhin negiert oder totgeschwiegen zu werden.

Schon heute zeigen die Forschungsergebnisse unserer Wissenschaftler mit jedem Tag deutlicher, wie »modern« die Kenntnisse der Ahnen Adams vor Jahrtausenden schon einmal waren. Mit dem in diesem Buch angewandten Prinzip der *kumulativen Evidenz* wird eine Vielzahl von Übereinstimmungen zwischen gestern und heute zusammengetragen, um in der Art eines kulturhistorischen Vergleichs die Leistungen der vorgeschichtlichen Kulturheroen aufzuzeigen.

Bis vor wenigen Jahrzehnten haben wir die Leistungen der Ahnen Adams nicht erkennen und anerkennen können, weil wir mangels vergleichbarer moderner Forschungsergebnisse und technologischer Entwicklungen überhaupt nicht abschätzen konnten, wovon in den alten Texten die Rede war. Schilderungen in prähistorischen Texten wurden deshalb verständlicherweise in den Bereich der Fantasie eingeordnet.

Aber was vor 100 Jahren eine »verständliche« Reaktion auf »unerklärliche« prähistorische Phänomene und Techniken war, ist heute in Kenntnis unseres eigenen technischen Wissensstands nicht mehr vertretbar. Wir verstehen die alten Texte zum ersten Mal seit Tausenden von Jahren! Schritt für Schritt lernen wir die Taten der Titanen auf unserem Planeten verstehen. Jede neue wissenschaftliche Forschungsarbeit bringt uns – auch in dieser Hinsicht – einen Schritt weiter.

Wie aber konnte es geschehen, dass die Menschen das fortschrittliche Wissen der göttlichen Lehrmeister vergessen haben? Wie konnte das großartige Wissen in der Hochtechnologie, in der Genetik, Astronomie, Medizin und Kosmologie verkümmern? Warum und seit wann kennen wir das fortschrittliche Wissen der göttlichen Lehrmeister nur noch als »Mythologie«?

Zu diesen Fragen schlage ich eine Antwort vor: Es sind die verheerenden Naturkatastrophen, die einst (fast) alles auf dieser Erde haben untergehen und in Vergessenheit geraten lassen.

Die unterschiedlichsten Mythen, die in diesem Zusammenhang eher einem geschichtlichen Report gleichkommen, erzählen davon, dass die heutige Menschheit die fünfte sei, die sich auf dieser Erde entwickelte. Die vier früheren Zivilisationen oder »Rassen« seien jeweils untergegangen – durch Kataklysmen der verschiedensten Art, durch Meteoriteneinschläge, Feuersbrünste oder durch globale, sintflutartige Überschwemmungen. Die Menschheit aber überlebte – sie überlebte auch in den Spuren, die frühere »Rassen« auf der Erde hinterlassen haben. Und sie überlebte in den Mythen, die der Nachwelt von den (wenigen) Überlebenden übermittelt worden sind.

Was geschah nach dem letzten Kataklysmus? Die Menschen hatten offenbar die Berge als Rückzugsgebiet genutzt, hatten dort ausgeharrt und waren erst dann in die Ebenen heruntergekommen, als diese nach der Sintflut wieder trocken und bewohnbar waren. Ich glaube, einen interessanten Hinweis auf die Bestätigung dieser Lesart der Überlieferung gefunden zu haben: Bei den Bewohnern dreier Bergregionen der Erde zeigt sich eine erwähnenswerte Übereinstimmung: Basken, Maya und die Bewohner des Kaukasus haben zu einem ganz ungewöhnlich hohen Prozentsatz die rezessive Blutgruppe 0. Bei den Nachkommen der Maya, den Lakandonen, sind es sogar 97 Prozent gewesen.

Haben sich die drei Volksgruppen vor den steigenden Wasserfluten in die Bergregionen ihres Landes gerettet? Ist die Blutgruppe 0 die Blutgruppe der Überlebenden der Sintflut? Sie soll die älteste der vier Blutgruppen sein, und bis vor 50.000 Jahren war sie sogar die einzige. Dann erst entstand die Blutgruppe A. Sehr viel später addierten sich dann auch noch die Blutgruppe B und AB dazu. Es faszinierte mich zu lesen, dass Schimpansen, unsere nächsten Verwandten, nur die Blutgruppe 0 oder A haben können – genau wie die vorsintflutlichen Menschen!

Die Sintflut löschte vor 12.000 Jahren das Leben unzähliger Menschen aus. Es war eine gravierende Zäsur – ob sie aber gleichbedeutend war mit dem so genannten »Ende eines Zyklus«, von denen die Menschheit bereits vier überlebte? Es braucht heute nicht viel Fantasie, um sich eine fünfte katastrophale Vernichtung vorzustellen. Überschwemmungen, Feuersbrünste, Vulkanausbrüche, Erdbeben, Kometeneinschläge und neuerdings auch Atombomben zählen zu den Bedrohungen der Erdbevölkerung. Da aber alles im Kosmos in Zyklen zu verlaufen scheint, wird auch das Ende der jetzigen Zivilisation einbeschrieben sein in einen neuen Anfang.

In der Praxis des Regressionstherapeuten sage ich 1995 in das Mikrofon des Arztes:

> »*Alles im Kosmos ist wie eine Atmung, ein Rhythmus, ein ewiger Wechsel, ein Zyklus. Ich sehe, die Zyklen sind programmiert für alles im Universum – es hat alles seine Ordnung im Universum.*«[208]

Astronomen und Astronauten

Alles im Universum verläuft in Zyklen. Alles hat seine Ordnung. Solche Vorstellungen waren vor allem den frühen Astronomen vertraut. Seit wann befasste sich der Mensch mit dem Lauf der Sterne? Es wird genauso lange her sein, wie seine Intelligenz den Menschen Fragen stellen lässt. Voller Ehrfurcht wird er seine Aufmerksamkeit auf die Abläufe am Himmel gerichtet haben.

Und sicher können wir auch sein, dass er schon vor Jahrtausenden die zyklische Gesetzmäßigkeit am Himmel zu erkunden und zu berechnen suchte.

Im veränderten Bewusstseinszustand durchlebe ich in Europa vor 13.000 Jahren als junger Steinzeitmensch die Faszination des Sternenhimmels und spreche (ins Mikrofon) über meine Aufgaben als Himmelsbeobachter:

Die neuen Erkenntnisse

»Es ist meine Aufgabe zu schauen ... man erwartet von mir, dass ich am Meer stehe und die Sterne beobachte. Ich habe neben mir auf dem großen, flachen Stein ein Netz aus hellen Fadenstreifen. Auf diese Streifen ... auf deren Schnittpunkte lege ich die weißen Kieselsteine ... in Korrespondenz zu der Position der Sterne. Jede Nacht verändern sich die Sterne, und entsprechend dazu lege ich die Kiesel an einen anderen Platz auf dem Netz. Am Morgen gehe ich dann in die Höhle ... Der alte Mann dort interessiert sich für meine Arbeit ... für meine mechanische Arbeit als Beobachter der Sternenposition. Ich beschreibe ihm, was ich in der Nacht am Sternenhimmel beobachtet habe, und dann wundere ich mich darüber, dass er das alles schon im Voraus weiß.«[209]

Die geschilderte kleine Episode mit dem jungen Steinzeitmenschen und seinem Koordinatennetz als Hilfsmittel für seine vor 13.000 Jahren durchgeführten astronomischen Beobachtungen sind rührend hilflos. Aber so können die ersten Schritte der Astronomen in Europa tatsächlich ausgesehen haben. In der Höhle von Lascaux wird eine Felszeichnung aus der Zeit vor 17.000 Jahren (sehr zögerlich) interpretiert als Tierkreis und astronomisches Abbild der Plejaden. Die vor 7000 Jahren errichtete Kreisgrabenanlage von Grosek bezeichnen die Archäologen heute als das älteste Sonnenobservatorium der Welt.

Im Vorderen Orient und in Fernost erreichte die Astronomie sehr früh ein höheres Niveau als im antiken Europa. Joachim Koch, dessen hervorragendes Wissen über die Astronomie das nachfolgende Kapitel *Piktogramme im Kornfeld* tragen wird, schrieb in seinem Buch *Die Antwort des Orion*:[210]

»Die Sumerer, die ihr astronomisches Wissen möglicherweise aus noch älteren (oder ganz anderen) Quellen aus der Zeit vor der Flut bezogen haben ...« Dieser Vermutung möchte ich mich gern anschließen!

Die Fachwelt stellt heute noch in Abrede, dass der Mensch vor der Sintflut überhaupt über ein wissenschaftlich fundiertes astronomisches Wissen verfügte. Als Vater der Astronomie gilt weiterhin der griechische Astronom und Geograf Hipparch (190 – 120 v. Chr.), zu dessen Leistungen es gehört, die Entfernung zwischen Erde und Mond mit 30 Erddurchmessern – 384.000 Kilometern – zu berechnen. Außerdem legte er einen vollständigen Sternenkatalog an, in dem er zirka tausend Sterne auflistete. Seine Leistungen waren groß, das ist wahr, aber die der Chaldäer aus dem Zweistromland waren größer – und mindestens 2200 Jahre älter.

Wenn Hipparch heute noch als der Entdecker der so genannten Präzession gefeiert wird, dann ist das nicht korrekt. Er errechnete zwar die Präzession der Erdachse von mindestens einem Grad pro Jahrhundert. Aber heute weiß man, dass der tatsächliche Wert bei einem Grad pro 72 Jahren liegt. Das aber war auch schon den Chaldäern im Zweistromland bekannt, die wohl auch deshalb die Zahl 72 in hohen Ehren hielten.

Ein Wort zur astronomischen Präzession: Die Sterne rücken gegenüber dem Frühlingspunkt alle 72 Jahre um ein Grad vor. Die langsame Verschiebung der Sterne bewirkt, dass die Auf- und Untergänge der Sterne sich alle 72 Jahre um etwa einen Tag »verspäten«.[211] Oder anders ausgedrückt: Die Erde steht durch ihre Kreiselbewegung nach einem Jahr nicht wieder an demselben Platz, den sie heute im Sonnensystem innehat. Ihren heutigen Platz erreicht sie erst wieder, nachdem 25.920 Jahren vergangen sind! Diese Zeitspanne nannten die frühen Astronomen »das Große Jahr« und später auch »das platonische Jahr«.

Die neuen Erkenntnisse

Die Antwort auf die Frage, wie es möglich war, dass die Sumerer lange vor dem Griechen Hipparchos die Präzession der Äquinoktialpunkte beobachteten und berechneten, findet sich in der Bibliothek, die der Großkönig Assurbanipal im siebten vorchristlichen Jahrhundert in Ninive anlegte. Die Rechentafeln zeigen, dass alle Multiplikationen und Divisionen auf der Zahl 12.960 basierten. Dieselbe Feststellung konnte gemacht werden im babylonischen Sippar und in der sumerischen Stadt Nippur. Die Verdoppelung der Zahl 12.960 ergibt 25.920 – die Zahl für das Große oder Platonische Jahr. Wenn sich diese Zahlen auf die Präzession der Frühlingspunktdrift beziehen, ist offensichtlich, dass die Sumerer durch exakte astronomische Beobachtungen bereits den genauen Wert der jährlichen Abweichung der Äquinoktialpunkte kannten.[212]

Die Sumerer benutzten das Hexagesimalsystem, das auf der Zahl 60 basiert.

Der Privatgelehrte Albert Wettine weist darauf hin, dass die Zahl 60 in der Zahl des »Großen Jahres« enthalten ist und dass der Festtagskalender in Mesopotamien auf rein mathematischen Berechnungen beruhte. Es gab die 72 Fünftagewochen und die fünf Schalttage. Multipliziert man die Anzahl der Wochen mit der Anzahl der Tage ohne die Schalttage, erhält man wieder die Zahl der Präzession beziehungsweise des Großen Jahres – 25.920! Die Dauer des mathematisch fundierten Großen Jahres stimmte folglich mit dem astronomischen Großen Jahr überein![213] Hierin erkannte das alte Kulturvolk der Sumerer eine »göttliche Ordnung«, in die sie sich eingebunden fühlten.

Dass schon den Sumerern das astronomische Prinzip der Präzession bekannt war, gibt zu denken. Woher können diese Kenntnisse stammen? Aus eigener Beobachtung? Wie wäre denn das möglich gewesen? Wie hat denn der *Homo sapiens*

sapiens das Große Jahr von fast 26.000 Jahren oft genug beobachten können, um das Prinzip der Präzession zu erkennen, wenn er selbst doch erst vor 100.000 Jahren als intelligentes Wesen in die Geschichte eintrat?

Geräte für die astronomischen Beobachtungen und die erforderlichen Berechnungen standen dem frühen Erdenmenschen doch wohl noch nicht von Beginn an zur Verfügung. Besaß er etwa Linsenteleskope, Fernrohre, Spiegelteleskope oder Doppellinsenobjektive, die beim Refraktor die chromatische Aberration verringern? Kannte er überhaupt Linsen? Es war doch Galileo Galilei, der als Erfinder des Teleskops gilt!

Sehr unwahrscheinlich und unvorstellbar ist es, dass der neue Mensch in einer vorgeschichtlichen Phase seiner irdischen Existenz in der Lage gewesen sein soll, Linsen herzustellen. Und ohne Linsen konnten die astronomischen Beobachtungen nicht durchgeführt werden. Solche technischen und wissenschaftlichen Leistungen zur Zeit des frühen *Homo sapiens* sind nur erklärlich, wenn man sich der Vorstellung öffnet, dass dem kleinen Menschen Lehrmeister zur Seite standen. Auch an vielen der ältesten Steinanlagen, die nach bestimmten Sternenpositionen ausgerichtet wurden und das kosmologische und astronomische Wissen der prähistorischen Erbauer erkennbar machen, lässt sich das astronomische Wissen der prähistorischen Erbauer ablesen, in denen die überlegenen Höheren Intelligenzen erkennbar werden.

Wenn wir heute die Unterwasserarchäologie nutzen, um mit dem Datum 12.000 einen *terminus ante quem* für die unter Wasser gefundenen Monumentalbauten nachzuweisen, müssen die an den Konstruktionen ablesbaren astronomischen Kenntnisse den ältesten Megalithbauten logischerweise noch vorausgegangen sein. Die astronomischen Kenntnisse der Menschen

Die neuen Erkenntnisse

gehen folglich in eine vorsintflutliche Zeit zurück. Und diese Zeitangabe »vor der Sintflut« bezieht sich keineswegs nur auf die Zeit unmittelbar vor der Sintflut, sondern sie kann sich durchaus auch auf den gesamten Zeitraum zwischen 100.000 und 10.000 Jahren und letztlich auf jeden Zeitpunkt **vor** der Sintflut beziehen.

Die durch die Unterwasserarchäologie gewonnenen Erkenntnisse zwingen uns zu der Frage: War der moderne Mensch schon vor so langer Zeit in der Lage, sinnvolle Beobachtungen des Sternenhimmels durchzuführen? Oder sind die nach astronomischen Gesichtspunkten ausgerichteten Zyklopenbauten das Werk Höherer Intelligenzen, die vor Hunderttausenden von Jahren von anderen Planeten zur Erde gekommen sind? Diese Höheren Intelligenzen können allerdings auch zu einer höher entwickelten irdischen Rasse aus der Zeit vor der Sintflut gehören, die auf diesem Planeten überlebt hat und mit uns, dem kleineren, genmanipulierten oder gar durch Strahlung mutierten neuen Menschentypus, zusammengelebt haben.

In seinem Buch *Die Sterne von Babylon* setzt Werner Papke den Beginn der Astronomie im dritten Jahrtausend vor der Zeitrechnung an. Es bringt neue Einsichten in die vorderorientalische Astronomie und entwickelt einen überraschenden Ansatz für die zeitliche Einordnung des Gilgamesch-Epos, indem er es als einen verschlüsselten astronomischen Bericht aus dem Jahr 2340 vor der Zeitrechnung vorstellt.

»Da sich die Lage der Sternbilder relativ zum Horizont und zu den Kardinalpunkten der Ekliptik infolge der Luni-Solar-Präzession allmählich ändert, kann die im Epos festgelegte ›Konstellation‹ nur zu einem bestimmten Zeitpunkt gültig sein. Daraus ergibt sich zwangsläufig ein Kriterium für die Datierung des Epos – 2340 vor der Zeitrechnung.«[214]

Mitte des dritten Jahrtausends führten die Chaldäer verschiedene Sternbilder ein, hatten zu dieser Zeit auch das Luni-Solar-Jahr in Gebrauch und waren mit dem modernen heliozentrischen Weltbild vertraut. Wie Papke schreibt, besaßen die Chaldäer diese Erkenntnisse als »Geheimwissen«. Warum? War es so geheim wie das Wissen um die *Merkaba*, den Himmlischen Thronwagen? Und wer hat den Chaldäern das »Geheimwissen« vermittelt?

Auch die astrologische Omenliteratur reicht bis ins 24. Jahrhundert vor der Zeitrechnung zurück. Vorher ist von dieser Analogastrologie, in welcher himmlische und irdische Erscheinungen miteinander verknüpft werden, in den Keilschriftquellen keine Spur zu finden, wenngleich der Astralkult sicherlich in weit ältere Zeit zurückgeht.

Papke ist zwar zu danken, dass er den Anfang der Astronomie um 2200 Jahre früher angesetzt hat und damit den griechischen Astronomen Hipparchos als »Vater der Astronomie« entthronte. Aber eine befriedigende Antwort darauf, wie die Chaldäer ihr überraschend »fortschrittliches« Wissen in der Astronomie erwerben konnten, bleibt Papke schuldig. Er geht nicht darauf ein, wie es den Babyloniern gelang, erstmalig komplexe kosmische Phänomene wie die Präzession zu errechnen. Dass Adams göttliche Ahnen die Vorarbeit für die frühgeschichtliche Astronomie geleistet haben müssen, zieht er nicht in Erwägung. Der kleine Mensch kann aber ohne die dafür erforderlichen Instrumente zu den nachweisbaren Höchstleistungen in der Astronomie nicht in der Lage gewesen sein.

Es sieht alles danach aus, dass die Große Flut die Menschheit und die meisten der kulturellen Errungenschaften auslöschte. Der Neuanfang begann am Punkt Null. Aber auch beim Neustart muss die Hand der Höheren Intelligenzen mit im Spiel

Die neuen Erkenntnisse

gewesen sein. Folgen wir dem Gilgamesch-Epos, so halfen die Götter nach der Großen Flut, indem sie zunächst einmal Könige einsetzten, die den Wiederaufbau organisieren sollten. »*After the kingship had been lowered from heaven … he founded the five cities … I will return my creatures … to their settlements … He perfected the rites and exalted divine laws.*«[215]

Nach der Errichtung des Königtums sorgte der Gott für die Rückkehr seiner Schutzbefohlenen in die durch die Sintflut zerstörten fünf Städte in Mesopotamien – das erfahren wir aus den sumerischen Keilschrifttafeln.

Die Götter überwachten das menschliche Wirken. Nichts geschah ohne göttliche Einwilligung. Die Götter salbten den König und gaben ihm damit seine Legitimität. Vor allem aber vermittelten sie ihm ihr überragendes Wissen.

»*The kingship was lowered from heaven …*« Der »Himmel« wird immer und immer wieder in alten Texten erwähnt. Bis zu diesem Punkt des vorliegenden Textes konnte dieser »Himmel« vielleicht auch interpretiert werden als »Berg« oder als »fliegendes Mutterschiff«. Die griechischen Götter, zum Beispiel, lebten auf dem Olymp. Andere »Götter« werden in ihren »Himmelsbooten« beschrieben, von wo aus sie die Menschen überwachten oder zu den Menschen herabstiegen. Die Sumerer, genau wie die Hebräer und Ägypter, schreiben über ihre »Wächtergötter«, dass sie »von oben kommen«. Ob sie vom Olymp kamen, von einem hohen Berg, aus einem Raumschiff oder gar von einem fernen Planeten – das blieb bisher offen.

Genau diese Frage muss aber nun einer näheren Prüfung unterzogen werden. Mit dem folgenden Text wird der in diesem Buch durchgeführte Indizienprozess, mit dem die Existenz Höherer Intelligenzen beziehungsweise nichtmenschlicher Exo-Wesen auf der Erde aus dem Bereich der Spekulation herausgehoben werden soll, auf eine neue Ebene gebracht. Es ist nun von Höheren Intelligenzen die Rede, deren Ursprung das Weltall war.

Ein wichtiger und neuer Stein im Mosaik der *kumulativen Evidenzen* findet sich im westafrikanischen Mali. Dort lebt der Stamm der Dogon. Er besitzt seit Jahrhunderten ein unglaubliches Wissen über den Sirius und dessen Begleitstern Sirius B. Davon erfuhr die Welt durch den Anthropologen Dr. Marcel Griaule, der 1931 zu Forschungszwecken nach Mali gereist war.

Er besuchte vier verschiedene Bevölkerungsgruppen, befasste sich aber vor allem mit dem Stamm der Dogon. Die Dogon erzählten dem Forscher von ihren Schöpfungsmythen und von ihren Sitten und Gebräuchen. Und dann erzählten sie ihm auch von ihren Lehrmeistern aus dem Kosmos, die in der Urzeit vom Sternensystem des Sirius zur Erde kamen.

Eine solche Vorstellung ist in den Mythen alter Kulturen durchaus nichts Ungewöhnliches. Immer wieder kreisen die Geschichten um himmlische Besucher auf der Erde, und einige dieser fremden Besucher der Erde, werden auch als Kulturbringer und Wissensvermittler verehrt.

Aber was die Dogon dem Anthropologen Griaule erzählten, geht weit darüber hinaus. In allen Einzelheiten berichteten die Afrikaner über astronomische Details sowohl des großen Sirius als auch über dessen für das menschliche Auge unsichtbaren Begleitstern Sirius B. Der große Sirius ist der hellste Stern am Nachthimmel. Unter den Gestirnen sind nur Sonne, Mond und die Planeten Venus, Jupiter, Mars und Merkur heller. Sirius B aber ist ein äußerst lichtschwacher Stern. Die Astronomen bezeichnen ihn als »Weißen Zwerg«.

Die Helligkeit des Sirius überstrahlt ihn und macht ihn deshalb für das bloße Auge eines Betrachters auf der Erde unsichtbar.

Die neuen Erkenntnisse

William Herschel war der Erste, der die Existenz eines Begleitsterns des Sirius vermutete. Aber erst 1844 entdeckte Friedrich Beissel den lichtschwachen Sirius B durch Unregelmäßigkeiten in der Eigenbewegung des Sirius. Sehen konnte man diesen winzigen Stern erst 1862, als Alvan Clarke ein Fernrohr entwickelte, dessen Linse einen Durchmesser von 47 Zentimetern hatte.

Bald darauf konnte errechnet werden, dass Sirius B durch sein extrem hohes Gewicht die Bahn des Sirius beeinflusst. Der sehr helle Sirius ist ein Stern erster Größe, während der kleine Begleitstern nur die Größe 9, aber eine sehr hohe Dichte hat, die sich auf die Bahn des großen Sirius auswirkt.

Die kosmologischen Kenntnisse der Dogon finden ihre bildliche Umsetzung auf alten Felszeichnungen, auf denen die charakteristische Umlaufbahn des kleinen Begleitsterns in nahezu identischer Weise dargestellt wurde, wie es heute auf einem astronomischen Diagramm zu sehen ist. Diese Felszeichnungen befinden sich in einer Höhle, die bis heute von einem würdigen Alten bewacht wird.

Die moderne Astronomie errechnete die stark exzentrische Umlaufbahn des Begleitsterns und seine Umlaufzeit: Er umkreist Sirius einmal in 50 Jahren. Auch diese Tatsache muss schon den Dogon bekannt gewesen sein, denn sie erzählten dem Forscher, dass sie zu Ehren des kleinen, unsichtbaren Begleitsterns des Sirius immer dann das so genannte Sigi-Fest feiern, wenn der Sirius mit seinem kleinen Begleiter, der ihn in zirka 50 Jahren umrundet, in (von der Erde aus gesehen) einer Linie stand. Alle 50 bis 57 Jahre veranstalteten die Dogon dieses Fest, mit dem sie die Vollendung der Umlaufbahn des Begleitsterns begingen.

Für dieses Fest arbeitete sich jeder Stammesangehörige eine neue Maske, die dann nach dem Fest in einer Art Dorfarchiv aufbewahrt wurde. An der Anzahl der Masken in diesem Archiv lässt sich ablesen, dass der Brauch und die Feiern zu Ehren des kleinen Begleitsterns Sirius B mindestens bis ins 15. Jahrhundert zurückreichen!

Im Juni 2012 traf ich zufällig auf eine Kennerin der afrikanischen Kunst, der auch die Maskensammlung der Dogon bekannt war. Dieses Treffen fand nicht etwa in Afrika statt, sondern in einer Galerie für afrikanische Kunst in der Altstadt von Jaffa![216] Die Galeristin zeigte mir sogar Fotos vom Dorfältesten, auf denen dieser mit Masken aus dem »Dorfarchiv« abgebildet war. Der alte Mann habe ihr erklärt, die Masken seien Kultgegenstände, die die Dorfgemeinschaft seit Jahrhunderten gesammelt habe und die auf den 50-Jahr-Feiern zu Ehren des Sirius-Begleitsterns getragen worden seien.

Dieses Mosaiksteinchen in meinem kulturgeschichtlichen Indizienprozess ist für die Beweisführung von besonderem Wert. Wenn das Fest zu Ehren des Sirius B nur alle 50 Jahre gefeiert wird und die Dogon diese große Zeitspanne damit erklären, dass der unsichtbare Begleitstern genau 50 Jahre benötigt, um den großen Sirius zu umkreisen, dann sind die gesammelten Masken, die für das 50-Jahre-Fest verwendet wurden, eine bemerkenswerte Bestätigung für das astronomische Wissen der Dogon, über das wir selbst erst seit 100 Jahren verfügen.

Unsere modernen Möglichkeiten der astronomischen Observation haben die so genannten »Mythen« eines afrikanischen Stammes als das erkennen lassen, was sie in Wahrheit sind: Überlieferungen aus vorgeschichtlicher Zeit.

Fragt man die Dogon, wie sie zu ihrem astronomischen Wissen gekommen sind, antworten sie ohne Zögern, die »Nommos« hätten ihnen das Wissen zur Erde gebracht. Mit den Maskentänzen ehren sie die »Nommos« als ihre ersten vor-

Die neuen Erkenntnisse

menschlichen Ahnen – und Lehrmeister. Robert Temple bekräftigt die Aussagen der Dogon, wenn er in seinem Buch *Das Sirius-Rätsel* schreibt, außerirdische Besucher aus dem Sirius-System hätten den Dogon das astronomische Wissen um den Sirius und seinen Begleitstern vermittelt.[217]

Auch im ägyptischen Kult spielt der Sirius eine überaus wichtige Rolle.

Der Stern galt als der »Götterbote« und als der Verkünder der Nilflut. Ihm zu Ehren wurden Tempel gebaut, deren Eingang genau auf die Stelle am Horizont gerichtet war, an der Sirius am Tag des ägyptischen Sonnenfests wieder am Horizont sichtbar wird. Das galt zum Beispiel für den berühmten Hathor-Tempel von Dendera, an dem eine Inschrift den Augenblick rühmt, »in dem die Sirius-Strahlen erstmals im Jahr wieder das Tempelinnere berühren und die Herrscherin des Himmels wieder ihre Wohnung betreten hat«.[218]

Die große Verehrung des Sirius klang noch Jahrtausende nach und regte sogar Immanuel Kant dazu an, der Bedeutung des Sirius nachzuforschen. Der große Denker vermutete den Sirius als den Mittelpunkt, auf den sich alles am Firmament bezieht. Und Hölderlin schwärmte in seinem *Hyperion* vom Sirius: »So wanderten wir, Diotima und ich, durch der Sonne weites Gebiet und darüber hinaus an des Sirius goldene Küste.«

Der Sirius spielte in Astronomie und Kult des frühen Ägyptens auch deswegen – oder gerade deswegen – eine herausragende Rolle, weil er zu einer »bestimmten« Zeit eine ganz außergewöhnliche Position am Sternenhimmel einnahm: vor 12.500 Jahren. Berücksichtigt man die Effekte der Eigenbewegung des Sirius neben denen der Präzession, dann ergibt sich auf dem Computerbild für diese »ganz bestimmte Zeit« eine bedeutsame Position des Sirius: Er hatte seine »Erste Zeit« (*Zep*

Tepi), wenn er für den Beobachter auf dem Breitengrad von Gizeh – 30 Grad nördlicher Breite – knapp über dem Horizont zum ersten Mal zu sehen war. **Nur** auf dieser geografischen Breite konnte Sirius direkt am Horizont gesichtet werden. Das Datum der »ersten Sichtung«, also die so genannte »Erste Zeit«, lässt sich heute mit dem Computer berechnen: 10.500 vor unserer Zeitrechnung. Dass aber auch die Ägypter dieses Datum kannten, belegt das hohe astronomische Wissen dieses Volks – oder ihrer göttlichen Lehrmeister.

Aber nicht nur die »Erste Zeit« des Sirius war für die Ägypter eine wichtige Zäsur in ihrer Zeitrechnung, auch das Sternbild des Orion spielte für sie eine wichtige Rolle. Robert Bauval errechnete, dass der südliche Schacht in der Cheops-Pyramide auf den hellsten und zugleich tiefsten Stern im Orion-Gürtel gerichtet ist. Der Orion galt den Ägyptern als ein Abbild des Osiris, des Gottes der Wiedergeburt und der Auferstehung. Osiris war aber auch der Gott, der den Menschen in der »Ersten Zeit« das Wissen und die Zivilisation vom Himmel zur Erde gebracht haben soll!

Mithilfe einer Computerberechnung des Sternenhimmels über Ägypten zur »Ersten Zeit« setzt Bauval den Beginn der Zivilisation auf die Zeit vor 12.500 Jahren fest. Die Sternenkonstellation dieser Zeit sah Bauval in der Position der Bauten von Gizeh gespiegelt – entsprechend der Erkenntnis des Dreimalweisen Hermes Trismegistos: »Wie oben, so unten.«[219]

Über den ägyptischen Weisheitslehrer Hermes steht geschrieben, er habe das gesamte Wissen und die Gesetze des Kosmos »im Himmel« erhalten – genau wie der biblische Henoch, mit dem er vielleicht identisch ist.

Zep Tepi wird von den Ägyptern auch im Zusammenhang mit dem »Goldenen Zeitalter« genannt, eine Art kosmisches Reich des Osiris, das später an Horus, den Sohn des Osiris,

Die neuen Erkenntnisse

übergeben wurde. Es folgte die Zeit der »Horus-Diener«, von denen überliefert ist, dass sie »Sternenbeobachter« und die Hohenpriester des ägyptischen Volks waren. Die Regentschaft der Horus-Diener erstreckte sich von der uranfänglichen Zeit bis zur Epoche der historischen Pharaonen, die vor 5000 Jahren begann. Ausdrücklich informieren die alten Schriften darüber, dass mit der Regentschaft der Pharaonen zum ersten Mal nicht die Götter, sondern die Menschen regierten.

Die Herrscher des Landes am Nil werden in verschiedenen, noch erhaltenen Königslisten aufgeführt. Die vollständigste ist wohl der Turiner Papyrus, der zurückreicht bis in die Zeit, in der »Götter« über Ägypten herrschten. Der erste Herrscher auf dieser Liste ist der als Sonnengott verehrte Re. Es folgen Schu und Seth. Für den nächsten Gottkönig – Horus – wird eine Regierungszeit von 300 Jahren angegeben. Dem Turiner Papyrus zufolge sind 19 Herrscher einander gefolgt, die zusammen 2341 Jahre geherrscht haben. Das bedeutet für jeden einzelnen Herrscher eine Regierungszeit von durchschnittlich 123 Jahren. Dass es sich hier eher um mythische Umschreibungen als um genaue Zahlenangaben handelt, ist daraus zu schließen, dass der Zahl 19 in der Zahlenmystik der Ägypter seit jeher eine Sonderstellung zukam (vgl. Kapitel »Der Torus – kosmische Energie – Zahlenmystik«).

Den Horus-Dienern, die auf die Regentschaft vom Gottkönig Horus folgten, wird ebenfalls eine außergewöhnlich lange Lebenszeit zugesprochen. Im Turiner Königspapyrus heißt es dazu: Die Summe der Regierungen der Horus-Diener: 4203 Jahre. Die Horus-Diener, die *Shemsu Hor*, waren keine Götter, sondern Astronomen, es waren Menschen, die den Gottkönig Horus verehrten.

Auf dem Palermo-Stein aus schwarzem Diorit sind die Namen der prädynastischen Herrscher vermerkt. Die Königsliste von Abydos findet sich noch heute auf einer Wand des Abydos-Tempels von Sethos I. Sie enthält 76 Namen von ägyptischen Herrschern. Die Turiner Königsliste nennt sogar 300 Königsnamen. Möglichkeiten gibt es viele, die dem Forscher helfen können, die Urgeschichte Ägyptens zu rekonstruieren. Sie können helfen – aber es bleiben dennoch sehr viele offene Fragen: auch zur Datierung.

Hermes Trismegistos, der Dreimal große Meister, gibt uns eine Chronologie an die Hand, die in den Metamorphosen des Ovid (I,89 – 100) nachzulesen ist. Die irdischen Abläufe sind dort in vier Zeitalter unterteilt. Das erste ist das »Goldene Zeitalter«. Es dauert ein »Großes Jahr« und lässt sich entsprechend dem Gesetz der Präzession mit 25.920 Jahren beziffern. Dieses Goldene Zeitalter war durch größte Harmonie zwischen Göttern und Menschen gekennzeichnet. Das änderte sich im zweiten, im »Silbernen Zeitalter«. Es hatte eine Dauer von drei Vierteln des Großen Jahres und damit von 19.440 Jahren. Zu Beginn dieser Zeitspanne erhielten die Menschen von den Göttern den Auftrag zu arbeiten, weswegen die Kontakte zwischen Göttern und Menschen weniger harmonische Formen annahmen.

Im darauf folgenden »Bronzezeitalter« mit der Dauer eines halben Großen Jahres, also 12.990 Jahren, entwickelte der Mensch Leidenschaften und Ambitionen. Das jetzt laufende Zeitalter von 6480 Jahren gilt als das »Eiserne Zeitalter«, das von Gewalt, Kriegen und niedriger Gesinnung geprägt ist. Es umspannt ein Viertel eines Großen Jahres, das insgesamt aus zwölf »Monaten« von je 2160 Jahren besteht. Zum »Eisernen Zeitalter« rechnen die »Monate« des Stiers und des Widders, und nun geht (oder ging?) langsam das Zeitalter der Fische zu Ende – und damit der gesamte Zyklus von insgesamt 64.800

Jahren. Es ist wohl eine Überlegung wert, dass diese Zeitspanne recht genau der Zeitdauer entspricht, die der *Homo sapiens sapiens* (bisher) auf der Erde weilt!

Nach der Chronologie des Hermes Trismegistos wurden die Menschen vor 38.900 Jahren erstmals von den Fremden Göttern zur Arbeit angehalten. Rechnerisch ergibt sich diese Zahl aus der Addition von einem Viertel (6500), einem halben (13.000) und einem Dreiviertel (19.440) des Großen Jahres. Nach Hermes Trismegistos begannen die Menschen vor 38.900 Jahren, ihre neue Intelligenz einzusetzen und zielgerichtet zu arbeiten.

Im veränderten Bewusstseinszustand spreche ich von ebenjener Zeit vor etwa 38.000 Jahren, in der der Mensch zu arbeiten lernte:

> »*Es ist vor 37.000 Jahren ... Ich habe über den Stein Kontakt zu den Fremden. Sie haben uns den Stein gebracht, damit wir zu arbeiten lernen. Es ist, als ob sie uns an die Arbeit bringen wollten. Sie haben uns befohlen, gigantische Steine mit unseren eigenen Händen zu bearbeiten. Sie lassen uns für sich arbeiten. Sie verlangen viel von uns ... und ich würde sagen ... zu viel.*«[220]

Vor 37.000 Jahren. Das war in der Tat die Zeit, in der der neue Mensch sichtbar Zeugnis ablegte von seiner neuen Intelligenz. Zu den ältesten Zeugnissen seiner planvollen Aktionen und seiner künstlerischen Aktivitäten zählen Höhlenmalereien und Kleinskulpturen, denen die Fachwelt ein Alter von bis zu 40.000 Jahren zuschreibt. Erstaunlich, wie genau der »kosmische Datenspeicher« (mir) im veränderten Bewusstseinszustand

Auskunft gibt über verschüttetes Wissen zu prähistorischen Fakten!

In diesem Kapitel ging es vor allem um die Astronomie und die göttlichen Herren der Erde. Wenn die »Erste Zeit« der Ägypter mit 12.500 zu datieren ist und wenn schon zu dieser frühen Zeit diese astronomischen Berechnungen in Ägypten durchgeführt wurden, dann können auch Pläne und Konzepte, die dem Pyramidenbau zugrunde liegen, bereits auf die Zeit vor 12.500 Jahren zurückgehen. Es spricht jedenfalls vieles dafür, dass die mathematischen Berechnungen zur Cheops-Pyramide, in denen sich das Wissen um die Kosmologie spiegelt, älter sind als heute meist noch angenommen.

Mathematiker wie Robert Bauval, die sich von der Logik leiten lassen, stellen mit ihren nachvollziehbaren Berechnungen die heute noch gültige Lehrmeinung infrage. Bauval geht über das astronomische Wissen der alten Ägypter hinein in eine faszinierende Lesart der komplexen Pyramidenstruktur. Die Ausrichtung der so genannten »Luftschächte« in der Pyramide lässt ihn zu dem Schluss kommen, dass diese zu einer ganz bestimmten (kurzen) Zeit der Urgeschichte auf die drei Sterne des »Orion-Gürtels« ausgerichtet sind. Danach drehte sich die Erde wieder heraus aus diesem Blick auf den Orion, der ja bekanntlich im Totenkult der Ägypter eine zentrale Rolle spielte.

Diese ganz besondere Zeit, in der die drei Gürtelsterne des Orion aus dem Inneren der Pyramide über die Öffnungen in der Pyramidenwand vom (toten) Pharao gleichzeitig wahrgenommen (!) werden konnten, ist für Astronomen genau zu datieren: Vor 12.500 Jahren war der Blick frei auf das Sternbild, das dem Pharao im Tod zur Heimstatt wird. Eine solche Ausrichtung des Schachts kann nicht zufällig sein. Diese astronomischen Fakten müssen den Planern der Cheops-Pyramide bekannt gewesen sein. Von dieser Prämisse ausgehend, datiert Bauval das der Planung zugrunde liegende kosmologisch-astronomische Konzept der Cheops-Pyramide auf 12.500 Jahre. Ich erweise Bauval dadurch meine Reverenz, dass ich mich seiner Datierung anschließe.

Piktogramme in Kornfeldern – Kommunikation mit Exo-Wesen

Astronomische Konzepte liegen allem Anschein nach auch den so genannten Kornkreisen zugrunde. Das Thema hat Schaden genommen durch die vielen Nachahmer, die ihre eigenen Piktogramme in die Felder legen, auch wenn diese Piktogramme zum Teil auf ernsthaften künstlerischen oder mystischen Konzepten basieren. Gelegentlich wurden Kornkreise aber auch als Schabernack in die Felder gelegt, um die Kornkreisgläubigen zum Narren zu halten. Gerade deswegen werde ich mich nun den Kornkreisen mit dem gebührenden Respekt zuwenden. Ich nutze das Phänomen *Kornkreise* als ein weiteres Steinchen im Mosaik eines stimmigen Gesamtbildes von Adams Ahnen, das ich auf dem Weg über die *kumulative Evidenz* in diesem Buch erarbeiten möchte.

Seit den 1990er-Jahren waren die Kornkreise zunehmend häufig vor allem auf den Feldern Südenglands zu beobachten und lösten Irritation, Betroffenheit und ehrfürchtiges Staunen aus. Tiere in der Nähe von Kornkreisen zeigten extreme Reaktionen. Batterien und elektrische Geräte funktionierten nicht mehr normal. Kleinflugzeuge reagierten beim Überfliegen eines Kornkreises mit Schwankungen und Höhenverlust.

Für diese anormalen Reaktionen wurde außergewöhnliche Energiestrahlung als Ursache angenommen. Aber die Frage bleibt: Wie ist es möglich, dass sich Tausende von Halmen sorgfältig und ohne zu knicken zur Seite biegen und dabei höchst komplexe Piktogramme mit Durchmessern von bis zu 100 Metern entstehen lassen? Und welcher Sinn verbirgt sich hinter den offensichtlich intelligent konzipierten Piktogrammen? Das sind die Fragen, auf die anfangs niemand eine überzeugende Antwort geben konnte.

Inzwischen aber gibt es ernst zu nehmende Forschungsergebnisse, die die Einstellung zu Kornkreisen allmählich ändern sollten. Dem Berliner Chirurgen Joachim Koch gelang dank seines großen astronomischen Wissens ein entscheidender Schritt hin zu einer Lösung des Kornkreisphänomens. Mit beeindruckender wissenschaftlicher Präzision und nahezu genial erarbeitete er 1990 / 91 eine innovative Sicht auf die Kornkreise und veröffentlichte seine Erkenntnisse in zwei überzeugenden Büchern: *Die Antwort des Orion* und *Vernetzte Welten*.[221]

In der gebotenen Kürze resümiere ich hier die Quintessenz seiner sensationellen Sicht auf die Piktogramme im Kornfeld: In den Feldern Südenglands erkannte Joachim Koch kodierte Botschaften einer nicht menschlichen Intelligenz aus dem All. Mithilfe der von dieser Intelligenz selbst vorgegebenen Kodierung entwickelte er Experimentalpiktogramme, legte diese selbst in das Kornfeld und erwartete eine Antwort auf die in seinem Piktogramm kodierten Fragen. Er wartete mit Erfolg! Nach drei Tagen lag ein Antwortpiktogramm im Kornfeld. Eine Sensation!

Es ist mir unmöglich, der fantastischen Planung und den vertrauensvollen und zielgerichteten Schritten eines Erdenmenschen hin zu der Aufmerksamkeit und Reaktion einer

Die neuen Erkenntnisse

außerirdischen Intelligenz gerecht zu werden, indem ich die intellektuelle und astronomische Vorarbeit von Joachim Koch in einigen unzureichenden Sätzen wiedergebe. So beschränke ich mich auf den Hinweis: Joachim Koch war es beschieden, eine Antwort aus dem Sternenhimmel zu erhalten, die er entziffern konnte. Sein Bemühen und sein Vertrauen in die Höheren Intelligenzen wurden von ihnen mit Erfolg gekrönt. Sie beantworteten seine Antwort auf ihre Botschaft im Piktogramm.

Was ging dem voraus? Dank seiner profunden astronomischen Kenntnisse erkannte Joachim Koch 1990/91 die Kornkreispiktogramme als »Sternenkarten« und identifizierte mithilfe der Antwortpiktogramme eine spezielle Region am Winterhimmel. In ihrem Zentrum sah er einen Stern akzentuiert, der unter Astronomen die Bezeichnung HD 42 807 trägt. Koch las diesen Stern als eine Kennzeichnung der Position, die für das Exo-Phänomen insgesamt von Wichtigkeit zu sein schien. Der Stern liegt an der nördlichen Spitze des Wintersechsecks, einer Kombination der sechs wichtigsten Wintersternbilder.

Er ist rund 58 Lichtjahre von der Erde entfernt, eine Position, die von Astronomen als »sonnennah« bezeichnet wird.

Im Folgenden zitiere ich einige Passagen aus dem Buch *Die Antwort des Orion*: »Mittels der im Piktogramm enthaltenen Maßzahlen von Längen und Umfängen versuchten wir eine Information herauszufiltern. Irgendwie musste im Piktogramm ja enthalten sein, was wo zu suchen ist … Woher kamen die (dargestellten) Lichtstrahlen? … Von sechs verschiedenen Punkten – von sechs verschiedenen Sternen … Kannten wir in der Astronomie eine kreisartige Figur, an die uns das Phänomen hier erinnern wollte, die obendrein noch durch sechs Sterne definiert war? Ja, es war das Wintersechseck!«[222] Joachim Koch hatte also eine Antwort erhalten von Exo-Wesen, die aus unserem Blickwinkel aus der Region »über dem rechten Schulterstern des Orions« kam ... aus dem Zentrum des Wintersechsecks!

»Der Kern unserer nördlichen Sternbilder inklusive des Zodiakal oder Tierkreises geht zurück auf die Astronomie der Sumerer, die ihr astronomisches Wissen möglicherweise aus noch älteren (oder ganz anderen) Quellen aus der Zeit vor der Großen Flut bezogen haben ... Das Wintersechseck besteht ... aus dem Stern Sirius im Großen Hund, weiter im Uhrzeigersinn aus Prokyon im Kleinen Hund, Pollux in den Zwillingen, Capella im Fuhrmann, Aldebaran im Stier und Rigel im Orion ... Wir verbanden die sich im Wintersechseck gegenüberliegenden Sterne mit jeweils einer geraden Linie. Alle drei Linien kreuzten sich im Zentrum und bildeten ein kleines Dreieck.«[223]

Das Piktogramm im Kornfeld lenkte Kochs Aufmerksamkeit auf einen sonnenähnlichen Stern in der Mitte dieses kleinen Dreiecks, das wiederum in der Mitte des Wintersechsecks lag.

»Die Intelligenz hinter den Kornkreisen hatte uns auf eine spezielle Himmelsregion hingewiesen und hier auf zwei Sterne mittendrin, von denen einer sogar Leben tragen könnte ... Er trägt die Bezeichnung HD 42 807.«[224] Koch entnahm dem Piktogramm die Information, dass seine Suche zu dem von ihm gewünschten Ergebnis geführt hatte: Über das intelligente Design in den Kornfeldern wurde er auf eine Himmelsregion hingewiesen, die beide – sowohl für die unbekannten Intelligenzen als auch für die Menschheit – von Wichtigkeit zu sein schien. Er hatte den Stern gefunden, von dem aus Höhere Intelligenzen mit der Erde kommunizierten.

Dieser Kontakt bestätigt vieles, was in diesem Buch bisher über Adams Ahnen geschrieben wurde. Wir sind nicht allein im Kosmos. Wir werden beobachtet und die Höheren Intelligen-

Die neuen Erkenntnisse

zen suchen den Kontakt zu uns! Vom Stern HD 42 807 kamen Impulse, die in den Feldern von Südengland die Piktogramme entstehen ließen.

Der von Koch gefundene Stern ist also von ganz besonderer Bedeutung für die heutigen Menschen – und was das Erstaunlichste ist: Dieser Stern war auch schon für die alten Ägypter von besonderer Bedeutung! Diese Entdeckung machte Joachim Koch, und ich finde diese Entdeckung wahrlich sensationell, revolutionär. Die Verbindung zwischen dem von Koch ermittelten Gestirn und den alten Ägyptern ist geradezu atemberaubend.

Der Stern in der Mitte des Dreiecks, das sich durch die Verbindungslinien zwischen den sechs Sternen des Wintersechsecks bildet, wurde bereits zur Zeit der Königin Hatschepsut an exponierter Stelle abgebildet. Er erscheint auf einem Deckengemälde im Grab des Haushofmeisters Senenmut. Dieser diente der Königstochter, hatte aber auch einen Namen als Architekt und Astronom. Koch vermutet, dieser Mann habe aufgrund seines astronomischen Wissens die »höheren Einweihungsgrade in ein Wissen um die Götter und die mit ihnen verbundenen Sterne« gehabt.[225]

In seinem Buch *Vernetzte Welten* veröffentlichte Koch erstmals die Entdeckung eines Systems wechselwirkender Energienetze und zeigte damit die Grundstruktur unserer Wirklichkeit auf. Neueste astrophysikalische Forschungsergebnisse bestätigen die Wechselwirkung von Energielinien und Energiefeldern im Mikro- und im Makrokosmos. Sie sind als Informationsträger im gesamten Kosmos existent, und sie erst ermöglichen die Kommunikation zwischen den verschiedenen Welten. Koch, Strukturen nachzuweisen, die den von Wissenschaftlern wie Rupert Sheldrake postulierten »morphogenetischen Feldern« entsprechen könnten.[226]

Auch diese Erkenntnis des Berliner Chirurgen lässt seine geniale Fähigkeit, in größeren, ja globalen Zusammenhängen zu denken, erkennen. So wundert es denn auch nicht, dass Koch zu dem Schluss kommt, die »fortschrittlichen« astronomischen Kenntnisse der Sumerer seien nicht in frühgeschichtlicher Zeit von ihnen selbst erworben worden: »… die Sumerer, die ihr astronomisches Wissen möglicherweise aus noch älteren (oder ganz anderen …) Quellen aus der Zeit vor der Flut bezogen haben.«[227] Diese Meinung teile ich!

Die Kontakte zwischen Joachim Koch und den fremden Intelligenzen, die hinter den echten Kornkreisen stehen, dauern an. Inzwischen unternehmen auch Forscher des bulgarischen Weltraumforschungszentrums in Sofia vergleichbare Schritte zur Kontaktaufnahme mit den nicht irdischen Intelligenzen. Der Astrophysiker und stellvertretende Direktor des Instituts für Weltraumforschung der *Bulgarischen Akademie der Wissenschaften*, Lachezar Filipov, äußerte sich gegenüber den bulgarischen Zeitungen *Novinar Daily* und *Sofia Echo* über seine bisher gewonnenen Erkenntnisse zum Thema *Kornkreise*: »Die Aliens sind momentan überall um uns herum. Sie beobachten uns die ganz Zeit und kommunizieren mit uns auf telepathischem Weg.«

Nach Ansicht Filipovs sind die Aliens uns gegenüber keineswegs feindlich gesinnt. 2009 sprach der Astrophysiker über seine Vermutung, dass jene Fremden in spätestens zehn bis 15 Jahren den direkten Kontakt mit den Erdenmenschen aufnehmen werden. Seiner Meinung nach gehören die Kornkreise zu den vielfältigen Versuchen Extraterrestrischer, Kontakte zu uns herzustellen.

Dem Astrophysiker Lachezar Filipov geht es nicht viel anders als dem Berliner Chirurgen Joachim Koch. Mit ihren erfolgreichen Bemühungen um Kontakte mit Nichtirdischen lenken sie

Die neuen Erkenntnisse

die Kritik ihrer Mitmenschen auf sich. So ist das eben mit revolutionären Ideen und bahnbrechend neuen Erkenntnissen. Der Mensch hat Angst vor Neuem und Fremdem. Gerade weil die Botschaften aus dem Kosmos intelligent sind und jedermann überzeugen können, kommt wohl die Angst zum Tragen, die der Mensch seit seiner eigenen Urgeschichte empfindet, wenn Höhere Intelligenzen mit ihm in Kontakt zu treten versuchen. Und das taten sie immer, seit je, ohne Unterlass, bis heute. Daran hat sich nichts geändert in 250.000 Jahren – und auch die Angst ändert sich nicht.

Im veränderten Bewusstseinszustand sage ich als Mensch der Zeit vor 52.000 Jahren zum Thema *Angst*:

> »*Ich fühle mich den fremden Besuchern der Erde sehr fern ... fern in dem Sinn, dass es einen großen Unterschied gibt zwischen ihnen und mir ... Es gibt keine Gemeinsamkeiten ... Ich habe nicht wirklich Angst vor ihnen ... aber ich würde es vorziehen, wenn sie verschwinden würden ...*«[228]

Die Höheren Intelligenzen kennen uns, sie beobachten uns, und vielleicht brauchen sie uns auch. Warum sonst würde sich ein Exo-Wesen der Mühe unterziehen, den simplen, neuen Erdenmenschen zu kontaktieren und zu unterrichten? Ich erinnere mich genau, wie sehr ich mich dem Hohen Wesen unterlegen fühlte. Ich führte seine Anordnungen aus, weil ich mich nicht zur Wehr setzen konnte – und weil ich Angst vor ihm hatte.

Holografische Projektionen von fliegenden Objekten

Ende April 2013 fand im renommierten *National Press Club* in Washington D.C. ein fünftägiges Hearing statt, dessen erklärtes Ziel es war, der amtlich verordneten und praktizierten Leugnung und Geheimhaltung der UFO-Sichtungen ein Ende zu setzen (... *to end the ET-truth embargo*). »*If Congress will not do its job, the people will*«, so lautete das Motto der Gruppe von hohen Militärs und Forschern. Im Herbst 2013 werden die Protokolle der Augenzeugenberichte als Buch veröffentlicht. Zeitgleich erscheint *Adams Ahnen* auf dem Buchmarkt, und auch das bietet Indizien für die Präsenz der Exo-Wesen auf unserem Planeten!

In den letzten Jahrzehnten gab es überall auf der Erde derart viele Sichtungen von UFOs, dass die Regierungen es mit der Geheimhaltung zunehmend schwer hatten. Fast verzweifelt und bis an die Grenze der Lächerlichkeit wurden diese fantastischen, oft in Formation fliegenden Erscheinungen als Wetterballons oder als optische Täuschungen deklariert. Desinformation gilt bei UFO-Sichtungen als die vielleicht wirkungsvollste Methode, die Öffentlichkeit zu beruhigen. Sie wird mit »Informationen« bedient, die nicht den eigentlichen Vorkommnissen entsprechen. *Cover-up Stories* sind ein probates Mittel, die Wogen des Interesses zu glätten. Auch die Verweigerung jeglicher Information führt zum Ziel. Alles scheint den offiziellen Stellen besser als eine offene Auseinandersetzung mit dem Thema *UFO*.

Die neuen Erkenntnisse

Radaraufzeichnungen, Sachbeweise und labortechnische Untersuchungen haben in den letzten zwei Jahrzehnten die Existenz von UFOs unzweideutig belegen können. Einer der spektakulärsten Beweise ist wohl die Sichtung eines gigantischen UFOs am 17. November 1986. Es verfolgte – zusammen mit zwei kleineren »unidentifizierten« Flugobjekten – fast eine volle Stunde lang die Boeing 747, Japan Air Lines Flug 1628, auf ihrem Flug von Reykjavik nach Anchorage. An Bord des Frachtflugzeugs waren außer dem Piloten Kenju Terauchi sein Kopilot Takanori Tamefuji und der Flugingenieur Yoshio Tsukuba. Alle drei beschrieben in gleicher Weise das helle Licht des unbekannten Flugobjekts und seine abrupten Wendemanöver. Sie geben an, das Flugobjekt sei ein Rechteck mit einer Reihe von runden, hellgelben Lichtern gewesen. Das Licht habe sich »warm« angefühlt. Der ganze Vorgang wurde über eine Flugstrecke von 560 Kilometern hinweg auf den Radarschirmen beobachtet.

Die CIA nahm sich später des Falls an und bat drei Militärs zu einer Aussprache über diese Vorkommnisse. Einer der Teilnehmer, John Callahan, war von 1981 bis 1988 Abteilungsleiter der *Accidents, Evaluations and Investigations Division*, der FAA. Nach seiner Pensionierung machte er detaillierte Aussagen über den Hergang dieser Begegnung mit einem UFO: Alle Daten zu dem Fall seien gesammelt und bei einem Meeting mit der CIA präsentiert worden. Der Leiter der CIA-Gruppe äußerte zum Abschluss des Gesprächs laut Callahan: »Es war ein UFO, und es ist das erste Mal, dass wir über eine 30-minütige Radaraufzeichnung von dem UFO-Kontakt verfügen.«

Am Ende der Konferenz verpflichtete der Vorgesetzte der CIA-Mitarbeiter die Anwesenden zur Geheimhaltung. Die Unterlagen wurden konfisziert. Callahan machte deutlich, dass die offiziellen Analysen und Berichte über die Begegnung mit dem UFO gezielt und ganz offensichtlich falsch wiedergegeben wurden, und vermutet, die Fakten hätten mit diesem Vorgehen verschleiert werden sollen.[229]

Solche und ähnliche Fälle hat es viele gegeben. Sie aufzuzählen, würde die Einstellung zum UFO-Phänomen nicht ändern. Wer sich sachlich dazu äußert, wird belächelt oder für leichtgläubig gehalten. Das war aber nicht immer so. Noch vor wenigen Jahrzehnten waren die offiziellen Stellen unbefangener. Die Bezeichnung »*Flying Saucer*« oder »fliegende Untertasse« spiegelt wider, wie locker zunächst jedermann mit diesen merkwürdigen Flugobjekten umging. Niemand verstand ihr Funktionieren und ihre Funktion. Und da es vieles gibt, das wir nicht verstehen, waren die fliegenden Untertassen nur ein Ding mehr, das der Mensch nicht erklären konnte.

Dann aber begannen einzelne Wissenschaftler, Politiker und Militärs, die Bedeutung des UFO-Phänomens zu »verstehen«. Nicht, dass sie es bis heute wirklich verstanden hätten, aber sie verstanden gerade so viel, um Entsetzen zu verspüren. Die UFO-Erscheinungen waren von einer Art, die mit unserem Vokabular gar nicht umschrieben werden konnte. Sie waren von ganz und gar fremder – nichtirdischer Natur. Noch genauer: Die Kräfte hinter den UFOs wurden als den Erdenmenschen unendlich fremd und überlegen verstanden. Und das macht Angst.

Am besten haben es die Naturwissenschaftler, denn sie können wenigstens hoffen, eines Tages Zugang zu finden zur »Technologie« der Fremden. So liest man denn, wie die »unidentifizierten, fliegenden Objekte« mithilfe der Neuen Wissenschaften erklärt werden. Unsere Wissenschaftler widmen sich den Zeitanomalien, die im Umfeld der UFOs feststellbar sind, und erklären, dass die UFOs nicht den Gesetzen der Raum-Zeit unterliegen. Sie stellen zur Diskussion, ob es sich bei

Die neuen Erkenntnisse

den UFOs wirklich um Raumschiffe handelt, denn schließlich widersprechen die meisten ihrer Manöver allen uns bekannten physikalischen Gesetzen. Es könne sich bei den UFOs schon allein deshalb nicht um Raumschiffe im technischen Sinn handeln, weil sie immer wieder unvermittelt ihre Gestalt ändern, sich verdoppeln oder miteinander verschmelzen und gelegentlich sogar durchsichtig sind. Oft tauchten sie aus dem Nichts auf, und ebenso schnell und ohne Übergang verschwänden sie wieder.

In einer meiner 40 Regressionssitzungen spreche ich als Diener Höherer Intelligenzen, der seinen Dienst an der Bodenstation der Flugkörper leistet, über meine Beobachtungen der skurrilen Flugmanöver der fremden Astronauten:

> »*Warum sind diese Wesen hierher gekommen? ... Sie entfernen sich am Himmel mit großer Geschwindigkeit, jeder in eine andere Richtung ... Ich bin sehr erstaunt, wie schnell sie aus meinem Blickfeld verschwunden sind ... Ich verstehe das alles gar nicht. Ich beobachte, dass sich die Wesen nicht nur pfeilschnell, sondern auch in für mich unnatürlichen, spitzen Winkeln bewegen. Sie schlagen mit ihren Fahrzeugen Haken in der Luft ...*«[228]

Die »unidentifizierten, fliegenden Objekte« scheinen wahrlich aus einer anderen Realität zu kommen. Kommen sie aus einer anderen Dimension? Die Wissenschaftler schlagen Erklärungsmodelle vor, die auf einer mehrdimensionalen Wirklichkeit basieren. Eine sechsdimensionale, einheitliche Quantengeodynamik wird angedacht als die Weltformel, die alles – und damit dann auch das UFO-Phänomen – erklären könnte.[230]

Seit einiger Zeit wird nun das Hologramm als die Antwort auf alle Fragen gesehen. Einige Wissenschaftler nehmen heute an, es könne sich beim gesamten Universum um eine holografische Projektion handeln – um die Projektion eines Originals aus einer anderen Dimension! Das würde manches erklären, zum Beispiel auch die ansonsten nicht erklärbare Bilokalität der UFOs.

Gerardus t'Hooft, Nobelpreisträger und Professor für Theoretische Physik in Utrecht, veröffentlichte 1995 das Buch *The Holographic Universe*.[231]

Zusammen mit seinem Kollegen von der Stanford Universität, Leonard Susskind, hatte er das holografische Prinzip entwickelt, das durch die »String-Theorie« bedingt und bestätigt wird. Das Universum als ein Hologramm zu sehen, führt nicht nur zu einer grundsätzlich neuen Weltsicht, es hat auch philosophische Implikationen, die der Quantenphysiker und Philosoph David Bohm tiefgründig zu entschlüsseln suchte. Albert Einstein bezeichnete ihn deshalb als einen Wissenschaftler, der konsequent über die philosophische Sicht auf die Quantenphysik hinaus zu einer kosmischen Weltsicht fand.

Die Vorstellung vom Universum als einem Hologramm ist ein Thema, das der *Noetik* verwandt ist. *Noetik* verbindet als philosophische Wissenschaft die Erkenntnisse der modernen Quantenphysik mit denen der Bewusstseinsforschung. Der Begriff *Noetik* wird im Sinne eines alles lenkenden Prinzips verwendet und sucht Erkenntnis an den Grenzen des Wahrnehmbaren – Erkenntnis dessen, was hinter dem Wahrgenommenen steht. Es geht der *Noetik* um das Erfassen einer hinter dem Augenschein verborgenen Wirklichkeit. Ist die Wirklichkeit ein Hologramm?

Die neuen Erkenntnisse

Zur Schaffung eines Hologramms wird ein dreidimensionales Objekt mit Laserstrahl abgetastet und die gewonnene Information auf einer zweidimensionalen Fläche gespeichert. Nach einem bestimmten Prinzip lässt sich die Information aus der Fläche heraus dreidimensional in den Raum projizieren. Das entstehende dreidimensionale »Objekt« ist ein Abbild des Originals, nein, es ist mehr als ein Abbild, es ist eine Kopie, um die man herumgehen, in die man hineingehen kann und die von allen Seiten und in jeder Beziehung »real« erscheint. Dennoch ist es eine Illusion – eine *Fata Morgana* der Sinne.

Was im Kleinen möglich ist, muss auch in einem anderen Maßstab denkbar sein. Wenn Physiker sich heute fragen, ob unser gesamtes Universum als ein Hologramm zu verstehen ist, nehmen sie an, dass es »irgendwo« ein Original gibt, das zweidimensional gespeichert ist. Durch die holografische Projektion würde das Gespeicherte zu unserer dreidimensionalen Welt.

So absurd und vor allem erschreckend diese Idee zunächst klingt, so sehr böte dieser neue Denkansatz auf viele unserer offenen Fragen eine Antwort. Zunächst ließen sich mit der Hologrammhypothese viele der »himmlischen Erscheinungen« erklären, zu denen eben auch die UFOs zählen. Tausende von Menschen haben sie gesehen – und fotografiert. Das spräche zunächst dafür, dass es sich bei diesen Erscheinungen um etwas Reales handelt, wären da nicht die unerklärlichen Aspekte der UFO-Erscheinungen, die, wie gesagt, den Gesetzen der Physik widersprechen. Die UFOs bewegen sich mit einer uns unbekannten Geschwindigkeit, sie ändern mitten im Flug die Richtung in einem spitzen Winkel, der unseren Flugzeugen nicht möglich ist. Sie können ihre Geschwindigkeit auf null herunterfahren und dann in der Luft »stehen«. Auch wechseln sie die Farbe, und sie fliegen vollkommen lautlos. Am meisten verblüfft und irritiert uns aber, dass sie ihre Form wechseln und sich vervielfältigen können.

Warum bekommen wir dieses Schauspiel vorgeführt? Vorstellbar ist, dass die Höheren Intelligenzen den Menschen eine Botschaft oder Belehrung vermitteln wollen, wie sie es vor Tausenden von Jahren auch schon taten. Der biblische Henoch berichtete, er sei von den »Göttern« in einem »Himmelsboot« zum »Himmel« mitgenommen worden, wo er das »gesamte Wissen« in die Feder diktiert bekommen habe, das er danach dem Menschen übermitteln sollte. Moses erhielt auf dem Berg Sinai im Angesicht seines Gottes die Steintafeln mit den Gesetzen, nach denen wir heute noch leben. Alles, was ihm die »Piloten« eines »Himmelswagens« diktierten, notierte Hesekiel sehr genau, denn er sollte es den späteren Generationen weiterreichen. Auch einige andere Auserwählte kamen in einen persönlichen Kontakt zu den Himmlischen und wurden belehrt und mit Weisheit beschenkt.

Heute genügt es nicht mehr, Einzelne zu belehren. Die Situation ist vielleicht eine andere – sie ist mit Sicherheit eine andere. Während Henoch den Göttern zu Beginn des zyklischen Ablaufs der Menschheitsgeschichte begegnete, begegnen wir heute den »himmlischen« Fahrzeugen der Exo-Wesen zu einer Zeit, die man als das Ende des zyklischen Ablaufs bezeichnen müsste.

Ist es notwendig, dass Tausende Menschen heute ein solches himmlisches Spektakel erleben? Die Nichtirdischen wählen den Weg über die optische Illusion, die der Erdenmensch aufgrund seiner limitierten Erkenntnisfähigkeit als eine »Realität« in seinem Erdenalltag erkennen soll. Himmlische Erscheinungen wären in diesem Verständnis Manifestationen einer außerirdischen Intelligenz, die sich ein (illusionistisches) Erscheinungsbild wählt.

Die neuen Erkenntnisse

Warum sich die Höheren Intelligenzen der Mühe (?) unterziehen, den Kontakt zu uns zu suchen, ist eine offene Frage. Aber sicherlich ist dieser Kontakt zu uns in ihren Augen kein sinnloses, nutzloses Unterfangen. Sie werden eine Strategie verfolgen, einen Plan, zu dessen Realisierung auch der Erdenmensch vonnöten, von Nutzen ist. Ist es möglich, dass uns die Exo-Wesen ihre übermächtige Existenz vor Augen führen müssen, damit wir sie kennen und anerkennen? Die Vermutung liegt nahe, dass wir langsam, Schritt für Schritt, an die »Gegenwart« der Fremden erinnert und gewöhnt werden sollen. Wenn wir aber zurzeit eine Art Gewöhnungsprozess durchlaufen, indem wir unseren (geistigen) Horizont erweitern, dann erwartet uns ein Evolutionssprung – ein Bewusstseinssprung.

Namhafte Wissenschaftler wie David Bohm und Karl Pribram befassten sich mit der Idee vom holografischen Universum und folgerten: Als Licht- oder Laserstrahl, der für die Projektion des Hologramms in die Dreidimensionalität erforderlich ist, als Lichtstrahl also dient unser **Bewusstsein**. In diesem Lichtstrahl erkennen (und erschaffen?) wir das illusionäre Bild der Welt, das von einem uns nicht wahrnehmbaren Frequenzmuster erzeugt wird. Wir können es nicht erkennen, weil unser Gehirn dazu nicht in der Lage ist, so der Quantenphysiker David Bohm. Unser Gehirn kann nur funktionieren innerhalb einer illusionären Welt.[232] Das alles ist den Höheren Intelligenzen bekannt, davon müssen wir ausgehen. Sie stellen sich ein auf unsere Gewohnheit, in der Illusion zu leben.

Höhere Intelligenzen können Eingriffe vornehmen in die uns unsichtbaren Strukturen der Wirklichkeit. Um das anschaulich und zeitgemäß zu erklären, greift der Physiker Johannes Fiebag zur Analogie mit dem Cyberspace-Modell. Mit Cyberspace bezeichnet er künstlich geschaffene Räume, ja ganze Universen, die im Grunde nur in der virtuellen Realität des Computerbilds existieren. Neu ist, dass man in diese künstlichen, virtuellen Räume hineingehen kann. Heute benötigt man dafür noch Spezialbrillen. Bald wird sich das Gehirn mit dem Computer direkt verbinden können. Aber schon heute erlebt der Mensch im virtuellen Raum eine andere Realität, eine fremde Wirklichkeit, mit der er sich vernetzt.

Eine solche Vernetzung ist nun auch in einem größeren Maßstab denkbar, zum Beispiel zwischen Planeten, Sonnensystemen und Galaxien, vermutet Fiebag. Durch eine globale Vernetzung hätten die Höheren Intelligenzen die Möglichkeit, in die künstlich erzeugte Cyberspace-Erdsimulation hineinzugehen und in unsere Wirklichkeit einzugreifen. Damit erklärt uns Fiebag, dass fremde Intelligenzen in unserer Wirklichkeit agieren können – auch in Gestalt von UFOs und menschenähnlichen Wesen!

Dieser Denkansatz verbindet sich mit der Vorstellung, dass sich ein die Welt umspannendes Netzwerk miteinander kommunizierender Sonden installieren ließe. Die Sonden dienten dabei als Transmitter für das Bewusstsein der Intelligenzen. All das ist angedacht als eine mögliche Analogie zu einer Cyberspace-Welt.[233]

Höhere Intelligenzen erscheinen in unserer illusionären Realität und wirken in ihr. Wer das verstehen will, muss sich zunächst von der Vorstellung verabschieden, die uns bekannten physikalischen Gesetze seien in der Lage und geeignet, diesen Sachverhalt zu erklären, der allerdings keine »Sachverhalt« ist, denn eine »Sache« gibt es nicht. Auch keine UFOs?

Wir sollten uns der Erkenntnis öffnen, dass es die fliegenden Himmelswagen oder Objekte gibt und seit je gab. Sie sind nicht nur Hologramm, sie haben auch eine physikalische Realität. Es gibt zu viele Indizien, zu viele Hinweise, die keinen anderen Schluss zulassen als den, dass nichtirdische Wesen ganz real die

Die neuen Erkenntnisse

Erde besucht haben. Von ihrer physischen Präsenz auf der Erde handelt dieses Buch zum Thema *Adams Ahnen*. Ihre reale Präsenz auf der Erde schließt aber nicht aus, dass die Höheren Intelligenzen und ihr Fluggerät nicht **auch** eine holografische Spiegelung sein können. Es geht hier nicht um ein »Entweder-oder«, sondern um ein »Sowohl-als-auch«.

Von einer realen Begegnung mit einem UFO muss im so genannten Rendlesham-Forest-Zwischenfall gesprochen werden. Am 26. Dezember 1980 wurde nahe dem Luftwaffenstützpunkt der U. S. Air Force bei der englischen Stadt Woodbridge gleichzeitig von fünf Personen ein dreieckiges, leuchtendes Objekt auf dem Waldboden gesehen, das ungefähr zweieinhalb mal zwei Meter groß war. Der leitende Sicherheitsoffizier James Penniston berührte das Objekt und empfand es als warm und glatt. Nach 35 Minuten hob sich das Objekt lautlos in die Luft und entfernte sich mit hoher Geschwindigkeit. Margaret Thatcher, die ehemalige Premierministerin des Vereinigten Königreichs, wurde von den Militärs über den Vorfall unterrichtet und gab folgenden Kommentar: »*UFOs! You must get your facts – and you can't tell the people!*«[234]

So viel zu einem nachweislich realen und gut dokumentierten Vorfall!

Es scheint, als ob sich die fremden Besucher der Erde materialisieren und – bei Bedarf – wieder dematerialisieren. Auch wenn wir es uns heute noch nicht erklären können, so müssen wir uns doch eingestehen, dass sich ein Etwas vor unseren (physischen) Augen abspielt, das wir nur beobachten, aber nicht erklären können. Uns Menschen fällt es schwer zu unterscheiden, ob es sich bei einem »Bild«, das sich unserem Auge bietet, um ein Stück »Wirklichkeit« oder um dessen holografische »Spiegelung« handelt. Und was uns auch schwer fällt, ist anzuerkennen, dass Spiegelung und Wirklichkeit keineswegs Gegensätze sind.

Es gibt Situationen, in denen die Unterscheidung zwischen so genannter Realität und Illusion folgenschwere Konsequenzen haben kann. Das gilt zum Beispiel für Sichtungen von UFOs über einem Militärgelände. Die holografische Spiegelung kann, wenn sie über einem Militärgelände erfolgt, dieselben fatalen Folgen und Reaktionen provozieren wie ein »wirkliches« Flugzeug.

Dass dies kein theoretisches Gedankenspiel ist, sondern ein potenzielles Schreckensszenario darstellt, wird aus Folgendem deutlich: Am 27. September 2010 fand im *National Press Club* in Washington D. C. eine Konferenz zum Thema *Nuklear-Waffen und UFOs* statt. Die Konferenz, die es in dieser Form zuvor noch nicht gegeben hatte, wurde vom amerikanischen Sender CNN live übertragen. Das ist ein großer Schritt in Richtung einer längst fälligen Aufklärung über das UFO-Phänomen. Deshalb ist es ist umso unbegreiflicher, dass die Konferenz kaum Reaktionen in der Öffentlichkeit auslöste.

Ausgangspunkt für diese Konferenz war das Buch von Robert Hastings[235], in dem dieser darüber schrieb, was ihm in über drei Jahrzehnten von einer großen Zahl ehemaliger US-Luftwaffenmilitärs über ihre persönlichen Erfahrungen mit UFOs über US-Militärgelände berichtet worden war. Während ihres aktiven Berufslebens als Luftwaffenmilitärs hatten sie darüber nicht sprechen dürfen. Nach ihrer Pensionierung aber sahen sie es als ihre Pflicht an, mit ihren Beobachtungen an die Öffentlichkeit zu gehen.

120 Personen aus diesem Kreis schilderten Hastings ihre Erfahrungen mit den UFOs, die immer wieder gerade über sol-

chen militärischen Sperrgebieten gesichtet wurden, auf denen die Amerikaner ihre Nuklearwaffen stationiert hatten. Die Nuklearwaffen zeigten bei dieser Gelegenheit überraschende, unerklärliche Fehlzündungen und verschiedene andere Formen von technischem Versagen.

Wie wir heute wissen, sind die UFOs seit 1948 nicht nur über Hochsicherheitszonen der Amerikaner, sondern auch über Militäranlagen der Sowjets beobachtet worden. Auch in der Sowjetunion ging das Auftauchen der UFOs einher mit technischem Versagen der diffizilen strategischen Waffensysteme und Flugkörper. Diese alarmierenden Begleiterscheinungen des UFO-Phänomens waren für den ganzen Planeten lebensbedrohend. Denn in der irrigen Annahme, der Feind griffe an, hätten die Militärs eine nukleare Abwehrreaktion auslösen können.

Robert Hastings äußerte die Meinung, dass die amerikanische Bevölkerung informiert sein sollte über das, was es über UFOs bisher zu sagen gibt. Ausdrücklich betont er, dass er die Regierung und deren »Politik des Schweigens« nicht kritisiere, weil er davon ausgehe, dass die Regierung gute Gründe für diese Politik gehabt habe und weiterhin habe. Hastings aber mache es sich zur Aufgabe, die Amerikaner über die »fliegenden Untertassen« aufzuklären. CNN stellte sich mit seiner Liveübertragung der Konferenz hinter Inhalt und Ziel dieses Vorhaben.

Die Quintessenz der Kommentare ehemaliger U.S.-Airforce-Militärs formuliert Hastings wie folgt: »Das Auftauchen von UFOs über Militärgelände ist nicht in sich schon ein Grund zur Beunruhigung. Vielmehr ist es ein Grund zum Innehalten im Wettrüsten.«[236] Hastings vertritt die Meinung, dass die Höheren Intelligenzen seit dem Jahr 1945, in dem die Menschen ihre erste Atombombe zündeten, uns warnen wollen vor der Gefahr, mit der wir spielen. Er vermutet, dass uns die Nichtirdischen zum Beispiel mit einem Stromausfall auf dem Militärgelände ein Zeichen geben wollen. »Denkt darüber nach, wie leicht es durch ein technisches Versagen zu einer globalen Katastrophe kommen kann.«

Was uns die hohen Militärs vermitteln, hebt das Phänomen UFO weit heraus aus dem Bereich der möglichen Sinnestäuschungen. Dieser deprimierenden Wahrheit müssen wir ins Auge sehen. Aber diese Wahrheit hat noch eine andere Seite: Die uns so sehr überlegenen Höheren Intelligenzen sind an uns interessiert, und sie beobachten uns. Sorgen sie sich vielleicht um uns? Oder sorgen sie sich um sich selbst, weil die Erde für sie eine wie auch immer geartete Bedeutung hat?

In tiefer Trance erkenne ich die Rolle, die der Erdenmensch für die Höheren Intelligenzen spielt:

> *»Sie haben die Erdenbewohner nötig ... Sie haben eine Mission zu erfüllen (wenn sie auf die Erde kommen) ... Sie sind offizielle Gesandte ... Sie interessieren sich für nichts anderes als dafür, ihre Mission zu erfüllen ... Sie messen in regelmäßigen Abständen ... und dafür haben sie Kreaturen wie mich ausgesucht ... Man organisiert Kontrollen an den Kreaturen ... ganz mechanisch ... ohne jedes Gefühl ... Es herrscht die Logik. Sie haben nichts als Strukturen im Kopf ... Mathematik und Pläne, die sie realisieren müssen ... realisieren wollen. Es ist ihnen gar nicht wichtig, ob es uns schadet oder nicht.«*[237]

»Entführungen« des feinstofflichen Körpers

Jeder dürfte schon einmal von den spektakulären »Entführungen« von Menschen durch Nichtirdische gehört haben. Einige Menschen halten diese Berichte für frei erfunden, andere halten sie für realistisch. Wer hat recht? Beide haben unrecht! Warum? In den Berichten von Entführungen geht es um ein Phänomen, das nicht im herkömmlichen Sinn als »real« bezeichnet werden kann.

Die Erklärung für diese Feststellung findet sich über die »Feinstofflichkeit«.

Klaus Volkamer definiert sie als eine Form realer, aber unsichtbarer, feldartiger Materie, die feiner und beweglicher ist als ein materieller, grobstofflicher Körper.[238]

Bereits Plato befasste sich mit der Feinstofflichkeit und der Interaktion zwischen Materie und dem Immateriellen. Der Philosoph nannte diese Feinstofflichkeit »geistiges Element«, das nach dem Tod zum Ausgangpunkt seiner Herkunft, das heißt in die Feinstofflichkeit, zurückkehrt, wo es seine Existenz auf einer anderen Bewusstseinsebene fortsetzt. Um diese anderen Bewusstseinsebenen geht es bei den Entführungen.

In den vergangenen 50 Jahren mehrten sich Berichte über Entführungen. Überall auf der Erde erklärten Menschen, sie seien von Nichtirdischen entführt worden. Die Schilderungen der Betroffenen sind nahezu identisch, wie auch Hunderte von Psychiatern der USA feststellten. Sie alle hatten in ihrer Praxis zu tun mit Traumata, die ihnen bis dahin noch nicht begegnet waren. All diese Psychiater hatten Menschen zu behandeln, die übereinstimmend davon berichteten, dass sie von nicht-irdischen Wesen aus ihrer Wohnung, ihrem Bett, aus ihrem Auto heraus und gelegentlich auch durch Wände hindurch »mitgenommen« worden seien zu einem ihnen unbekannten fliegenden Apparat. Viele gaben an, dass ihnen dort Gewebeproben entnommen worden seien. Die meisten klagten darüber, dass man an ihren Genitalien Manipulationen vorgenommen habe, die zum Teil schmerzhaft, in jedem Fall aber beschämend gewesen seien. Danach hätten sie sich dann in ihrer gewohnten Umgebung wiedergefunden und sich meist nicht mehr an die Einzelheiten des Transports oder der Vorgänge erinnern können.

Die Häufung dieser Berichte veranlasste John E. Mack, Professor für Psychiatrie an der Harvard-Universität und Pulitzer-Preisträger, die in den USA bekannt gewordenen Fälle zentral zu sammeln, zu sichten und einige dieser Fälle in einem Buch zu veröffentlichen. Es erschien 1994 unter dem Titel *Entführt von Außerirdischen* und wurde sofort weltweit zum Bestseller.

Um die Entführten von ihrer traumatisierenden Erfahrung zu befreien, entwickelte John Mack in mehrstündigen Hypnosesitzungen einen therapeutischen Zugang zu ihnen und konnte die Leiden seiner Patienten meist auch lindern. Mack schreibt in seinem Buch, wie sehr die Berichte der Entführten seinem Weltbild widersprachen, wie er aber niemals an den Aussagen der Patienten gezweifelt habe. Zu sehr seien die Schilderungen von unerhörter Intensität und Emotionalität geprägt gewesen, als dass der Psychiater sie jemals hätte infrage stellen wollen.

»Die Intensität und Emotionalität, mit denen die Entführten ihre Erfahrungen durchlebten, sind mit nichts anderem aus meiner klinischen Tätigkeit zu vergleichen ... Ich bin zu der

Die neuen Erkenntnisse

Einsicht gelangt, dass dieses Entführungsphänomen bedeutende philosophische, geistige und soziale Auswirkungen hat. Kein nichtnormaler Bewusstseinszustand, sei er nun durch psychedelische Substanzen, Astralreisen oder Meditationspraktiken erzielt worden, erbringt so machtvolle, fremdartige und ergreifende Erkenntnisse wie das Phänomen der Entführung.«[239]

Mack war selbst eingebunden in das konventionelle Denkschema, das Universitäten lehren und von ihren Dozenten und Studenten einfordern. Die Erfahrungen mit seinen Patienten jedoch machten es für Mack selbstverständlich, für eine Bereitschaft zu neuer geistiger Offenheit und Unvoreingenommenheit gegenüber den Entführungsfällen zu plädieren. Wie er schreibt, versprach er sich von einer größeren Offenheit die Lösung vieler menschlicher Probleme: »Mir ist klar geworden, dass unsere eingeengte Weltsicht, unser restriktives Paradigma hinter den meisten der destruktiven Verhaltensweisen steht, die die menschliche Zukunft bedrohen.«[240]

Ich habe John Mack nicht persönlich kennenlernen können, aber ich hatte die Möglichkeit, über ihn und seine Arbeit mit seiner Mitarbeiterin Dr. Pamela Steiner zu sprechen, die das Harvard-Projekt wissenschaftlich begleitet hat.

Bei einem Besuch in Berlin im Sommer 2011 erzählte sie mir von John Mack und seinem Umgang mit den Entführten. Es war ihr ein Bedürfnis, mir zu versichern, dass John Mack seit 1994 bis zu seinem Tod 2006 eine wissenschaftlich korrekt durchgeführte Pionierarbeit geleistet habe.

Über diejenigen Entführten, die ihr persönlich bekannt waren, sagte sie mir: »*They did not make it up.*« Meine Übersetzung: »Die Patienten haben ihre Geschichten nicht erfunden.« Damit bestätigt Pamela Steiner ihre Überzeugung, dass die Patienten ihre »wirren« und »irreal« anmutenden Leidensgeschichten wirklich durchlebt haben. Warum sollten sie solche außergewöhnlichen Erfahrungen auch erfinden! Und obendrein würde es ihnen wohl in der Praxis eines derart erfahrenen Experten unter den Psychiatern, wie der Harvard-Professor Mack es zweifellos gewesen ist, nicht gelingen, erfolgreich eine Fantasiegeschichte vorzuspielen. Nein, an der Echtheit der Berichte dieser Entführten ist nicht zu zweifeln.

Wenn ich hier in besonderer Weise auf die Entführungsfälle in den USA eingehe, heißt das nicht, in anderen Ländern habe es diese Entführungen nicht gegeben. Die Erfahrungen der Frankfurter Ärztin Dr. Ruth Kremser sprechen eine deutliche Sprache. Zusammen mit Kollegen hat sie sich in Deutschland um die Menschen gekümmert, die durch das Erlebnis einer Entführung in gleicher Weise traumatisiert waren wie die Amerikaner. Ruth Kremser zeigte mir 1996 ihre Unterlagen und das Anschauungsmaterial in Gestalt von Fotos, auf denen winzige Implantate und kleine Wunden zu sehen waren, die sie an ihren Patienten entdeckt hatte.

Die Implantate in Form kleinster Kügelchen zersetzten sich offenbar unerklärlich schnell. Woraus sie bestehen – oder bestanden –, ist nicht mit Sicherheit zu sagen. Man vermutet eine Metalllegierung, die wir nicht kennen, geschweige denn selbst herstellen könnten. Dass die kleinen Wunden am Körper der Entführten wesentlich schneller heilen als normal, ist ein Hinweis darauf, dass die »Patienten« eine paranormale Erfahrung durchlebt hatten.

Von einem Psychiater kann vielleicht nicht erwartet werden, dass er das Entführungsphänomen anders interpretiert als im Rahmen der Vorgaben, die ihm sein eigenes Wissensgebiet diktiert. Aber hier soll versucht werden, auch die Entführungen in einen Kontext mit der Hologrammtheorie zu setzen. In diesem neuen Verständnis ist das irdische Geschehen gleichsam ein Film, der aus einer anderen Dimension zu uns übertragen wird. Wie im vorhergehenden Kapitel dargelegt wurde, können auch UFOs in diesem Weltbild der holografischen Projektionen nichtreale Konstruktionen aus »Metall« sein. Es können deren Abbilder sein, die in unsere eigene Dimension projiziert werden.

In einem veränderten Bewusstseinszustand wird der feinstoffliche Körper des Entführten in das feinstoffliche, real erscheinende Abbild einer Flugmaschine transponiert, und der Entführte erlebt, wie sich fremde Wesen an ihm zu schaffen machen. Der Eindruck trügt letztlich nicht. Es ist nur nicht sein physischer Körper, sondern dessen nichtmaterielle Hülle. Es ist sein feinstofflicher Körper, dem etwas widerfährt! Und alles, was dem feinstofflichen Körper widerfährt, betrifft dann auch den physischen Körper. Die kleine Wunde, die Dr. Ruth Kremser häufig an Entführten festgestellt hat, wurde dem feinstofflichen Körper beigebracht und wirkte energetisch auf den physischen Körper.

Der Physiker Michael Swords hält es für denkbar, dass die Implantate, die man während einer kurzen Zeitspanne unter der Haut von Entführten wahrnehmen konnte, mikrominiaturisierte Sonden seien, die einzelnen Menschen eingesetzt werden, damit es fremden Intelligenzen dadurch möglich wird, bei uns »anzudocken«, selbst dann, wenn sie sich Lichtjahre entfernt von der Erde befinden.[241]

Jegliche Realität ist ein Konstrukt unseres Gehirns. Die Vorstellung von Realität weicht einem Feld der Prozesse und Wirkungen. Exo-Wesen können unsere Wirklichkeit manipulieren, vielleicht tun sie das bereits, seit sie vor Jahrtausenden die Gesetze der virtuellen Realität erfasst haben. Wer diese quantenphysikalische Erklärung akzeptiert, den wundert es nicht mehr, dass die Betroffenen »durch Wände hindurch« entführt werden und ihre Wunden so anormal schnell heilen: Es handelt sich um den feinstofflichen Körper, der nicht den physikalischen Gesetzen unterliegt.

Weil der Entführte die Begegnung mit den Höheren Intelligenzen als real erlebt, ist auch sein Trauma real und kann entsprechend von einem Psychiater behandelt werden. Die Kontakte zwischen irdischen und nichtirdischen Wesen verlieren den Aspekt des paranormalen, wenn sie verstanden werden im Licht des neuen Paradigma: Das Universum ist ein Hologramm.

Das Phänomen *Entführungen durch Außerirdische* ist unmittelbar verknüpft mit der Bedrohung der Erdbevölkerung. Um einem Missverständnis vorzubeugen, betone ich hier gleich, dass die Bedrohung der Menschheit nicht aus der Intervention der Exo-Wesen erwächst – sondern aus dem Verhaltensmuster des Menschen selbst. »*Homo homini lupus*«, sagt der Lateiner. Und wir sagen, der Mensch sei des Menschen (einziger) Feind. Diese Meinung scheinen die nichtirdischen Intelligenzen zu teilen. Woher ist das bekannt?

Aus den geschilderten Erfahrungen der Entführten. Diese Ansicht wurde ihnen von den Nichtirdischen telepathisch vermittelt. Jedenfalls kehren die Entführten aus der nichtirdischen Wirklichkeit mit der neu gewonnenen Einsicht zurück, dass sich auf Erden dringend etwas ändern müsse, damit das Damoklesschwert unbeherrschbarer Technologien und zügelloser menschlicher Aggressionen nicht auf den Kopf der Menschen hernieder geht und sie vernichtet.

Die neuen Erkenntnisse

Die Erde ist in Gefahr. So erkennen es die Menschen, die eine feinstoffliche, nichtkörperliche Entrückung aus ihrem physischen Körper erfahren haben. Diese Einsicht muss telepathisch an die Erdenmenschen vermittelt worden sein. Und es wundert nicht, dass der Mensch die Botschaft gut versteht.

Die Höheren Intelligenzen kennen sich mit den Denkmustern des Menschen aus, denn sie haben den Menschen aus ihren eigenen Genen erschaffen. Deshalb wird ihre Einschätzung der Moral und Ethik des Erdenmenschen, aber auch dessen Anspruchsdenkens und Egozentrik wohl durchaus realistisch sein.

Adams nichtirdische Ahnen wissen, dass der Mensch sich nicht ändern wird, auch dann nicht, wenn er mit einem Fuß bereits über dem Abgrund steht. Haben Adams Ahnen einen ausgeprägten Familiensinn und wollen deshalb ihre Nachkömmlinge retten? Die Entführten jedenfalls berichten immer wieder von ihrer Überzeugung, dass es den Exo-Wesen wirklich ernst ist mit dem Versuch, die menschliche Rasse zu erhalten. Aus den Worten der von Mack in Hypnose befragten Entführten geht hervor, wie sehr die Nichtirdischen eine Katastrophe auf der Erde in der »nahen Zukunft« als gesichert annehmen. Aber gerade deswegen mühen sie sich wohl, das Fortleben des Menschen auf der Erde zu sichern, indem sie sich auf die (einzige?) ihnen mögliche Weise dafür einsetzen.

Was ist von den Berichten zu halten, in denen sich Entführte zu erinnern glauben, von den Höheren Intelligenzen einer Manipulation an ihrem Körper unterzogen worden zu sein? Die Berichte bestätigen sich gegenseitig. Es ist für alle eine äußerst unangenehme Vorstellung. Aber nur so dürften die Götter zu dem von ihnen gewünschten Ziel kommen: die Erschaffung eines neuen Hybridwesens! Vielleicht soll das neue Wesen –

ähnlich wie vor 250.000 Jahren – einen Teil des Erbguts der Außerirdischen, aber auch einen Teil des irdischen Erbguts tragen? Warum wäre das so entsetzlich? Sehen wir unsere eigenen Eigenarten als so hervorragend und unübertrefflich, dass wir uns eine »Veredlung« durch eine Genmanipulation gar nicht vorstellen wollen?

In tiefer Hypnose erzählten die Entführten ihrem Psychiater John Mack von einer Reihe Reagenzgläsern, die sie im »Behandlungsraum« des Fluggeräts erkennen konnten. Sie waren sicher, in den Reagenzgläsern kleine menschliche Embryos erkannt zu haben. In der Hypnose interpretierten sie diese Embryos als »unsere Nachkommen«, deren genetische Disposition sorgsam abgestimmt ist auf die zu erwartenden neuen Lebensbedingungen auf der Erde.

Und wieder bieten sich Parallelen zu den sumerischen Keilschrifttafeln.
Dort lesen wir, wie »the great gods« in dem »creation chamber of the gods« die kleinen Schwarzköpfe kreierten. »They fashioned the blackheaded people.«[242] Ein Labor mit Reagenzgläsern, die Entführte ihrem Psychiater beschreiben, lassen an die sumerische Darstellung denken, in der ein Neugeborenes (voll Stolz) von der »Göttin des Lebens« emporgehalten wird. Im Hintergrund der Szene werden die Requisiten eines Labors in der Gestalt einer Reihe von Reagenzgläsern erkennbar (vgl. das Kapitel »Das Paradies«). Die Berichte gleichen sich! Das kann kein Zufall sein.
So wird dann – irgendwann in naher Zukunft – das fünfte Weltzeitalter beginnen, in dem der genmanipulierte Mensch eine neue Chance bekommt, mithilfe seiner Ahnen aus dem Weltraum eine neue Zivilisation zu schaffen, in deren Verlauf

Die neuen Erkenntnisse

er vielleicht sorgsamer mit dieser Erde umgehen wird, als er es bisher im zur Zeit laufenden Weltzeitalter getan hat.

Der *Homo sapiens* entstand vor einer Viertelmillion Jahren. Alten Texten und mündlichen Überlieferungen alter Kulturvölker können wir entnehmen, dass die Götter damals auf der Erde weilten, den Menschen erschufen und danach mit ihren neuen Geschöpfen in Kontakt standen. Wiederholt sich hier, was lang vergessen war?

Alles im Universum verläuft in Zyklen ab. Stehen wir wieder an demselben Punkt wie vor 250.000 Jahren? Ich glaube nicht, denn die Situation war wohl damals eine andere als heute. Unsere Schöpfergötter intervenierten und genmanipulierten vor Hunderttausenden von Jahren die Geschöpfe der Erde, weil sie sie brauchten – so steht es geschrieben! Wenn sie heute bei Adams Nachfahren intervenieren und genmanipulieren, dann wohl aus einem ganz anderen Grund: Sie wollen das Fortleben der Erdenmenschen ermöglichen. Mag sein, dass sie dieses Ziel im eigenen Interesse verfolgen – genau wie in prähistorischer Zeit. Daraus dürften wir dann schließen: Wir kleinen Menschen bleiben für die Höheren Intelligenzen von einer wie auch immer gearteten Wichtigkeit! Gilt das für alle Menschen oder nur für die Entführten?

Zu dieser Frage hier meine Erkenntnis in tiefer Trance:

> *»Die Fremden … ich weiß, dass es ihnen im Grunde genügt, wenn überall auf der Erde einige wenige beeinflusst oder manipuliert werden von ihnen. Sie haben nicht alle Menschen nötig, um Fortschritte zu machen. Es genügt, dass sie einzelne Menschen verändern, weil ihr Erbgut oder ihr Gedankengut auf andere … auf Nachfolgende oder Zeitgenossen … übertragen wird.*

> *Vielleicht werden die beeinflussten Wesen im Laufe der Generationen das genetische Erbe propagieren ... verbreiten. Ich sehe alles genau vor mir, aber ich kann es nur schwer ausdrücken.«*[243]

Dieses Zitat aus meinem Buch *Ewiges Bewusstsein* kommt mir vor wie ein Entwurf unserer Zukunft. Ist es nur **ein** Entwurf von vielen möglichen? Haben wir eine Wahl? Die Frage nach dem freien Willen erscheint im Licht der Entführungen weniger von philosophischer denn von existenzieller Bedeutung. Wäre der Wille tatsächlich frei, dann könnte der Mensch aus seinen Fehlern lernen – wenn er *will*.

Hat der Mensch aus den Katastrophen gelernt, die seine Existenz bisher bedrohten und das Leben auf der Erde schon viermal ausgelöscht haben? Es sieht nicht danach aus. Aber hat er überhaupt die Möglichkeit, einen intelligenten Plan zu erstellen, nach dessen Erfüllung jedem Menschen ein zufriedenes langes Leben beschieden sein würde? Die Antwort ist wieder: nein. Hat es auf der Erde jemals ein goldenes Zeitalter ohne Angst und Aggressionen, ohne Kampf und Krieg gegeben? Nein, nicht in der Zeit des *Homo sapiens sapiens*, nicht seit 100.000 Jahren. Aber hätte der Mensch den Lauf seiner Geschichte in andere Bahnen lenken können? War er frei, ein Leben in paradiesischer Genügsamkeit zu führen? Hat der Mensch den freien Willen?

In Kapitel »Schicksal, Bestimmung und freier Wille« wurden bereits die Forschungsergebnisse des Physiologen und Bewusstseinsforschers Benjamin Libet zur Sprache gebracht. Er hatte in den 1980er-Jahren empirisch nachgewiesen, dass der Mensch augenscheinlich nicht über den freien Willen verfügt. Libet untersuchte die zeitliche Abfolge von einer einfachen Handlung, dem dazugehörigen bewussten Willensakt und der Einleitung der

Handlung auf der neuronalen Ebene. Das Ergebnis seines Experiments überraschte nicht nur ihn: Der Mensch führt eine Bewegung aus und wird sich erst etliche Zeit später dessen bewusst! Er führt die Bewegung also aus, ohne dass es ihm bewusst ist![244] Wenn es aber nicht sein eigener Wille war, die Bewegung auszuführen, wer gab dann den Impuls zu dieser Handlung?

Heute vertreten auch viele jüngere Hirnforscher, unter anderem der Nestor der deutschen Hirnforschung und Leiter des Frankfurter Max-Planck-Instituts, Wolf Singer, die Ansicht: »Wir sind nicht frei zu wollen, was wir wollen. Der freie Wille ist eine Illusion!«[245] Das ist eine Erkenntnis von essenzieller Tragweite.

Aber neu ist diese Erkenntnis nicht. Schon im Alten Testament findet diese Vorstellung ihren Ausdruck, wenn Jeremias die Worte seines Gottes zitiert: »Was am Ende der Tage geschehen wird, war in Jahwes Herz von Anfang an geplant.«[246] Oder: »Ich habe von Anfang an gesagt, was hernach kommen wird.«[247] Da bleibt für den freien Willen des Menschen nicht viel Raum. Was ihm bleibt, ist, sein Schicksal zu meistern – und sich ihm zu fügen.

Diese Gedanken finden auch in den alten sumerischen Texten Erwähnung. Samuel Kramer, der große Sumerologe, schreibt dazu in *History begins at Sumer*: »*One fundamental moral problem ... never troubled the Sumerian thinker at all – namely the delicate problem of the free will. Convinced that man was created by the gods solely for their benefit and pleasure ...*«[248]

Im Gilgamesch-Epos findet sich am Ende der zehnten Tafel ein Verweis auf die Allmacht der Götter, die das Schicksal bestimmen: Enkidu spricht zu seinem Freund Gilgamesch: »Mein Freund, für mich sind die Schicksalspläne bereits entworfen, für mich sind die Entwürfe schon skizziert.«[249]

Im veränderten Bewusstseinszustand erkenne ich:

> »*Es scheint mir, als sei alles im Voraus entschieden worden ... Die Pläne waren fertig, bevor die Schöpfung begann ... Ich empfinde die Ordnung in der Einheit. Alles ist in der Ordnung existent ... eine mathematische Ordnung ... Es ist die Wahrheit und die Wirklichkeit ... aber ich weiß nicht, ob es existiert. Es hat alles seine Ordnung ... Ich sehe die Ordnung als helle, klare Struktur, als kosmische Mathematik ... Dieses Bild der universellen Struktur erfüllt mich mit großem Glück.*«[250]

Der Torus – kosmische Energie – Zahlenmystik

In diesem Buch geht es um das erstaunlich »fortschrittliche« Wissen der Alten Tage, das erst als solches erkannt werden konnte, als die moderne Wissenschaft Forschungsergebnisse erarbeite, die deutlich machten: Die Menschheit verfügte schon in einer sehr frühen Periode ihrer Geschichte über einen unerklärlich hohen Wissensstand. Der Text dieses Buchs wollte aufzeigen, dass ein solches Wissen ohne die Vermittlung durch Höhere Intelligenzen nicht zu erklären ist.

Als Abschluss einer langen Reihe von Indizien folgt nun noch ein Beispiel, das meine These eindrucksvoll stützt. Es geht um das Phänomen des Torus. Auch hier wird deutlich, dass Adams Ahnen über ein Wissen verfügt haben müssen, das wir uns heute gerade erst wieder erarbeiten. Die Rede ist vom rotationssymmetrischen mathematischen Körper, dem Torus. Weltweit arbeiten Wissenschaftler heute an der Entwicklung einer neuen Energiequelle, als welche sie den Torus sehen. Physiker des Max-Planck-Instituts beteiligen sich seit 1983 an einem europäischen Gemeinschaftsprojekt *Joint European Torus (JET)*, dem es um die Nutzung der Torusform als Energiequelle geht.

Der Torus ist eine geometrische Form, die durch Drehung eines senkrecht stehenden Kreises um eine Rotationsachse entsteht. Dadurch bildet sich ein schlauch- oder kugelförmiger Körper, dessen Mitte ein Kanal durchläuft. Ein torusförmiger Fusionsreaktor wird mit Feldspulen umschlossen, deren toroidales Magnetfeld das im Torus rotierende Plasma eingeschlossen hält. Das Ziel der Forschung: Mithilfe der Torusform einen Nettogewinn an Energie zu erlangen. Dieses Ziel konnte bisher noch nicht erreicht werden. So ist die Energieversorgung auf der Erde weiterhin das größte unserer Probleme.

Aber die Torusforschung wird fortgesetzt. Und das ist gut, denn vieles deutet darauf hin, dass der Torus unter den geometrischen Körpern eine Sonderrolle spielt. Der Rotationskörper Torus wird in Animation in dem Film *Thrive* von Foster Gamble gezeigt.[251] Dort erkennt man den (virtuellen) geometrischen Körper Torus, der sich durch Energiestrahlen bildet, indem diese durch ihn hindurchfließen und ihn immerwährend spiralförmig umkreisen. Der Torus wird so erkennbar als eine sich selbst organisierende, stets vollendete Energieform – ein energetisches Kontinuum.

Der Torus ist im Universum überall präsent. Er zeigt sich in der dynamischen Struktur eines Tornados ebenso wie in einem Magnetfeld oder in einem Atom. Einige Wissenschaftler verstehen den Torus als die primäre Energiestruktur des Universums. Und andere sehen sogar das gesamte Universum in der Form des Torus. Von dieser auf Wissenschaft basierenden Erkenntnis zu hören, elektrisierte mich, denn als ich vor langer Zeit über das Wort »Om« meditierte, habe ich selbst das Universum in der Form eines Torus »gesehen«.

Die fortdauernden Bemühungen um die Entschlüsselung des Torusrätsels lassen ahnen, dass sich die Wissenschaft durchaus der Möglichkeiten bewusst ist, die sich in der Torusform für die Menschheit noch bereit halten.

Es ist vorstellbar, dass die Menschheit schon einmal weiter war in der Nutzung des Torus, als sie es heute ist. Vor fast 100 Jahren arbeitete der Elektroingenieur Niklas Tesla mit der Form des Torus, die er für seine Projekte zur Nutzbarmachung der »kosmischen Energie« einsetzte. Tesla wird zitiert mit dem Satz: »*Cosmic power is everywhere in unlimited quantities and can drive world's machinery without need of coal, oil, gas or any other fuel.*«[252]

Um diese unerschöpfliche, saubere und kostenlose »kosmische Energie« und die dem Torus immanenten Möglichkeiten ging es Tesla bis zum Ende seines langen Lebens. Für mehrere seiner 112 Patente verwendete Tesla die Torusform. So auch für den Bau des nach ihm benannten Tesla-Transformators.[253]

Sein größtes und zugleich am wenigsten verstandenes Projekt war das Nutzbarmachen der kosmischen Energie, das er 1901 zum Patent anmeldete. Als bekannt wurde, dass Tesla Zugriff nehmen wollte auf eine kostenlose (!) Energie aus dem Kosmos, stellten der Industrielle George Westinghouse und J. P. Morgan ihre finanzielle Unterstützung für Teslas Forschungsprojekte ein. Nachdem der zunächst hochgeehrte Erfinder in den Ruf geraten war, sich »okkulten« oder »metaphysischen«

Die neuen Erkenntnisse

Phänomenen zu verschreiben, sank sein Stern, und er starb in großer Armut.[254]

Aus dem unrühmlichen Ende des vielseitigen Erfinders Niklas Tesla muss aber nicht geschlossen werden, dass seine genialen Projekte in Vergessenheit gerieten. Ganz im Gegenteil! Gleich mehrere von Teslas Patenten wurden von Bernard Eastlund genutzt, der heute als der Schöpfer des HAARP-Programms in Alaska gilt. Über die dort durchgeführte Erhitzung der Ionosphäre und die damit verbundenen ELF-Wellen *(Extremely Low Frequency)* habe ich im Kapitel »Vedisches Wissen um Waffen« geschrieben.

Tesla war seiner Zeit weit voraus, wenn er schon vor 100 Jahren die fantastischen Möglichkeiten des unendlichen Energiefeldes im Kosmos mithilfe der Torusform erschließen wollte. Aber er war wohl nicht der Erste mit dieser Idee. Vieles spricht dafür, dass der Torus schon für die Ahnen Adams von großer Bedeutung war. Zu den erstaunlich vielen Hinweisen zählen vor allem Darstellungen an den ältesten Heiligtümern der Erde.

Die Rede ist von der so genannten »Blume des Lebens«. Mit dieser poetischen Umschreibung wird ein geometrisch hochgeordnetes Kreismuster bezeichnet, ein Symbol, das seit Jahrtausenden Bedeutungsträger für den »Schöpfungsplan« und die »Lebenskraft« gewesen ist. Die »Blume des Lebens« spielt sowohl in der jüdischen Mystik (*Kabbala*) als auch in der chinesischen Mystik (*I Ging*) eine große Rolle. Man sieht sie auf Granitsäulen im ägyptischen Osiris-Tempel von Abydos und auf assyrischen Exponaten im Pariser Louvre.

Am Eingang des chinesischen Kaiserpalasts erscheint die »Blume des Lebens« – dort allerdings dreidimensional, denn sie überzieht eine (dreidimensionale) Steinkugel, auf der die Krallen des Fabeltiers Fu ruhen. In der chinesischen Mythologie repräsentiert dieser Steinball die »Weltkugel«. Die »Blume des Lebens« umspannt die Weltkugel!

Die geometrisch hochgeordneten Linien des Kreis-Symbols »Blume des Lebens« projizieren gleichsam den dreidimensionalen Torus-Körpers in die Zweidimensionalität. Infolge der gequantelten Schwingungsdynamik ist der Torus durch innere Eigenschwingung strukturiert. Der (virtuelle) geometrische Körper Torus wird als eine dynamische Struktur aus stehenden Wellen zur »Blume des Lebens«.[255]

Die Sonderstellung, die der Torus unter den geometrischen Körpern einnimmt, gilt auch für das ihm entsprechende zweidimensionale Kreissymbol. Mystische Schriften sprechen von der die Raum-Zeit durchmessenden immanenten Kraft der »Blume des Lebens«.[256] Sie gilt als Matrix der Schöpfung, als der mathematische Plan, nach dem sich die gesamte Schöpfung vollzieht. Die »Blume des Lebens« war in den Alten Tagen das Sinnbild der kosmischen Ordnung.

Die kosmischen Ordnung spiegelt sich in der vor Jahrtausenden erdachten Zahlenmystik, die einen Zugang öffnet zu einer weiterführenden Interpretation des Kreissymbols »Blume des Lebens«, die hier in einer Entsprechung zum Torus gesehen wird.

Die geometrische Ordnung des Kreissymbols wird von drei »heiligen« Zahlen geprägt: von der Zahl 6, der 19 und der Zahl 33.

Die »Blume des Lebens« besteht aus 19 gleich großen Kreisen, die sich in drei Ringen zu je sechs Kreisen um einen zentralen Kreis anordnen und sich vielfach überschneiden. Warum sind es 19 Kreise? Eine rein dekorative Funktion des Bildmusters ist in jedem Fall auszuschließen. Auch ergab sich die geometrische Ordnung des Symbols nicht etwa »zufällig«. Die Zahl 19 wird in das Kreissymbol integriert, weil sie in der Zahlen-

Die neuen Erkenntnisse

mystik als Bedeutungsträger für ein »heiliges« Wissen steht. Das ägyptische Totenbuch spricht von den 19 Gliedern des Körpers. In der *Kabbala* ist die 19 die »Zahl des Menschen«. Eine »heilige« Zahl ist die 19 auch in der Bahai-Religion, deren Kalender 19 Monate mit je 19 Tagen zählt. Im Islam kommt der 19 eine besondere Bedeutung zu, sodass 19 Tore in den Innenhof der Kaaba führen und der Koran sechs mal 19 Suren umfasst.[257]

Worauf mag die Sonderstellung der 19 unter den Zahlen ursprünglich zurückgehen? Eine überzeugende Antwort lässt sich im Megalithkreis von Stonehenge finden: An der Position der kreisförmig errichteten Megalithsteine lässt sich ablesen, dass alle 19 Jahre Mond und Sonne am Firmament dieselbe Stellung einnehmen. Mond und Sonne benötigen 19 Jahre, um den Zyklus zu durchlaufen! Im Kapitel »Astronomen und Astronauten« gehe ich ausführlicher auf die großen Leistungen der frühen Astronomen ein. Ihre präzisen astronomischen Berechnungen machten die Bedeutung der Zahl 19 erkennbar, die in der geometrischen Anordnung der »Blume des Lebens« ihre Entsprechung findet!

Auch der Zahl 6 wird eine Sonderstellung zugewiesen, und auch sie ist ein wesentliches Element in der geometrischen Gestaltung der »Blume des Lebens«.

Die Zahl 6 gilt als die erste vollkommene Zahl innerhalb der Dekade, weil sie sowohl die Summe als auch das Produkt der ersten drei Zahlen ist. Die Sechs symbolisiert die Einheit in der Polarität, sichtbar geworden in den beiden gleichseitigen Dreiecken, die sich im sechszackigen »Siegel des Salomon«, dem so genannten »Davidstern«, überlagern. Eine essenzielle Bedeutung hat die Zahl 6 für die Bildung eines Kreises: Umschreibt man ein gleichseitiges Sechseck mit einem Kreis, ist die Länge jeder Kante des Sechsecks identisch mit dem Kreisradius. Sechs

Kreise lassen sich um einen Kreis zeichnen, sofern alle Kreise gleich groß sind. Genau das ist der Fall bei der »Blume des Lebens«.

Das Alte Testament erzählt, Gott habe die Welt in sechs Tagen vollendet. Die Zahl 6 ist aber nicht deshalb heilig, sondern Gott erschuf die Welt in sechs Tagen, **weil** diese Zahl a priori heilig ist! Das scheint in einem etymologischen Hinweis auf: Die ersten Worte des Alten Testaments werden von einigen Gelehrten nicht – wie üblich – übersetzt mit »Am Anfang schuf Gott Himmel und Erde«, sondern in einem ganz anderen Sinn: »Er erschuf die Sechs.«[258] So steht es im Sohar, dem aramäisch geschriebenen »Buch des Glanzes«, in dem sich verschiedene kabbalistische Auslegungen der Heiligen Schrift gesammelt finden. »Er schuf die Sechs.« Diese Lesart ergibt sich, wenn die ersten Buchstaben des Bibeltextes »ba-rashit« als »bara-shit« gelesen werden.[259] Auch die Übersetzung »Er schuf die Sechs« macht Sinn, denn von den wesentlichen Dingen, die ein Leben auf diesem Planeten möglich machen, basieren viele auf der Zahl 6.

Als erstes Beispiel für das bedeutungsvolle Vorkommen der Zahl 6 ist der Kohlenstoff zu nennen, ein chemisches Element mit der Ordnungszahl 6.

Kohlenstoffverbindungen bilden die molekulare Grundlage allen irdischen Lebens. Kohlenstoff ist das essenzielle Element der Biosphäre. Eine der wichtigsten Grundstrukturen von organischen Molekülen ist der Benzolring, der ein regelmäßiges Sechseck aus sechs Kohlenstoffatomen bildet.

Ein weiteres Beispiel für die Schlüsselstellung der Zahl 6 auf dieser Erde ist das Wasser. Jedes einzelne Eiskristall ist als ein Hexagon mit sechs Spitzen ausgebildet. Nur wenn das Wasser unnatürlich verunreinigt ist, verliert sich diese Eigenschaft des Wassers. Der japanische Wissenschaftler Masaru Emoto konnte

Die neuen Erkenntnisse

nachweisen, dass auch die Schwingungen von »bösen« Gedanken oder »aggressiver« Musik die Eiskristalle daran hindern, Sechsecke auszuformen.[260] Selbst dem nichtgefrorenen Wasser ist die Zahl 6 immanent. So lässt die Wasseroberfläche bei bestimmten chemischen Veränderungen ein sechseckiges Wabenmuster erkennen.[261] »Und der Geist Gottes schwebte auf den Wassern.«[262]

Auch das Sonnenlicht ist für das Leben auf der Erde unentbehrlich. Und auch das Sonnenlicht lässt die Zahl 6 erkennen. Wenn es zum Beispiel durch das Blattwerk eines Baumes hindurch scheint, bricht sich das Licht in sechs Strahlen.

Nach den Zahlen 19 und 6 soll nun auch das Aufscheinen der Zahl 33 in der »Blume des Lebens« – als das zweidimensionale Abbild des Torus – in einen Zusammenhang gesetzt werden mit der Zahlenmystik. Auch sie prägt die geometrische Ordnung dieses heiligen Symbols:

Das hochgeordnete Kreissymbol setzt sich aus 33 Kreisen und Teilkreisen zusammen. Die Zahl 33 gilt – wie die Zahlen 11 und 22 – als »heilige Meisterzahl«, als Zahl der Erfüllung. So erfüllte sich das Leben Jesu Christi mit 33 Jahren.

Dantes *Göttliche Komödie* gliedert sich in drei Teile, die jeweils aus 33 »Gesängen« bestehen. Dante Alighieri »besingt« seinen Weg durch das Jenseits, an dessen Ende er Gott schauen kann. Der begnadete Verfasser dieses Meisterwerks der Weltliteratur wird als gelehrter Mensch des Mittelalters um die Bedeutung der Zahlenmystik gewusst und sie mit Bedacht zur Strukturierung seines Werks genutzt haben.

Die letzte Erkenntnisstufe erreicht der Freimaurer mit dem höchsten – dem 33. Grad. Das derzeit kleinste physikalisch sinnvolle Längenmaß ist die sogenannte »Planck-Länge« von 10 hoch minus 33! Jenseits dieser Schwelle erwarten die

Wissenschaftler eine »völlig neue Wirklichkeit«. Dass sich dieses Buch in 33 Kapitel gliedert, ergab sich ohne mein Zutun.

So viel zur Zahlenmystik und zur »Blume des Lebens«, der zweidimensionalen Entsprechung der Torusform. Durch die Interpretation der sie gestaltenden heiligen Zahlen wird dieses jahrtausendealte Symbol erkennbar als ein Schlüssel zu altem »Geheimwissen«.

Kommen wir zurück zum Torus. Das Torusphänomen – codiert als »Blume des Lebens« – ist vor Jahrtausenden in Kunst und Kult an geweihter Stelle abgebildet. Das wird seinen Grund darin gehabt haben, dass die Ahnen Adams von der kosmischen Urenergie[263] und dem Torus als fantastischer Energiequelle Kenntnis und Nutzen gehabt haben. Das würde dann erneut die Überlegenheit der Ahnen Adams unter Beweis stellen.

Auf der Vorderfront dieses Buchs erscheint das Bild eines virtuellen Rotationskörpers, den Energielinien spiralförmig umkreisen. Er erscheint als eine sich selbst organisierende Energieform, ein energetisches Kontinuum. Diese stets vollendete Energieform vereint in sich die Torus-Form der heiligen Geometrie, die Struktur der mystischen Sephirot im Lebensbaum und die Doppelhelix der modernen Genetik![264]

Lehre uns das Wissen der Alten Tage, damit wir die Zukunft verstehen![265]

Lehre uns das Wissen der Alten Tage, damit wir die Zukunft bestehen!

Ausklang

Das Buch stellt sich einer großen Herausforderung – es stellt sich Tabuthemen. Das Buch will Denkanstöße geben. Es will anregen zum Nachdenken über geistige und physische Zusammenhänge, über unsere Entstehung als *Homo sapiens*, über unsere eigene Urzeit – und über unsere Zukunft. »Lehre uns das Wissen der Alten Tage, damit wir die Zukunft verstehen!« (265) In jedem einzelnen seiner 33 Kapitel schlägt dieser Text den Bogen vom Wissen der Alten Tage zum Wissen der Neuzeit. Dabei werden erstaunliche Übereinstimmungen erkennbar. In vielem, was in den ältesten Texten als Wissen unserer Ahnen aufscheint, erkennen wir heute eine Spiegelung unseres eigenen, so genannten fortschrittlichen Wissens. Erst dank moderner wissenschaftlicher Forschungsergebnisse konnten uns die Übereinstimmungen deutlich werden.

Die Mythen der Alten Tage können heute gelesen werden als eine partiell durchaus realistische Wiedergabe der technischen Errungenschaften, der wissenschaftlichen Erkenntnisse und der philosophischen Einsichten unserer Vorväter. Die Antwort auf die Frage, wie es schon in der Frühzeit zu diesen fortschrittlichen Kenntnissen kommen konnte, findet sich – übereinstimmend – in nahezu allen alten Überlieferungen: »Die Götter kamen von oben und brachten den Menschen das Wissen.«

Neu ist heute nur, dass diese Überlieferungen im Licht der neuen Wissenschaften einen Sinn ergeben. Sie, die Höheren Intelligenzen, kamen auf diese Erde, bevor es den Menschen gab. Sie wurden zu Lehrmeistern des neuen Menschen, den sie durch Genmanipulation erschaffen hatten – so ist es den Berichten aus jenen Alten Tagen zu entnehmen, und so können heute Genetiker die Sinnhaftigkeit etlicher Textstellen der prähistorischen Überlieferungen bestätigen. Viele der vorgeschichtlichen Phänomene, die wir meist noch für »unerklärlich« halten, lassen sich heute erklären.

Eine Vielzahl der heute wieder lesbar gemachten oder durch wissenschaftliche Forschungsergebnisse verständlich gewordenen Spuren der Ahnen Adams geht zurück in die Zeit vor der Erschaffung des intelligenten Menschen, und sicher sind sie älter als die Sintflut, die gleichsam als Zäsur wirkte und die frühen Kulturen zum Teil auslöschte.

Wie dieses Buch zeigen konnte, begannen die ersten kulturellen Hochleistungen früher als bisher bekannt. Ein Vordatieren des Anfangs wird erforderlich. Kein leichter Schritt für die Vertreter der herrschenden Lehre. Sie hören nicht gern von einer Einflussnahme Nichtirdischer auf uns Menschen. Es irritiert sie und verunsichert sie wohl auch. Vielleicht ist die Verunsicherung noch größer als damals, als Galileo Galilei mit dem neuen heliozentrischen Weltbild den Seelenfrieden und das Selbstverständnis der Kirche erschütterte. Nicht mehr Mittelpunkt des Universums zu sein, war schockierend und irritierend. Noch irritierender scheint nur die Vorstellung von fremden Besuchern aus dem All, zumal deren Kontakte mit der Erde auch heute noch fortdauern. Dass die Präsenz der Exo-Wesen letztlich nicht zu leugnen ist, irritiert die Menschen. Nicht aber irritiert sie, dass nach diesen Exo-Wesen im All gesucht wird. Die Suche kostete schon viele Milliarden Dollar,

Ausklang

blieb aber bisher erfolglos, was wohl nicht nur der scharfsinnige Physiker Stephan Hawking erleichtert zur Kenntnis nimmt.

Warum verweigert sich die große Mehrheit den Einsichten, die sich ganz offenkundig bieten? Was hindert den Menschen, den wahren Sachverhalt um unsere prähistorischen Anfänge anzuerkennen? Im Gilgamesch-Epos fällen die Höheren Intelligenzen über die kleinen von ihnen geschaffenen Menschen das desillusionierende Urteil: »Die kleinen Schwarzköpfe sind umnebelt!«[266]

Die Ahnen Adams wussten sicher, wovon sie redeten. Aber das ist nun lange her! Der kleine Mensch hat inzwischen vom Baum der Erkenntnis gegessen und ist nun selbst zur Erkenntnis fähig. Er wurde damit »Gott gleich«, wie uns der Bibeltext versichert. Das versteht der Mensch aber erst, seit es ihm auch die Quantenphysiker versichern: Das Bewusstsein ist die einzige Wirklichkeit im Universum. Es ist die einzige schöpferische Kraft im Universum. Es ist das Feld der kosmischen Information, in dem alles als Möglichkeit angelegt ist. Es ist das Ewige, das Göttliche … das Absolute.

Und des Menschen Bewusstsein hat teil an diesem kosmischen Bewusstsein. Auch das menschliche Bewusstsein ist eine schöpferische Kraft. Auch des Menschen Bewusstsein ist ewig und unsterblich. Unser Bewusstsein! Es hat teil an der einzigen Wirklichkeit im Universum! Diese Erkenntnis verdanken wir den modernen Wissenschaften. Sie gibt uns Würde jenseits aller individuellen Bedeutung. Möge der *Homo sapiens* seinen Part als »wissender« Mensch würdig spielen, indem er seinen Geist wach und seine Augen offen hält für Neues und dabei seine prähistorischen Anfänge nicht aus dem Blick verliert. Die Zeiten, in denen Höhere Intelligenzen den Erdenmenschen als »umnebelt« bezeichnen konnten, gehören der Vergangenheit an. Oder nicht?

Schlussbemerkungen eines Naturwissenschaftlers

von Dr. rer. nat. Klaus Volkamer

Was *Adams Ahnen* zu einem ungewöhnlichen und unvergleichbaren Buch macht, sind jene 26 Passagen, die durch Schrifttypus und Zeilenlänge vom fortlaufenden Text des Buchs abgesetzt und dadurch herausgehoben sind. Die Aussagen dieser Passagen sind Teil der Erkenntnisse, die die Autorin in einem veränderten Bewusstseinszustand gewonnen hat. Diese Erkenntnisse rechtfertigen den im Buch gewählten Forschungsansatz und die unorthodoxe Vorgehensweise der Autorin. Sie stützen beeindruckend genau die Schlussfolgerungen, die im Rahmen des in diesem Buch geführten kulturgeschichtlichen Indizienprozesses gezogen werden.

Als Historikerin aus Berufung setzt Dr. Heinke Sudhoff mit *Adams Ahnen* neue erkenntnistheoretische Maßstäbe. Ihr Vorgehen entspricht einer neuen geisteswissenschaftlichen Methode, die ganz offensichtlich prinzipiell nachprüfbare Aussagen liefert, die denen der Methodik der Naturwissenschaften vergleichbar und zudem synergetisch ergänzend zu diesen sind. Genauso bereichernd wie die neue Methodik sind die damit gewonnenen Informationsinhalte.

Der geschilderte Methodensprung erfordert letztlich, wenn er zu einem wertvollen Teil moderner Forschung werden soll, eine systematische Erweiterung der heutigen Naturwissenschaften – eine Erweiterung unseres Weltbildes. Er erfordert ein Wissenschaftsverständnis, in dem ein alles durchdringendes, physikalisch real wirkendes Bewusstseinsfeld kosmischer Natur zum Ursprung und Träger aller sinnlich erfahrbaren Erscheinungen wird – bis hin zum jeweiligen individuellen Eigenbewusstsein.

Im derzeitigen Weltbild, in dem man versucht, Bewusstsein auf mikrobiologische, dynamische, neuronale Netzwerkprozesse zu reduzieren, kann das nicht gelingen, da in diesem Weltbild ein eigenständiges, von Materie unabhängiges, kosmisch ausgedehntes Bewusstseinsfeld nicht vorgesehen ist.

Versucht man, für die von Heinke Sudhoff beschriebenen Phänomene einen allgemein gültigen, vielleicht sogar universellen Rahmen zu finden, so bleibt eine Möglichkeit, auf die die Autorin interessanterweise selbst hinweist, indem sie auf das sehr alte, interkulturelle vedische Wissen zurückgreift, das auch Denker wie Schopenhauer und Schelling immer wieder heranzogen, wenn sie sich mit dem menschlichen und kosmischen Bewusstsein befassten. In diesem vedischen Wissen wird Bewusstsein kosmischen Ursprungs als Ausgangspunkt der Weltformung beschrieben. Damit wird alles für uns Erkennbare zu einer Teilmenge kosmischen Bewusstseins, welches das Universum vernetzt.

Der *Veda* (das »Wissen«) ist nicht nur die feinstoffliche Vorstufe für die Raum-Zeit-Struktur und das grobstoffliche Universum, sondern auch eine spezielle feinstoffliche, reale Ebene hohen Informationsgehalts, ein kosmischer Informationsspeicher, der das universelle Wissen des Alls um die Vergangenheit, die Gegenwart und die Wahrscheinlichkeitsentwicklung der Zukunft beinhaltet.

Und dieses All-Wissen kann dem Menschen in einem veränderten Bewusstseinszustand zugänglich sein. Die Autorin ist ganz offensichtlich fähig, in diese Ebene des All-Wissens hineinzuschauen und auf Befragen des sie begleitenden Arztes relevante und durchaus objektiv überprüfbare, universell gültige Antworten zu geben. Voraussetzung für einen derartigen Zugang zum All-Wissen ist eine hinreichende Entwicklungsreinheit, die zum Beispiel beinhaltet, dass das gewonnene Wissen nur altruistisch und zum Vorteil der Menschheit genutzt wird. Dass die Zensur in unserer Zeit von der Autorin passiert werden konnte, deutet darauf hin, dass die kosmische Ebene einen Nutzen darin sieht, gewisse Aspekte ihres Wissens der Allgemeinheit im vorliegenden Buch zur Verfügung zu stellen. Das ist sehr ermutigend in einer Zeit der zunehmend materiellen Verengung des Bewusstseins vieler Menschen.

Wie ich in meinem Buch *Feinstoffliche Erweiterung unseres Weltbildes* (2009) eingehend darlege, gelang der Nachweis einer heute wissenschaftlich unbekannten Ebene realer, aber unsichtbarer Feinstofflichkeit, die aus ubiquitären, feldartigen und räumlich ausgedehnten Quanten mit wägbarem Masseinhalt und klar charakterisierten physikalischen Wechselwirkungen mit normaler grobstofflicher Materie besteht. Es zeigt sich, dass die Quanten der neuartigen Materieform elementare Lebenseinheiten darstellen. Die schrittweise »Kondensation« solcher freier feinstofflicher Quanten beinhaltet die Ausbildung der Raum-Zeit-Geometrie, in der wir leben.

Dieses universelle Netzwerk suchte bereits Albert Einstein, nachdem er erkannt hatte, dass seine allgemeine Relativitätstheorie einer solchen universellen, physikalische Eigenschaften beinhaltenden Struktur bedurfte. Die sichtbare Materie trägt eine mikroskopische, heute unbekannte Hintergrundstruktur, die aus bewusstseinstragenden, elementaren Lebensformen aus feldartiger Materie besteht, die zur Ebene der Quantenmechanik führt. Andererseits tragen alle Lebewesen ein individuelles, feinstoffliches und raumartig weit ausgedehntes Lebensfeld als ihr individueller Bewusstseinsträger.

Zudem formen sich um die Erde, die Sonne und alle Himmelskörper gravitativ gebundene feinstoffliche, aber ansonsten ganz reale Felder, die einen hohen Energie- und Informationsgehalt tragen und selbst wieder individuelle Lebensformen auf kosmischer Ebene darstellen. Lange vor Heinke Sudhoff erschaute das auch schon der bedeutende Naturphilosoph Giordano Bruno.

Da individuelles Leben auch ohne grobstofflichen Körper existieren kann, werden viele der von der Autorin beschriebenen Erfahrungen auf globaler oder kosmischer Ebene einer erweiterten physikalischen Erklärung zugänglich. Es zeigt sich, dass das alles durchdringende Durchgangselement eben das Bewusstsein ist, ein zwar in Erinnerung und Vergessen wechselndes, aber dennoch ewiges Bewusstsein. Nach dem vedischen Wissen besteht die Kunst des Lebens darin, sich dieser Prozesse im eigenen Leben und Bewusstsein in der Erkenntnis gegenwärtig zu werden.

Heinke Sudhoff kann für ihr Buch *Adams Ahnen* nur ein großer Erfolg gewünscht werden, denn es weist in dieser Zeit eines übermächtig verfestigten Materialismus mutig einen Weg hin zu einem (neuen) Weltbild, in dem eine reale, allgegenwärtige Substanz voller Leben und Information erkannt wird als kosmischer Datenspeicher.

Anmerkungen

[1] *Vulgata*, 4. Jh. n. Chr.
[2] Die Schule der Skeptiker des Pyrrhon behauptete genau wie die großen Schulen der Platoniker, der Aristoteliker, der Peripatetiker, der Stoiker und der Epikureer, im Besitz der Wahrheit zu sein. Der Begründer der Schule der Skeptiker erlangte zu seiner Zeit großen Ruhm wegen seines ethischen Ziels Seelenruhe. Nie etwas mit Sicherheit anzunehmen, ohne es zu hinterfragen, war Kernpunkt seiner Lehre.
[3] Roger Penrose, *Steuern Quantenprozesse das Bewusstsein?* Richard-Ernst-Vorlesung ETH Zürich, 5. April 2012.
[4] Werner Heisenberg, *Physik und Philosophie*, S. 67.
[5] Hermann Minkowski, *Raum und Zeit*, in: Physikalische Zeitschrift 10, 1909, S. 34.
[6] Karl R. Popper/John C. Eccles, *Das Ich und sein Gehirn*, S. 662.
[7] Stephen Hawking, in: Rüdiger Vaas, *Hawkings Neues Universum*, S. 251.
[8] Vesselin Petkov, *Relativity and the Nature of Space and Time*, The Frontiers Collection 2009, S. 248.
[9] Hermann Weyl, *Philosophie der Mathematik und Naturwissenschaft*, S. 37.
[10] Ulrich Warnke, *Quantenphilosophie und Spiritualität*, S. 52–54.
[11] Der Arzt oder Regressionstherapeut versetzt den Menschen in einen veränderten Bewusstseinszustand, um ihn von physischen oder psychischen Leiden zu heilen.
[12] Hans-Peter Dürr, Interview mit PM-Magazin, 2007, S. 46.
[13] Heinke Sudhoff, *Ewiges Bewusstsein*, Kap. 21, S. 210.
[14] Gabriele Veneziano, *Der Kosmos beruht auf seltsamen Geometrien*, in: Bild der Wissenschaft 2003, S. 61 ff.

[15] Samuel Kramer, *History begins at Sumer*, S. 84.
[16] Wolfram Hoepfner, *Antike Bibliotheken*, Mainz 2002, S. 23 ff.
[17] Helmut Uhlig, *Die Sumerer*, S. 56 ff.
[18] Samuel Kramer, *Die Geschichte beginnt mit Sumer*, S. 235–237.
[19] Stefan Maul, *Das Gilgamesch-Epos*, S. 186.
[20] Jules Oppert erkannte 1869 als Erster, dass es neben den bis dahin bekannten vier Sprachen in Mesopotamien auch noch die sumerische Sprache gab.
[21] Kramer, a. a. O., S. 237.
[22] Kramer, a. a. O., S. 237.
[23] Helmut Plattner/Joachim Hentschel, *Zellbiologie*, S. 336 ff.
[24] Thomas Wienker, MPI für Humangenetik Berlin, erläuterte mir die Zusammenhänge.
[25] Gregor Mendel, *Versuche über Pflanzen-Hybride*, S. 41.
[26] Horst Hameister, *Intelligenz ist Frauensache*, in: FOCUS, Nov. 2006, S. 12.
[27] Rosalie Davies, *Ancient Egyptian Religion and Belief*, S. 125 ff.
[28] Kramer, a. a. O., S. 81.
[29] 1. Moses, Kap. 1, Vers 2.
[30] Enuma Elish, *Babylonischer Schöpfungs-Mythos*, 1000 Zeilen Keilschrift auf sieben Tontafeln. Das Gedicht ist in Abschriften aus dem neunten bis zweiten Jahrhundert vor Christus fast vollständig erhalten. Die Zeit der Entstehung ist unbekannt.
[31] Samuel Kramer, a. a. O., S. 106.
[32] Kramer, a. a. O., S. 106/107.
[33] Kramer, a. a. O., S. 84.
[34] Kramer, a. a. O., S. 106.
[35] Stefan Maul, a. a. O., S. 155.
[36] Maul, a. a. O., S. 153.
[37] Maul, a. a. O., S. 162.
[38] David Pilbeam, *Re-Thinking Human Origins*, New York 1987, S. 220.
[39] Veröffentlichung der Vorlesungsreihe Friedemann Schenk an der Johannes-Gutenberg-Universität Mainz, 24. April 2012.
[40] Zitat aus dem Nachschlagewerk *Leipzig-Münchener sumerischer Zettelkasten*.
[41] Kramer, a. a. O., S. 306.
[42] Kramer, a. a. O., S. 106.
[43] Gen 2, Vers 18, und Gen 2, Verse 21–23.

Anmerkungen

[44] Kramer, a. a. O., S. 144.
[45] Francis Crick, *Was die Seele wirklich ist. Die naturwissenschaftliche Erforschung des Bewusstseins*, New York 1982, S. 23 ff.
[46] Sudhoff, a. a. O., S. 316.
[47] Wolfgang Lampeter, in: *Mysteries*, Nr. 6, Nov. 2012; S. 46–50.
[48] Granulocyten-Makrophagen-Colonie-stimulierender Faktor.
[49] Vereinigung Katholischer Ärzte der Schweiz, *New Scientist*, 2. März 2005.
[50] Hartwig Hausdorf, *Nicht von dieser Welt*, S. 101.
[51] Erich von Däniken, *Beweise*, S. 306 ff. (neu!).
[52] Maul, a. a. O., S. 49, Gilgamesch-Epos, Tafel 1, Zeilen 95–96.
[53] Kramer, a. a. O., S. 85.
[54] *Leipzig-Münchener sumerischer Zettelkasten.*
[55] Benjamin Libet, *Mind Time*, S. 12 ff.
[56] Kramer, a. a. O., S. 101.
[57] Kramer, a. a. O., S. 84.
[58] Sitchin, *Der Kosmische Code*, S. 151, Abb. 54.
[59] Sitchin, a. a. O., S. 147, Abb. 51.
[60] George Smith, *Chaldaen Genesis*, London 1876; S. 26.
[61] Diana Wolkenstein, *Inanna Queen of Heaven and Earth*, S. 116.
[62] Leo Oppenheim, *Mesopotamian Mythology*, S. 155.
[63] Stefan Maul, a. a. O., S. 156.
[64] Maul, a. a. O., S. 49; Gilgamesch-Epos, Tafel 1, Zeile 104.
[65] Michael Goldblatt, *DARPA's Programs in Enhancing Human Performance*, Arlington, VA: Springer, S. 339–340; Dez. 2008.
[66] Raymond Kurzweil, *The Age of Spiritual Machines*, Viking 1999, S. 30.
[67] Anders Sandberg, *Mind-uploading*, 2006.
[68] Maul, a. a. O., S. 103.
[69] Laduma Madela, *Schöpfungsgeschichte der Zulu*, 1977.
[70] Kramer, a. a. O., S. 24.
[71] Raymond Dart/Adrian Boshier, in: Bulletin *Swaziland National Trust Commission*, August 2007.
[72] Kramer, a. a. O., S. 145.
[73] Kramer, a. a. O., S. 143.
[74] Heinke Sudhoff, *Ewiges Bewusstsein*, Kap. 24, S. 236/237.
[75] Michael Tellinger, *Amazing Metropolis discovered in Africa*, S. 15 ff.

[76] Joachim Koch, *Die Antwort des Orion. Nachweis einer kosmischen Begegnung*, S. 45.
[77] Klaus Dona/Reinhard Habeck, *Im Labyrinth des Unerklärlichen*, S. 208 ff.
[78] Koch, a. a. O., S. 237.
[79] Sudhoff, a. a. O., Kap. 11, S. 122–125.
[80] David E. Shaw, *Computational Biology*, Columbia-Universität New York.
[81] Relief aus dem Palast des Assurbanipal, British Museum London, Anunnaki mit Adlerhelm, in: Johannes von Buttlar, *Adams Planet*, Abb. 6, S. 128/129.
[82] Klaus Schmidt, Prähistorische Archäologie Vorderasiens DAI, seit 2006, S*ie bauten die ersten Tempel. Göbekli Tepe*, C. H. Beck, München 2006.
[83] Michael Zick, in: Bild der Wissenschaft 8/2000, S. 60.
[84] Jonathan Mizrahi, *Mystery Circle*, in: Biblical Archaeological Review 18/4:16–57.
[85] Cecil R. Newham, *Enigma of Stonehenge*, in: Buttlar, *Der Flüsternde Stein*, S. 156.
[86] Harold Colton, *Hopi Kachina Dolls*, S. 95 ff.
[87] Sudhoff, a. a. O., Kap. 22, S. 207.
[88] R. H. Eisenmann, *The Dead Sea Scrolls Uncovered*, S. 45–151.
[89] Carl Bezold, *Kebra Negest. Die Herrlichkeit der Könige*, München 1905.
[90] 2. Könige 2, Vers 11.
[91] Matth 16, Vers 14.
[92] Sudhoff, a. a. O., Kap. 5, S. 83.
[93] Der römische Geschichtsschreiber Josephus Flavius wird im *Dictionnaire Encéclopédique du Judaism* angeführt mit seiner Beschreibung des Zweiten Jerusalemer Tempel als »recouvert d'immenses plaques d'or reflètant les rayons du Soleil et les Rabbins s'émerveillaient de la splendeut du Second Temple«, S. 1002.
[94] Walter-Jörg Langbein, *Geheimnisse der Bibel*, S. 70–75.
[95] Kramer, a. a. O., S. 99.
[96] Mischna, Chagiga 2, 1.
[97] Sitchin, a. a. O., S. 215/216.
[98] Sudhoff, a. a. O., Kap. 23, S. 227.
[99] International Gatka Federation IGF, Vidya.
[100] Ramachandra Dikshitar, *Warfare in Ancient India*, S. 74.

Anmerkungen

[101] Hatcher Childress, David, *Technologie der Götter* (2003), S. 192 ff.
[102] Matthias Heiliger, *Mind Control durch ELF-Wellen*, in: Zeitenschrift, Nr. 73, S. 4.
[103] Heiliger, a. a. O., S. 2.
[104] Mahabharata, 5. Buch, zit. in: Hausdorf, *Nicht von dieser Welt*, S. 32.
[105] Sudhoff, a. a. O., Kap. 8, S. 107.
[106] Charles Berlitz, *Doomsday* 1999 A. D. (1982), S. 129.
[107] Robert Oppenheimer, *The Decision to Drop a Bomb*, Rochester 1952.
[108] Henry Hodges, *Technology in the Ancient World*, S. 48 ff.
[109] Hartwig Hausdorf, *Nicht von dieser Welt*, S. 167.
[110] Hausdorf, a. a. O., S. 164–169.
[111] Hausdorf, a. a. O., S. 170.
[112] David Hatcher Childress, *Technologie der Götter*, S. 127.
[113] Hausdorf, *Nicht von dieser Welt*, S. 20 ff.
[114] Johannes Fiebag, zit. bei Hausdorf, a. a. O., S. 25.
[115] Charles Berlitz, *Mysteries of Forgotten Worlds*, S. 58 ff.
[116] David Davenport, *Distruzione Atomica 2000 BC*.
[117] Giles Wright, *Riddle of the Sands*, in: New Scientist 10. Juli 1999, Magazine Issue 2194.
[118] Hausdorf, a. a. O., S. 36.
[119] Erich von Däniken, *Beweise*, S. 34/35 und 109a.
[120] Däniken, a. a. O., S. 34/35.
[121] Sudhoff, *Ewiges Bewusstsein*, Kap. 23, S. 222 und 230.
[122] Sitchin, *Der Zwölfte Planet*, S. 266, Abb. 146.
[123] Luc Bürgin, in: *Mysteries*, Nr. 6, November 2012, S. 11–21.
[124] Klaus Rheidt, *Vom Trilithon zur Trias. Baalbeks Weg zur Monumentalität*, in: Architektur der Macht, 2004, S. 204–262.
[125] Peter Fiebag, *Der Götterplan*, S. 85.
[126] Maul, a. a. O., S. 153.
[127] Kramer, a. a. O., S. 228.
[128] Maul, a. a. O., Tafel 8, Zeilen 98–103; S. 113.
[129] Kramer, a. a. O., S. 255 ff.
[130] Kramer, a. a. O., S. 288.
[131] Zecharia Sitchin, *Hochtechnologie der Götter*, S. 182.
[132] 5. Moses, Kap. 10, Vers 5.
[133] 2. Moses, Kap. 25, Vers 22.
[134] Sudhoff, a. a. O., Kap. 11, S. 123.

[135] Hartwig Hausdorf, a. a. O., S. 194.
[136] Hausdorf, a. a. O., S. 187.
[137] Gilgamesch-Epos, 11. Tafel, Zeilen 11–14; in: Stefan Maul, *Das Gilgamesch-Epos*.
[138] Hans-Joachim Zillner, *Darwins Irrtum*, S. 39.
[139] Gerald Haug, *Zur Paläo-Ozeanographie während der letzten 6 Mill. Jahre*, Kiel 1995.
[140] Norbert W. Roland, *Antarktis, Forschung im Ewigen Eis*.
[141] Sir Charles Leonard Woolley, *Ur und die Sintflut*, S. 39 ff.
[142] Dale Guthrie, *Climate Changes with Human Colonization*, in: Nature 441, 2006.
[143] Sudhoff a. a. O., Kap. 6, S. 91.
[144] Kramer, a. a. O., S. 191.
[145] George Smith, *The Chaldaen Genesis*, London 1867; S. 15.
[146] Kramer, a. a. O., S. 149.
Extended Sumerian King List MS G I, 1–4 und Extended Sumerian King List MS G I, 35–41.
[147] »After Anu, Enlil, Enki and Ninhrusag had fashioned the blackheaded people ...«, Kramer, a. a. O., S. 149.
[148] Gen 3, Verse 22 und 23.
[149] J. Oeppen/J. W. Vaupel, *Demography, Broken Limits of Life Expectancy*, in: Science 2002, S. 1029–1031.
[150] A. M. Herskind/M. McGrue, *The Heretability of Human Longevity*, Hum Genet 1996, S. 319–323.
[151] F. Schächter, *Genetic Associations with Human Longevity*, Nat. Genet. 1994, S. 29–32.
[152] B. J. Geesaman et al., *Haplotype-based Identification of a Microsomal Transfer Protein Marker*, Proc. Natl. Acad., Sci USA, 100, 14115–14120, in: Dt. Ärzteblatt 2005; 102 (1–2).
[153] Olivier Julien, *Die NANO-Medizin*, ARTE, 2. Februar 2012.
[154] Sudhoff, a. a. O., Kap. 24, S. 236, und Anm. 138a, Kap. 23, S. 223.
[155] Katherine Pollard, *Der feine Unterschied*, aus: Spektrum der Wissenschaft, Juli 2009.
[156] Pollard, a. a. O., S. 12 ff.
[157] Wienker, Thomas; Vortrag Juli 2012 in Berlin über Gene und Bewusstsein.
[158] Sudhoff, a. a. O., Kap. 8, S. 109, und Kap. 23, S. 223.
[159] *Gilgamesch-Epos*, Tafel 1, Zeile 44, zit. nach Stefan Maul, a. a. O., S. 47.

Anmerkungen

[160] George Smith, *The Chaldaen Genesis*, S. 14.
[161] Gen 3, Vers 24.
[162] Gen 2, Verse 8–17.
[163] Gen. 3, Vers 22.
[164] Sudhoff, a. a. O., Kap. 9, S. 114.
[165] Brihad-Aranyaka-Upanishad, I, 4, 22.
[166] Upanishaden, *Die Geheimlehre der Inder*, Die Deutsche Bibliothek, S. 55.
[167] George Smith, *The Chaldaen Genesis*, General Books 2010, S. 48.
[168] Sudhoff, a. a. O., Kap. 25, S. 239.
[169] Brihad-Aranyaka-Upanishad, IV, 4, 28.
[170] Sudhoff, a. a. O., Kap. 30, S. 282 ff., und Kap. 2, S. 61.
[171] Roob, Alexander, *Alchemie und Mystik*, S. 615.
[172] Sudhoff, a. a. O., Kap. 30, S. 282, und Kap. 21, S. 208.
[173] Hans-Peter Dürr, *Wirklichkeit, Wahrheit, Werte und die Wissenschaft*, 2003, S. 12.
[174] Gen 6, Vers 2 ff.
[175] 1. Samuel 17, Vers 33.
[176] Numeri 13, Vers 34.
[177] Kramer, a. a. O., S. 84.
[178] E. A. Wallis Budge, *Kebra Nagast*, S. 183.
[179] Die »Standarte von Ur« wurde als Grabbeigabe zum Königsgrab 779 im Königsfriedhof von Ur gefunden. Sie wird in die frühdynastische Zeit (2850–2350) datiert und befindet sich heute im British Museum London.
[180] Kramer, a. a. O., S. 149.
[181] Rainer Bäuerlein, *Gentechnologie, Genmanipulation, Biotechnologie*, Lippstadt 1997, S. 54.
[182] Maul, a. a. O., *Das Gilgamesh-Epos*, S. 74, Tafel 4, Zeilen 1–4.
[183] Sudhoff, a. a. O., Kap. 12, S. 133.
[184] Anton Mifsud, *Dossier Malta. Evidence of the Magdalenian*, Valletta 1997, S. 54.
[185] Graham Hancock, *Underworld. Flooded Kingdoms of the Ice Age*, 2002, S. 315.
[186] Howard Carter, *Das Grab des Tutanchamun*, Wiesbaden 1997, S. 248.
[187] Maciejewski, Franz, *Nofretete*, S. 36 ff.
[188] Sir Arthur Keith, in: Sir Charles Leonard Woolley, *Das Rätsel der Königsgräber*, 1934, S. 64–72.

[189] Heinke Sudhoff, *Sorry, Kolumbus*, S. 96 ff.
[190] Peter Fiebag, *Der Götterplan*, S. 141–143.
[191] Fiebag, a. a. O., S. 142.
[192] Hanns Prem/Ursula Dyckerhoff, *Geschichte der mesoamerikanischen Kulturen*, in: *Das Alte Mexiko*, München 1986, S. 66–113.
[193] Jim Pruett, Leiter des Labors der Forschungsabteilung des Hewlett-Packard Elektronik-Konzerns, zit. in: Fiebag, a. a. O., S. 142.
[194] Frank Dorland, US-amerikanischer Restaurator; zit. in: Fiebag, a. a. O., S. 142.
[195] Arthur C. Clarke, *Die Welt des Unerklärlichen*, Wien 2001, S. 232.
[196] Juan de Betanzos, *Suma y Narracion de los Indios*, Madrid 1880.
[197] Antonio de Castro y del Castillo, *Teatro Ecclesiastico de las Iglesias del Peru y Nueva Espana*, Madrid 1651.
[198] Graham Hancock, *Underworld*, S. 601, Abb. 81.
[199] Luc Bürgin, *Geheimakte Archäologie*, S. 127 ff.
[200] Hausdorf, a. a. O., S. 133.
[201] Hausdorf, a. a. O., S. 134/135.
[202] Elena Matwejewa et al., Schlussfolgerungen zu den Funden an fadenförmigen Wolframspiralen in den alluvialen Ablagerungen des Flusses Balbanju, Bericht Nr. 18/485 des ZNIGRI, Moskau, 29. November 1996, S. 17 ff.
[203] Matwejewa, a. a. O., S. 13 ff.
[204] Matwejewa, a. a. O., in: Hartwig Hausdorf, a. a. O., S. 136.
[205] Hausdorf, a. a. O., S. 138.
[206] Marcel Strobel, Fachbereichsleiter Produktmanagement der Firma Adolf Würth GmbH & Co. KG Künzelsau, gab mir die Information, dass Kleinstschrauben im Bereich von 0,003 Millimetern Länge heute nicht hergestellt werden können. Auch andere Hersteller seien dazu nicht in der Lage.
[207] Hartwig Hausdorf, *Nicht von dieser Welt*, S. 138–139.
[208] Sudhoff, a. a. O., Kap. 6, S. 89.
[209] Sudhoff, a. a. O., S. 278.
[210] Joachim Koch, *Die Antwort des Orion*, S. 215.
[211] Werner Papke, *Die Sterne von Babylon*, S. 164.
[212] Albert Wettine, *Mythische Zeit* (2007), Die Tausendjährigen Könige Sumers, S. 3.
[213] Wettine, a. a. O., S. 4.
[214] Papke, a. a. O., S. 268.

Anmerkungen

[215] Samuel Kramer, a. a. O., S. 149.
[216] Adalida Rimmer, Tribal Art in Africa, Gallery in Old Jaffa.
[217] Robert Tempel, *Das Sirius Rätsel*, Umschau-Verlag, Neustadt 1977.
[218] K. O. Schmidt, *Die Götter des Sirius*, S. 33.
[219] Robert Bauval, *Le Mystère du Grand Sphinx*, S. 78 ff.
[220] Sudhoff, a. a. O., Kap. 11, S. 1.
[221] Joachim Koch, *Die Antwort des Orion*, Langen Müller, 1996, *Vernetzte Welten*, Kopp-Verlag, 2001.
[222] Koch, *Die Antwort des Orion*, Zitate von S. 209, 212, 214 und 215.
[223] Koch, a. a. O., S. 218.
[224] Koch, a. a. O., S. 220.
[225] Koch, a. a. O., S. 246/7, 260–262.
[226] Rupert Sheldrake, *Das Gedächtnis der Natur*, Scherz-Verlag, 1991.
[227] Koch, *Die Antwort des Orion*, S. 215.
[228] Sudhoff, a. a. O., Kap. 8, S. 109, und Kap. 8, S. 104–106.
[229] Leslie Kean, *UFOs, Generäle, Piloten und Regierungsvertreter*, S. 26 ff.
[230] Paul Davies, *Auf dem Weg zur Weltformel*, S. 29.
[231] Gerardus t'Hooft, *The Holographic Universe*, Leiden 1993.
[232] David Bohm, *Changing Consciousness*, 1991, S. 76 ff.
[233] Johannes Fiebag, *Besucher aus dem Nichts*, S. 43–57.
[233a] Georgina Bruni, *You Can't tell the People*, Sidgwick & Jackson, 2001.
[234] Robert Hastings, *UFOs and Nukes*, Author House 2008.
[235] Hastings, a. a. O., S. 68.
[236] Sudhoff, a. a. O., Kap. 18, S. 185.
[237] Klaus Volkamer, *Feinstoffl. Erweiterung der Naturwissenschaften*, S. 25.
[238] John Mack, *Entführt von Außerirdischen (Abducted)*, S. 14.
[239] Mack, a. a. O., S. 15.
[240] Swords, Professor der Physik an der Western Michigan University Kalamazoo.
[241] Kramer, a. a. O., S. 109.
[242] Sudhoff, a. a. O., Kap. 18, S. 185.
[243] Benjamin Libet, *Mind Time*, S. 27 ff.
[244] Wolf Singer, *Ein neues Menschenbild*, Frankfurt 2003.
[245] Jeremias 23, Vers 20.
[246] Jesaja 46, Vers 10.
[247] Kramer, a. a. O., S. 101.

[248] Maul, a. a. O., S. 103.
[249] Sudhoff, a. a. O., Kap. 16, S. 167, Kap. 21.
[250] Foster Gamble, Princeton, erforscht den Weg zur Freien Energie über den Torus.
[251] John T. Ratzlaff, *Tesla Said*, S. 218.
[252] Christoph Böttge, *Der Tesla-Transformator und der Torus*, S. 18 ff.
[253] Simon Oliver Raths / Nikola Tesla, Genialer Erfinder, in: Tattva Viveka 33, S. 45.
[254] Die Erläuterung zum Torus gab mir Dr. Klaus Volkamer, Autor von *Feinstoffliche Erweiterung unseres Weltbildes* in einem persönlichen Gespräch.
[255] Dunvalo Melchizedek, *Die Blume des Lebens*, S. 60 ff.
[256] Franz C. Endre/Annemarie Schimmel, *Das Mysterium der Zahl*, S. 137.
[257] Der Sohar, *Das heilige Buch der Kabbala*, Diederichs Gelbe Reihe, S. 101. Das Aramäische war im ersten vorchristlichen Jahrtausend die wichtigste Sprache im Nahen Osten, sie war eine »Weltsprache«. Große Teile des Alten Testaments sind nicht in Hebräisch, sondern in Aramäisch geschrieben. Das Aramäische unterschied sich vom Hebräischen durch eine weitgehende Vermeidung der Zischlaute, so wurde unter anderem ein »sch« (shin) zu einem »r«. Aus *Be-reshit* beziehungsweise *Bara-shit* wird so *Bara-Shesh* (dt. »Er schuf sechs«).
[258] Tal Ilan, Professorin für Judaistik an der Freien Universität in Berlin, machte mich auf diese Form der Übersetzung aufmerksam.
[259] Masaru Emoto, *Das Gedächtnis des Wassers*, Tokio 1997.
[260] Philipp Kuehne, *Metallisierung mit Goldnanopartikeln*, S. 45 ff.
[261] Gen 1, Vers 2.
[262] Lynne McTaggert, *Das Nullpunkt-Feld: Auf der Suche nach der kosmischen Ur-Energie*, S. 19 ff.
[263] Die Theosophen Annie Besant und Charles Leadbeater versuchten in tiefer Meditation in die Mikroebene der Materie einzudringen. 1908 erschien ihr Buch *Occult Chemistry*, in dem dieser Rotationskörper abgebildet ist.
[264] Der Aufruf ist die freie Fassung einer Passage aus dem Textkorpus des ägyptischen Totenbuchs. Er findet sich auch auf dem vergoldeten Schrein des Pharao Tutanchamun (1332–1323). Im vierten Jahrhundert vor Christus nimmt der Prophet Jesaia diese Vorstellung auf: »Remember the former things of old … declaring the

end from the beginning, and from ancient times the things that are not yet done« (Jes 46, Verse 9/10). Die englische Übersetzung der hebräischen Bibelstellen (Verlag Sinai, Israel 1972) kommt dem Original näher als etwa die Übersetzung Luthers, die sowohl im Originaltext als auch in der revidierten Fassung von 1984 dem Urtext nicht gerecht wird.

[265] *Gilgamesch-Epos*, I,44, Übersetzung von Stefan Maul, C. H. Beck-Verlag 2007. Dr. Kristina Petrow vom Institut für Altorientalistik der Freien Universität Berlin verdanke ich die Kenntnis über den Wortlaut des sumerischen Textes. Die betreffende Textstelle lautet: »Mukin parna ÙG.MES apati.« ÙG.MES = Sumerogramm für nisi »die Leute« (Fem. Plural) apati = Verbaladjektiv im Fem. Plural (atu-Endung) von apù »umnebelt«.

[266] Ervin Laszlo, *Holos. Die Welt der Neuen Wissenschaften*, S. 140 ff.

Literaturverzeichnis

Allen, Richard H.	Star Names: Their Lore and Meaning, Dover 1963
Avigad, Nathan	A Genesis Apocryphon, Jerusalem 1956
Baigent, Michael	The Dead Sea Scrolls Deception, Reading/GB 1991
Bäuerlein, Rainer	Gentechnologie, Genmanipulation, Biotechnologie, Durham 2011
Bauval, Robert	Le Mystère d'Orion, Paris 1992
Bauval, Robert	Le Mystère du Grand Sphinx, Paris 1996
Berger, Karl	Qumran und Jesus: Wahrheit unter Verschluss, Stuttgart 1993
Berlitz, Charles	Mysteries from Forgotten Worlds, New York 1972
Betanzos, Juan de	Suma y Narracion de los Indios, Madrid 1880
Bezold, Carl	Kebra Negest, Die Herrlichkeit der Könige, München 1905
Black, Jeremy	God, Demons and Symbols of Ancient Mesopotamia, London 1992
Blumrich, Joseph	The Spaceship of Hesekiel, Random House 1974
Bohm, David	Die implizite Ordnung, München 1985
Bohm, David	La Conscience et l'Univers, Paris/Monaco 1990
Dart, Raymond/ Boshier A.	Goldminen in Südafrika, in: Swaziland Ntl. Trust Comm. 8/2007

Literaturverzeichnis

Böttge, Christoph	Der Tesla-Transformator und der Torus, Gelnhausen 2003
Braden, Gregg	Der Realitätscode, Koha-Verlag, 2008
Bramley, William	Gods of Eden, A New Look at Human History, San José, 1989
Bruni, Georgina	You Can't Tell the People, Sidgwick & Jackson 2001
Bürgin, Luc	Geheimakte Archäologie, Herbig, München 1998
Bürgin, Luc	Götterspuren, Herbig, München 1993
Buttlar, Johannes von	Adams Planet, München 1993
Buttlar, Johannes von	Der Flüsternde Stein, Bergisch-Gladbach 2000
Cann, R. L.	Mitochondrial DNA Human and Evolution, Nature 325
Capra, Fritjof	Wendezeit, Paris/Monaco 1983
Castro, Antonio de	Teatro Eclesiastico de las Iglesias del Peru, Madrid 1651
Cayce, Edgar, E.	Mystery of Atlantis, San Francisco 1988
Clarke, Arthur	Die Welt des Unerklärlichen, Wien 2001
Colton, Harold	Hopi Kachina Dolls, Albuquerque 1964
Corliss, William	Ancient Man, London 1980
Coudris, René	Die Botschaft von Roswell, München 1996
Crick, Francis	Life Itself, New York 1981
Crick, Francis	Was die Seele wirklich ist, Rowohlt 1997
Däniken, Erich von	Beweise, Düsseldorf 1977
Däniken, Erich von	Götterdämmerung, Rottenburg 2009
David, Rosalie	Ancient Egyptian Religion and Belief, London 1982
Davies, Paul	Auf dem Weg zur Weltformel, New York 1992
Davies, Paul	Die Urkraft, DTV, München 1990
Davies, Paul	The New Physics, New York 1989
Dikshitar, Ramachandra	Warfare in Ancient India, Delhi 1944

Dona, Klaus/ Habeck, Reinhard	Die Welt des Unerklärlichen, Wien 2001
Drosnin, Michael	Der Bibel Code, München 1998
Drouot, Patrick	Le Chaman, le Physicien et le Mystique, Paris/Monaco 1998
Drouot, Patrick	Mémoires d'un Voyageur du Temps, Paris/Monaco 1994
Drouot, Patrick	Nous Sommes Tous Immortels, Paris/Monaco 1987
Dürr, Hans-Peter	An den Grenzen der Wissenschaft, in: Raum & Zeit, Sonderheft 2/2009
Dürr, Hans-Peter	Wirklichkeit, Wahrheit, Werte und die Wissenschaft, München 2003
Eccles, J./Popper, K.	Das Ich und sein Gehirn, München 1989
Eisenmann, R. H.	The Dead Sea Scrolls Uncovered, London 1992
Eliade, Mircea	Le Chamanisme Archaique, Paris 1983
Enard, Wolfgang	Untersuchungen an Primaten, MPI für Evolutionäre Anthropologie
Endres, Franz Carl	Das Mysterium der Zahl, München 1995
Eusebius von Caesarea	Chronik, 325 n. Chr.
Evola, Julius	Die Hermetische Tradition, Interlaken 1990
Feinberg, Gerald	Life Beyond Earth, New York 1980
Fiebag, Peter	Der Götterplan, Langen Müller, München 1995
Flinders Petrie, W.	The Pyramids of Gizeh, London 1990
Gentes, Lutz	Die Wirklichkeit der Götter, München 1998
Ginsburgh, H.	Theory of Intellectual Development, New Jersey 1979
Goldblatt, Michael	DARPA's Programs in Enhancing Human performance, Arlington 2008
Grof, Stanislav	The Cosmic Game, New York, 1998
Guthrie, Dale	Climate Changes with Human Colonization, in: Nature, 441

Literaturverzeichnis

Habeck, Reinhard	Die letzten Geheimnisse, Wien 2003
Hameister, Horst	Intelligenz ist Frauensache, in: Focus 11/2006
Hancock, Graham	Die Spur der Götter, Bergisch-Gladbach 1995
Hancock, Graham	Underworld, London 2002
Hand Clow, Barbara	Der Maya Code, Rochester 2007
Hastings, Robert	UFOs and Nukes, New York 2010
Hatcher Childress, David	Technologie der Götter, Michaels-Verlag Peiting 2000
Hatcher Childress, David	Lost Cities in North and Central America, Unlimited Press, 1992
Haug, Gerald	Zur Paläoozeanographie während der letzten 6 Mill. Jahre, Kiel 1995
Hausdorf, Hartwig	Nicht von dieser Welt, Heyne-Verlag, München 2008
Hawking, Stephen	Eine kurze Geschichte der Zeit, Hamburg 1998
Hawking, Stephen	Trous Noirs et Bébé Univers, Ed. Odile Jacob, Paris 1993
Heisenberg, Werner	Physik und Philosophie, Berlin 1959/73
Herskind, A. M./ McGrue, M.	Heretability of Human Longevity, Hum. Genet, 1996
Hodges, Henry	Technology in the Ancient World, London 1970
Hoepfner, Wolfram	Antike Bibliotheken, Mainz 2002
Hoffmann, Michae	Egypt before the Pharaos, London 1991
Hopper, Vincent	Medieval Number Symbolism, New York 1938
Horn, Arthur David	Götter gaben uns die Gene, Güllesheim 1997
Hrouda, Barthel	Die antiken Kulturen zwischen Euphrat und Tigris, C. H. Beck, 1997
Jacobs, David	UFOs and Abduction, Challenging Borders of Knowledge, Kansas 2000
Jerison, J. H.	Evolution of the Brain and Intelligence, New York 1973

Julien, Olivier	Die Nanomedizin, Arte 2/2/2012
Kean, Leslie	UFOs, Generäle, Piloten und Regierungsvertreter, Rottenburg 2012
King, L. W.	Die Sieben Tafeln der Schöpfung, London 1902
Kittler, G. D.	Edgar Cace and the Dead Sea Scrolls, Warner Books New York 1970
Koch, Joachim	Die Antwort des Orion, Langen Müller, München 1996
Koch, Joachim	Vernetzte Welten, Rottenburg 2001
Koehne, Philipp	Metallisierung von Goldpartikeln, Magdeburg 2011
Kramer, Samuel	Noah History begins at Sumer, Pennsylvania Press 1956/1981
Krupp, E. C.	In Search of Ancient Astronomies, London 1980
Kurzweil, Raymond	The Age of Spiritual Machines, Viking, 1999
Laitman, Michael	Quantum Kabbala, Neue Physik und Spiritualität, Allegria Berlin 2007
Langbein, Walter-Jörg	2012 – Endzeit und Neubeginn, Herbig München 2009
Langbein, Walter-Jörg	Bevor die Sintflut kam, Langen Müller 1996
Langbein, Walter-Jörg	Geheimnisse der Bibel, Ullstein Berlin, 1997
Lange, Arthur	Weisheit und Prädestination, Leiden 1995
Laszlo, Ervin	Holos, Die Welt der Neuen Wissenschaften, Petersberg 2002
Libet, Benjamin	Mind Time/ Haben wir einen Freien Willen? Cambridge 1982
Lommel, Pim van	Endloses Bewusstsein, – NDE-Erfahrung, Düsseldorf. 2010
Maciejewski, Franz	Nofretete, Die historische Gestalt hinter der Büste, Hamburg 2012
Mack, John E.	Entführt von Außerirdischen (Abducted), New York 1995

Literaturverzeichnis

Mandelbrot, Benoit	Die Fraktale Geometrie der Natur, New York 1977
Matthieu, Richard	Quantum&Lotus, Vom Urknall zur Erleuchtung, Goldmann Arkana, 2007
Maul, Stefan	Das Gilgamesch-Epos, München 2005
McTaggart, Lynne	Das Nullpunktfeld: Suche n. d. kosmischen Ur-Energie, München 2007
Meinhold, Werner	Der Wiederverkörperungsweg der Menschen, Aurum, Freiburg 1989
Melchizedek, Drunvalo	Die Blume des Lebens, Burgrain 2012
Mendel, Gregor	Versuche über Pflanzen-Hybride
Mifsud, Anton	Dossier Malta, Evidence for the Magdalenian, Malta 1997
Milik, J. T.	The Books of Enoch, Oxford 1976
Minkowski, Hermann	Raum und Zeit, in: Physikalische Zeitschrift 10, 1909,
Mizrahi, Jonathan	Mystery Circle, in: Biblical Archaeology Review 18/4:16–57
Newham, Cecil R.	Enigma of Stonehenge, in: Buttlar, Der Flüsternde Stein, Bergisch-Gladbach 2000
Oeppen, J./Vaupel, J. W.	Demography, Broken Limits of Life Expectancy, in: Science 2002
Oppenheim, Leo	Ancient Mesopotamia, Chicago Press, 1977
Oppenheimer, Robert	The Decision to Drop the Bomb, Rochester 1952
Oppert, Jules	Expedition Scientifique en Mésopotamie, Paris 1847
Oppert, Jules	Grammaire Sanscrite, Paris 1854
Papke, Werner	Die Sterne von Babylon, Bergisch-Gladbach 1998
Penrose, Roger	Steuern Quantenprozesse das Bewusstsein? Zürich 2012
Petkov, Vesselin	Relativity and Nature of Space and Time, Frontiers Collection 2009

Pilbeam, David	Re-Tinking Human Origins, New York 1987
Plattner, Helmut/ Hentschel, J.	Zellbiologie
Pollard, Katherine	Computational Statist. Methods of Gene Analysis, San Francisco 2003
Popper, Karl	Das Ich und sein Gehirn, München 1989
Prem, Hanns	Geschichte der mesoamerikanischen Kulturen, München 1986
Prigogine, Ilya	La Fin des Certitudes, Paris 1996
Rae, Alistair	Quantum Physics: Illusion of Reality? New York 1986
Randall, Lisa	Verborgene Universen, New York 2005
Raths, Simon Oliver	Nikola Tesla, Genialer Erfinder, in: Tattva Viveka 33
Rheidt, Klaus	Vom Trilithon zur Trias, in: Architektur der Macht, 2004
Roth, Gerhard	Das Gehirn und seine Wirklichkeit, Suhrkamp, 1995
Roth, Gerhard	Ist Willensfreiheit eine Illusion? In: Biologie unserer Zeit 28/1
Risi, Armin	Das Kosmische Erbe, Neuhausen 2001
Roland, Norbert W.	Antarktis, Forschung im Ewigen Eis, Spektrum Akadem. Verlag 2009
Sagan, Carl	Intelligent Life in the Universe, San Francisco 1966
Saurat, Denis	Atlantis, die Herrschaft der Riesen, Denoel Verlag, 1955
Schellhorn, C. C.	Extraterrestrials in Biblical Prophecies, Madison/Wisc. 1990
Schiffman, L. H.	Eschatological Community of Dead Sea Scrolls, Atlanta 1989
Schimmel, Annemarie	Zahlensymbolik, Tübingen 1962
Schmidt, K. O.	Die Götter des Sirius, Flensburg 1976
Schwaller de Lubicz, R.	Sacred Sience, New York 1988

Literaturverzeichnis

Shaw, David E.	Computational Biology, New York 2007
Sheldrake, Rupert	Das Gedächtnis der Natur, München 1993
Sheldrake, Rupert	Das schöpferische Universum, München/Zürich 1981
Singer, Wolf	Der Beobachter im Gehirn, Frankfurt 2002
Singh, Sarva	Daman Ancient Indian Warfare, Delhi 1989
Sitchin, Zecharia	Als es auf der Erde Riesen gab, Rottenburg 2010
Sitchin, Zecharia	Der Kosmische Code, Rottenburg 1998
Sitchin, Zecharia	Der Zwölfte Planet, Rottenburg 1976
Sitchin, Zecharia	Die Hochtechnologie der Götter, Rottenburg 2004
Smith, George	The Chaldaeen Genesis, London 1876
Speiser, E. A.	The Sumerian Problem Reviewed, New York 1969
Steiner, Rudolf	Aus der Akasha-Chronik, Dornach 1939
Stevenson, Ian	Reinkarnation, Bielefeld-Kamphausen 2003
Strassmann, Rick	DMT – Das Molekül des Bewusstseins, AT-Verlag Aarau, 2004
Sudhoff, Heinke	Ewiges Bewusstsein, Herbig 2005
Sudhoff, Heinke	Sorry, Kolumbus, Bergisch-Gladbach 1990
Tatzlaff, John T.	Tesla Said, Tesla Book Co., 1984
Tellinger, Michael	Adam's Calendar, Cape Town 2008
Tellinger, Michael	Amazing Metropolis discovered in Africa
Temple, Robert	The Sirius Mystery, Rochester Vermont 1987
t'Hooft, Gerardus	The Holographic Universe, Amsterdam 1995
Thureau-Dangin, F.	Die sumerischen und akkadischen Königsschriften, Paris 1907
Trever, J. C.	Scrolls from Qumran Cave I, Jerusalem 1974
Uhlig, Helmut	Die Sumerer, Bergisch-Gladbach 1998
Velikovsky, Immanuel	Mondes en Collision, Paris 1978
Veneziano, Gabriele	Der Kosmos beruht auf Geometrien, in: Bild der Wissenschaft 2003

Volkamer, Klaus	Feinstoffliche Erweiterung der Naturwissenschaften, Berlin 2002
Volkamer, Klaus	Feinstoffliche Erweiterung unseres Weltbildes, Berlin 2008
Warnke, Ulrich	Quantenphilosophie und Spiritualität, Scorpio-Verlag, 2011
Wasson, John	Large Aerial Bursts, Libyan Glass, in: Astrobiology, Vol. 3, No. 1, 2003
Weyl, Hermann	Philosophie der Mathematik und Naturwissenschaft
Wilber, Ken	Halbzeit der Evolution, Scherz-Verlag, 1984
Wise, Michael	Die Schriftrollen von Qumran, Bechtermünz-Verlag 1996
Wolkenstein, Diana	Hymns from Sumer, Inanna Queen of Heaven a Earth, New York 1983
Woolley, Leonard	The Sumerians, New York 1929
Woolley, Leonard	Ur und die Sintflut, London 1935
Wright, Giles	Riddle of the Sands, in: New Scientist 10. Juli 1999, Mag. issue 21954
Zigel, Felix	UFOs über Russland, Moskau 1969
Zillner, Hans-Joachim	Darwins Irrtum, München 1998
Zillner, Hans-Joachim	Die Evolutionslüge, München 2006